创新驱动高质量发展的理论、方法和路径研究

戚 湧　高 扬 著

本书是国家自然科学基金面上项目“基于专利分析的智能网联汽车技术创新网络治理研究”（项目编号：71974096）以及国家自然科学基金面上项目“战略性新兴产业创新要素有效供给研究”（项目编号：71673135）的研究成果。

科 学 出 版 社

北 京

内 容 简 介

本书聚焦创新驱动高质量发展时代主旋律，积极响应国家高水平自立自强战略号召，以理论研究为指导，深度剖析聚力创新驱动高质量发展的路径；以实现科技自立自强为目标，研究新发展阶段我国聚力创新模式及凝聚创新主体的机制建设等重大问题。按照从理论到实践的研究策略、总分总的结构展开，谋篇布局“顶天立地”。

本书适合各级政府科技、产业、经济、管理等部门相关人员，高校、科研院所、企业和服务机构等单位相关人员，以及在校大学生、研究生和广泛的社会大众等阅读与参考。

图书在版编目（CIP）数据

创新驱动高质量发展的理论、方法和路径研究/戚湧，高扬著. —北京：科学出版社，2022.12

ISBN 978-7-03-070569-3

Ⅰ. ①创… Ⅱ. ①戚… ②高… Ⅲ. ①国家创新系统–发展战略–研究–中国 Ⅳ. ①F204 ②G322.0

中国版本图书馆CIP数据核字（2021）第225580号

责任编辑：陶 璇/责任校对：贾娜娜

责任印制：张 伟/封面设计：有道设计

科学出版社出版

北京东黄城根北街16号

邮政编码：100717

http://www.sciencep.com

北京中科印刷有限公司印刷

科学出版社发行 各地新华书店经销

*

2022年12月第 一 版 开本：720×1000 1/16

2022年12月第一次印刷 印张：16 3/4

字数：312 000

定价：186.00元

（如有印装质量问题，我社负责调换）

前　言

党的十九届五中全会提出，乘势而上开启全面建设社会主义现代化国家新征程、向第二个百年奋斗目标进军①的新发展阶段。立足新发展阶段，必须深入贯彻新发展理念、加快构建新发展格局，深入实施创新驱动发展战略，加快建设科技强国，实现科技高水平自立自强。近年来，我国对于创新驱动的重视程度日益增强，创新驱动发展战略在科技创新上取得了显著成效，国内科技创新水平及自主科技创新意识显著提高。但是我国在创新驱动高质量发展的道路上仍然面临国外封锁、机制体制缺陷和“卡脖子”问题等。面向高质量发展，科技创新需要以聚合资源为创新之基础、以聚焦方向为创新之导引、以凝聚共识为创新之手段、以聚力行动为创新之路径、以融聚创新政策为创新之保障。通过聚力创新解决“卡脖子”难题，增强产业链自主可控，更好实现科技自立自强战略。

本书聚焦创新驱动高质量发展的时代命题，积极响应国家高水平自立自强战略号召，以理论研究为指导，深度剖析聚力创新驱动高质量发展的路径；以实现科技自立自强为目标，研究新发展阶段我国聚力创新模式及凝聚创新主体的机制建设等重大问题。按照从理论到实践的研究策略、总分总的结构展开，谋篇布局“顶天立地”。首先，从总体上构建聚力创新驱动高质量发展的理论模型，从聚资源、聚政策、聚行动、聚方向、聚共识五个维度分别对创新要素市场化配置、科技政策创新的制度设计、融通创新体系搭建、自主创新生态圈建设及主体协同体系构建进行理论研究。其次，结合国内外主要经验及我国科技创新的成效与瓶颈，探索聚合创新资源支撑高质量发展、聚焦创新方向支持高质量发展、凝聚创新主体共识引领产业高质量发展、聚力行动赋能高质量发展、融聚创新政策保障高质量发展的方法和路径。最后，针对当前我国科技创新难点和痛点问题，从总体上提出我国聚力创新驱动高质量发展的对策建议。本书为新发展阶段的创新驱动战略提出了系统性的解决方案，力求回应国家创新驱动高质量发展的核心命题，具有重要的时代意义。

---

① http://www.gov.cn/xinwen/2020-11/03/content_5556991.htm[2022-01-30]。

本书是编者近几年来对相关领域的研究成果。主要内容分为 10 章。第 1 章梳理创新驱动高质量发展的相关理论，并介绍本书研究的时代背景；第 2 章介绍国内外集聚创新要素、集聚创新政策及集聚创新方向的经验；第 3 章基于结构−行为−绩效（structure-conduct-performance，SCP）理论框架构建聚力创新驱动高质量发展的理论模型，并结合我国华为、高铁及深圳南山科技园的聚力创新实践，验证 SCP 理论框架对于我国聚力创新发展实践的解释力；第 4 章研究聚合人才、资金、科技成果、科研条件、数据信息等创新资源的方法和路径；第 5 章从国家、产业及企业三个层面研究聚焦创新方向的方法和路径；第 6 章研究凝聚创新主体共识，协同推进创新高质量发展的方法和路径；第 7 章以融通创新政策为背景，以企业主体的知识产权市场化保护和价值转化为主线，研究聚力行动推动融通创新发展的路径；第 8 章以我国双创政策、战略新兴产业政策为例，研究融聚创新政策保障高质量发展的方法和路径；第 9 章基于上海船舶行业、南京市新型研发机构和南京车联网产业高质量发展的具体场景，通过案例研究进一步优化聚力创新驱动高质量发展的理论模型；第 10 章提出聚力创新驱动高质量发展的指导思想及基本原则、主要任务和对策建议。

由于时间仓促，本书如有疏漏之处请予以批评指正。

编　者

2021 年 11 月

目　　录

第1章 创新驱动高质量发展的理论研究

1.1 创新驱动高质量发展的相关理论

1.1.1 创新相关理论

1. 熊彼特创新理论

20世纪初，针对当时的经济发展，熊彼特首次提出了创新理论。他在原有的生产函数中引入创新要素，实现了多元生产要素的重组。熊彼特将创新细分成五种形式，包括：①实现新产品新性能的创新设计；②在原有的基础上拓宽销售市场；③选择接受劳动材料新供应来源；④融入新工艺新技术；⑤打造全新组织机构。基于这些创新形式，熊彼特提出以下观点。第一，经济发展过程势必伴随着创新，因此创新要素的投入往往可能比其他生产要素的投入发挥更重要的作用。第二，创新作为一种革命性甚至颠覆性的变化，其过程往往充满不确定性，它需要以经济发展的需求为支撑。第三，创新是破坏性的，相对于原有事物，创新会不断地在原有事物上推陈出新，经济发展进程的不断推进也是一个自我迭代的进程。第四，创新的最终目的是新价值的创造，新价值是新知识、新方法和新工具应用的结果。第五，企业家作为创新的主体，在推动经济发展，重组生产要素的过程中发挥着不可替代的作用。

2. 区域创新体系

区域创新体系的发展得益于多门学科的综合发展，其概念主要来源于创新体系理论、现代区域发展理论及新产业区理论。创新体系理论最早由弗里德曼提出，他发现了日本产业政策及其对日本创新的重要作用，将创新体系定义为一个由主权国家内的公共部门和私人部门中各种机构组成的网络，该网络内的个体之间保持良好作用关系，同时为新技术研发与应用做好充分准备。创新体系理论认为技术创新既是公司内部各主体协同的产物，又是公司内外部许多因素作用的结果。从中我们也能够了解到，新技术创新认知已经逐步向网络化发展方向调整。从根本角度来看，创新所具备的社会属性不仅包含了各个要素之间形成的相互合作关系，而且指公司多个部门之间的集体学习过程，如研究与发展（research and development，R&D）部门、商业化部门、生产部门、市场部门等。现代区域发展理论表示，企业、区域及国家之间不仅通过成本优势改善自身竞争水平，更多的是改善动态创新水平。这里指的动态创新一般与地区环境及学习创新关系紧密，所以，在整个现代发展区域内，集体学习及地方社会文化环境扮演了十分重要的角色，有效地将多方主体集聚在一起，提高了区域创新水平。此外，区域发展与新产业区理论之间存在较为紧密的关系，利用新产业区理论可对各个地区经济发展过程进行研究，并针对“集体学习型”创新模式建设给予较高关注度。新产业区理论表示，在网络环境中更多地寻找创新文化要素，整个阶段内，企业家精神、经济机制、社会结构等因素的影响效果也十分明显，地域根治性特征也会完整表现出来。对应区域范围内，创新体系能够满足全方位互通发展要求。正如张其仔（2020）在《“十四五”时期我国区域创新体系建设的重点任务和政策思路》中提出的，区域创新体系建设是深入实施国家重大区域发展战略、建设创新型国家的重要支撑，帮助各个地区脱离中等收入陷阱，同时为满足高质量发展要求做好充分准备。“十四五”发展阶段内，开展区域创新体系建设活动，根本要求是保持发展方向的高度一致，此外，解决区域机制限制，合理控制知识流动率，最终形成强大的协同行动力，在满足自主创新发展要求条件下，达到最佳的创新发展状态。张清江和李慧（2020）共同提出，从系统创新发展角度入手，更多地将政府、企业、高校等平台融合在一起，该部分因素也将为协同创新系统建设提供强大保障。区域创新系统理论强调系统环境对科技创新的重要性，要营造良好的系统环境，完善创新体系运行机制，加强科技服务平台建设。林善泉等（2019）认为区域创新能力来自创新要素的集聚，创新水平较高地区要打造高端创新平台，注重平台的辐射作用；而在创新发展水平较低的地区，开展簇群建设工作，建立区域创新服务中心，作为交流平台提供服务支撑，为各类小型创新节点和中小型企业提供不同等级、不同类型的创新共享服务，整合片区创新资源，实现创新节点的抱团发展，进而为创新发展目标实现提供强大动力。胡志坚等（2018）表示，技术发展企业、高校及科研机构等均属于区域创新体系的参与主体，在多方共同努力下，最终完成了创新网络系统建设任务；黄鲁成等（2020）表示，区域创新体系是指在经营发展过程中，与创新相关的主体及非主体要素，包括因协调各个要素关系而对应的政策网络；顾新（2002）提出，在固定区域范围内，将区域发展要素及要素组合引入经济系统内，并形成全新的资源分配模式，就是区域创新体系，其核心价值是满足全新系统功能要求，同时改善区域内经济利用率，在充分发挥竞争优势作用条件下，确保区域经济跨越式发展能够长期保持较高速度。

3. 创新与要素集聚

赵儒煜和许军（2020）等研究了要素的空间集聚特点，他们发现要素集聚和不平衡发展之间存在特定的关系。另一些学者，如杨思莹（2020）认为要素集聚对创新格局有着重要的影响，并对其作用机制做了研究与分析，除此以外，创新效率联动也与制造业要素集聚有着紧密的联系，张向荣（2020）以粤港澳大湾区的制造业产业为研究对象，对要素集聚及创新效率联动开展相应探究工作。要素集聚相对要素而言具有更高的研究价值，因此现在许多的国内外的学者基于产业专利和地区经济发展之间的关系，来判断要素集聚对经济结构调整的作用。单德朋和郑长德（2018）研究表明，我国少数民族地区各行业部门的空间集聚特征和影响因素表现出显著不同，进入门槛较低的行业部门的空间集聚度更低，先进制造业的集聚水平则显著提升。李士梅和高维龙（2019）等研究者将关注重点集中于，哪些因素能够对国内粮食生产经营活动开展起到一定限制。研究表明，贸易成本可能弱化甚至抑制要素集聚内生机制，成为粮食生产经营的制约因素。我们还需要了解更多国内外对要素集聚的应用研究成果，比较我国和其他国家经济追赶过程中的要素集聚、经济增长与经济泡沫，将关于要素集聚的一些代表性观点进行综述，以此总结归纳要素集聚的内涵，也对我国走开放型发展道路有一定的启示。

张幼文和梁军（2007）提出并论证了要素集聚的概念，在他们看来，进入全球经济一体化发展阶段，要素集聚是最为典型的资源分配方式，也将有助于经济全球化发展目标最终实现。从《中国国际地位报告（2018）》一书中我们能够对要素集聚定义形成全面了解。在张幼文看来，全球经济一体化为要素聚集创造了良好的环境条件，同时全球经济一体化也属于特殊资源分配方式管理范畴。就要素集聚内涵而言，有学者认为要素集聚是一个动态流动的过程，不仅是人口在国内各省市地域间的流动、国际范围内国家之间的流动，还是物质资料从底层向高层的流动，这些人力劳动和自然环境要素都在缓慢向信息和知识产权中涉及技术的技术要素流动。从宏观角度而言，不同要素之间的组合和分散是相互作用的，在企业管理层面，通过资源的流动和汇聚，将要素集聚，从而更好地发挥要素的价值。张秋燕和齐亚伟（2016）发现企业在日常经济活动中存在诸多要素集聚现象。企业通过内部重组、外部扩张及与其他企业组成协会等方式进行资源的整合，从而更好地发挥要素的价值，达到“1+1>2”的要素聚力效应。杨思莹（2020）对高铁开通对区域创新空间格局的影响及其作用机制进行了研究，判断其中要素集聚发挥的作用，以及对该作用机制的影响。广义的要素集聚是生产要素不断融聚不断流动流向技术要素和信息要素的过程，而狭义的要素集聚是资源从一个地方流向另一个地方的空间流动过程。只要进来的要素比外出的要素多，或者密度集中点由外往内靠拢，就认为将形成要素集聚，否则，要素将缓慢离散。

在分析要素集聚内涵的基础上，一些学者逐渐对要素集聚的机理进行了深入的分析。此外，也有一些学者从空间分布的维度对要素集聚进行研究，探析创新要素在空间分布上的规律和趋势。但是，创新要素并不一定产生正向作用，一些科研院所和大学教育机构等由于大部分的科研创新成果没有及时或得到转化，没有直接与创新效益和产生的实际社会效益相连接。

综上所述，学者对于创新如何驱动高质量发展开展了丰富的研究，熊彼特更加强调企业家及企业家背后的资本在创新中所发挥的作用，并明确表示“企业”是创新发展及成果转化的主体之一；而创新驱动理论及内生增长理论告诉我们，现阶段创新投入要素以知识要素为核心之一，并且超越了传统的资本、劳动力等要素所产生的作用；区域创新理论提出区域内创新要素的数量和质量决定该区域的创新能力及经济发展水平，并且区域创新要素的聚集更加有助于区域创新发展目标的实现。创新体系理论研究重点集中在创新要素，如人才要素、资金要素、政策要素等方面，要求只有各个要素保持良好的协同与合作关系，才能够真正满足可持续发展目标实现要求。本书将聚焦高质量发展，从区域创新体系理论与要素集聚理论入手，构建创新驱动高质量发展的理论模型。

1.1.2　创新驱动的微观基础及其动力来源

1. 创新驱动的微观基础

1）人力资本

当今世界各国的竞争，既是科技的碰撞，也是人才的较量。我国要实现创新驱动战略和中华民族伟大复兴的中国梦，关键是打造一支涵盖各个领域高素质人才的队伍，而人才队伍的建设表现为人力资本规模的扩大和经济效益的增加。人力资本是凝聚在劳动者身上的以知识技能、技术水平、主观能动性和健康状况为基本形态的资本。人力资本作为一种活的资本，凝结于劳动者体内，表现为人的智力、知识、体能等，具有个体差异性。同时相对于物质资本，人力资本具有主观能动性、创造性、累积性等特征。人力资本投资方式分为两部分，第一部分是物质资源投入，它是提高劳动者智力、知识、体能等直接投入。第二部分是时间机会成本，它是劳动者用于提升智力、知识、体能等所必须花费的劳动时间。政府、企业和家庭是人力资本投入的三大主体，其中政府主导宏观人力资本供给、企业主导结构性人力资本供给、家庭主导微观人力资本供给。

人力资本是技术创新的源泉和技术扩散的必要条件，一般而言，当其他要素不变时，人力资本的质量和数量决定着创新能力，人力资本的数量越大，质量越高，则创新能力就越强。美国的科技之所以能在世界遥遥领先，就是因为它拥有世界上质量最高、数量最多的高质量人才。各国或各区域在设计创新能力指标时，通常会考虑科技人员的数量和质量，如人力指标在瑞士洛桑大学所构造的国际科技竞争力评级指标体系中占有十分重要的位置。欧洲工商管理学院在评估各国的创新能力时，同样赋予了人才很大的比重。以史为鉴，可以看出科技人才的数量和质量对创新能力的影响。英国在 17 世纪拥有世界 1/3 左右的科学家，发明创造了世界总量四成的科技成果，因此英国率先发动了科技革命。美国自 20 世纪以来，吸纳了大量科技人才，因而取得了在科技和经济上的强大优势。所以不难看出人力资本是影响科技创新的重要因素。

2）金融资本

作为科学研究和技术创新的重要物质基础，资金投入的数量和质量决定了科技创新活动的规模，成为区域重视创新高质量发展程度的衡量标准。加大资金投入数量和提高资金使用效率，是促进企业科研成果的转化与应用优化企业结构及全社会资源配置的重要举措。资金投入方式的优化是转变经济发展方式，推动我国经济高质量发展的重要依托。资金投入是反映一个国家或地区创新实力的重要因素，也是促进经济增长、保障创新活动的物质基础。资金投入一般是指政府对科技活动的投入，以及企业事业单位、社会团体和个人在研发活动、科技成果转化应用、科技服务等方面的投入。

20 世纪初，熊彼特首次提出了创新的概念，并对创新和金融发展的关系进行了论述。他认为信贷使经济生活中富有才智的个人，能在某种程度上跨越负债走向成功；企业的自主创新不仅要靠自身的资金积累，更离不开外部资金的支持。有学者通过构建内生性增长模型，论证了金融发展对科技创新的影响；有学者利用现代生产函数对全要素生产率进行了分解，发现金融的深化能够推动科技创新；也有学者分析了世界多个国家资本市场的融资数据，发现企业外部融资能够显著提高自身创新能力。

2. 创新驱动的动力来源

1）市场需求是创新的思想来源和动力源泉

某种产业的存在必定依托于市场的需求，当这些产业的产品或服务符合人们的消费需求时，这些产业才能发展壮大。当人们对某些产品或服务的需求不断减少时，这些产品或服务所代表的产业就会面临萎缩和衰退。因而我们可以看出市场需求对于一个产业的重要性。市场需求是产业创新的根本动力，任何新产业的诞生或旧产业的自我改革都是市场需求推动的结果。因为，首先，顾客需求是企业被动创新的启动器，复杂、挑剔的用户会推动企业改善产品质量、性能和服务；其次，顾客的潜在需求会促进企业进行主动创新。表面上看，主动创新似乎与需求关系不大，但是企业为了扩大市场份额，会主动创新产品，用于满足顾客的潜在需求。市场需求是创新的思想来源和动力源泉。

2）企业家精神是创新的不竭动力

熊彼特在《经济发展理论》《资本主义、社会主义与民主》中把企业家看成“革新者”，在日常管理工作之外进行创新活动是企业家必须具备的职业素养。

在熊彼特提出的创新模式中，只有对经济环境做出创造性贡献的才能被称为企业家，而经理并不在此列。熊彼特指出，“企业家”在资本主义经济发展过程中发挥着独一无二的作用，“企业家”推动“创新”，促进生产要素重新组合，实现经济发展。因此，熊彼特将“企业家”看作资本主义的“灵魂”。熊彼特认为企业家创新的最高层次是产业创新，纵观历史长河，不难看出凡是对历史具有重大影响的企业家都是全新产业的开拓者。大多数新兴产业的诞生基本上是由少数几个具有创新精神的企业家推动的。

3）政策引导创新

政府一系列创新政策的制定极大地推动了产业创新。在针对高新技术企业的政策中，高新技术企业不仅可以获得税收上的减免，而且“高新技术企业”的标志会间接提高企业的社会地位。因此，各企业为获得税收减免和提高社会影响力会自觉进行创新，以达到政策的门槛。高新技术企业政策的重心是培育一批具有自主研发和技术产业化能力的企业。通过增强企业自主创新和成果转化的能力，促使我国高新技术产业在国际分工格局中向价值链高端演进，助力我国早日实现由“大”到“强”的转变。

1.1.3 经济高质量发展相关理论

1. 经济发展理论

1950年后，经济学研究领域开始针对经济增长问题进行全面探讨，整个阶段内均强调技术要素对经济发展起到十分关键的影响作用。新古典增长理论也是在此过程中逐步提出的。1980年前后，以柯布-道格拉斯生产函数为基础打造的索洛模型，阐述了资本及劳动要素对经济发展所起到的影响效果，而技术水平的提升对经济发展而言，属于典型的外部因素。所以，研究领域将其称为“外生增长理论”；罗默则强调技术进步属于经济增长的内生要素，因此该理论也被称为“内生增长理论”。20 世纪 50 年代后期，在《对经济增长理论的一个贡献》中，作者基于现存理论，提出了新的理念，即新古典增长理论。在经济增长阶段内，索洛针对两个关键变量，即劳动与资本进行了研究，并利用规定函数对劳动与资本所形成的相互作用关系进行详细阐述。只是该理论成立要满足两个要求：首先，规模收益是恒定的；其次，资本及劳动能够生产所有产品，技术变量一般不会考虑其中。1985 年前后，罗默在其论文中表示，综合考虑经济增长状态，需要放松对新古典理论规模收益方面的过高要求，不仅考虑劳动与资本要素，更多也要将知识要素引入其中。在其看来，技术进步及知识储备量的持续增长，都能够改善投资收益水平，最终实现国家利润空间的增加。作为经济增长的核心要素，想要实现经济发展目标，必须对知识投资活动开展给予较高关注。

2. 经济高质量发展的内涵

从宏观经济学角度看，经济高质量发展是在国民经济（产品和服务）总量扩大的基础上实现经济运行更平稳、投入-产出效率更高、经济结构更均衡、社会福利更全面的发展。在发展经济学视角下，自然资源、劳动、资本等物质投入要素与人力资本、技术进步、制度、开放等要素共同构成影响经济增长和发展的因素，因而要素效率的提高和优化组合可以推动经济可持续发展。在质量经济学视域下，经济活动的目的是能够产出满足顾客需求的产品和服务。由国际标准化组织对“质量”下的定义可知，在 ISO 8402：1986《质量-术语》及 ISO 9000：2000《质量管理体系——基本原理和术语》中，分别将质量定义为“产品或服务满足规定或潜在需要能力的特性之和”与“一组固有特性满足要求的程度”，即产品用标准度量时表现出的客观水平，2015 年则定义为“关注质量的组织者通过满足顾客及相关方的需求来实现价值”。质量定义从以产品为中心的客观属性演变为以顾客为中心的主观属性，体现了顾客多样化的需求及产品差异化的要求，对应的是产品和服务质量达到更高标准。

综上所述，可将经济高质量发展的内涵概括为以下几点：一是要素生产率高，即在单位要素投入不变的情况下产出增加，或者在单位产出不变的情况下要素投入减少，通过提高要素的使用效率，减少要素的投入，促进经济发展。其本质是减少要素投入，提高要素使用效率。从全要素生产率增长的分解与测算到生产率增长动因的追溯与验证的升级过程，突出经济增长的有效性和可持续性。二是国民经济系统内部结构不断优化，其内在逻辑是从以“增量扩能”为主转向“调整存量、做优增量”的结构性深度调整，是供给结构、需求结构、产业结构的优化升级，从而实现产品供给质量的升级，突出经济系统结构的协调性。三是经济发展由要素驱动转向创新驱动，原来的经济发展主要依靠劳动、资本等要素的投入，而当下经济发展的动力则来源于劳动力素质提高、技术创新、管理创新投入、制度创新等知识要素，经济发展动力的转变可以为经济增长提供持久的动力。经济的高质量从狭义上看，是指产品和服务供给从“有没有”到“好不好”的转变，“旨在满足实际需要的使用价值特性”，意指一个国家或地区在一定时期内生产的产品和服务是否能够满足社会的需要，是否能为新时代人民群众提供多样化、个性化、高端化的产品和服务。

3. 经济高质量发展的影响因素研究

经济由高速发展转向高质量发展是时代发展的必然。在党做出经济高质量发展的论断后，不少国内学者对其进行了研究。郭晗等（2019）认为，人力资本决定财富增长，在我国转向经济高质量发展的时代背景下，人才培养至关重要。袁富华和张平（2019）提出，以诚信体系为核心的制度建设是未来克服产业升级问题的制度基础。同时他们指出，在经济高质量发展阶段，要以产品供给为核心。陈喜强和邓丽（2019）认为，政府主导的区域一体化战略，能够推动经济高质量发展，但区域间存在异质性。张俊山（2019）认为，经济高质量发展直接取决于社会生产关系，只有社会主义生产关系下的经济发展才与经济发展质量要求相一致，我国在社会主义建设不同时期经济发展的质量要求和表现内容各不相同。刘金全和张龙（2019）认为在经济增速放缓阶段，财政政策和经济增长存在正相关关系，积极的财政政策能够促进经济增长。提高研发支出和增值税，降低投资性支出和营业税，降低一般公共服务支出、消费税和所得税有利于经济高质量发展。周茜（2019）认为人口、技术、能源、结构等是影响环境质量的重要因素。陈佳（2019）研究了经济高质量发展和金融发展规模、金融发展结构、金融发展效率的关系，发现金融发展规模的扩大对经济高质量发展具有抑制作用，而后两者则对经济高质量发展具有促进作用。徐盈之和童皓月（2019）研究金融包容性对经济高质量发展的影响，分析得出经济高质量发展会受到金融包容性的显著正向作用。赵玉龙（2019）研究金融发展对经济高质量发展的影响，他发现当用人均金融机构贷款作为金融发展的替代变量时，金融发展对于经济高质量发展具有显著的正向作用。黄德春等（2019）选取金融相关率、金融机构存贷比、证券化率、保险密度四个指标衡量金融资本深化水平，研究金融资本深化对经济增长质量的影响，发现不同变量对经济增长质量的影响存在区域差异。李培园等（2019）研究了科技人才流动和经济高质量发展的互动关系，发现科技人才的合理流动可以促进经济高质量发展，但在完成经济高质量发展或产业发展成熟之后，人才流动对经济高质量发展的影响变得不再显著。白雪飞和杜娟（2019）研究了自主创新与经济高质量发展的互动关系，研究发现两者是联合内生、相互促进的关系，但两者之间存在低效率的均衡。杨恺钧和闵崇智（2019）以实用新型等三种专利合计授权量来度量技术创新，并分析它对粤港澳大湾区的经济增长质量的作用，通过研究得出，技术创新能显著提升大湾区经济增长质量，且驱动作用因经济增长质量高低而异，对经济增长质量的驱动作用存在双重门槛效应。

1.2　创新驱动高质量发展的时代背景

1.2.1　我国高质量发展的机遇与挑战

1. 我国高质量发展的战略部署

1）创新驱动发展政策演进

2012 年，党的十八大明确指出“科技创新是提高社会生产力和综合国力的战略支撑，必须摆在国家发展全局的核心位置”①。会议强调要坚持走中国特色自主创新道路，实施创新驱动发展战略。实施创新驱动发展战略是党的十八大作出的重大部署，也是应对国内外环境变化，立足国家发展全局作出的必然选择。

2015 年 3 月，在经济发展新常态的背景下，政府相关管理单位颁布了《关于深化体制机制改革加快实施创新驱动发展战略的若干意见》，强调“深化体制机制改革，加快实施创新驱动发展战略”。文件主要从总体思路、主要目标和意见内容三个方面开展详细规划，总体上具有很强的针对性、实效性、突破性和操作性，是对创新驱动发展战略的重要补充。

2016 年 5 月，为了实现国家创新驱动发展战略目标，政府制定了《国家创新驱动发展战略纲要》，强调科技创新是提高社会生产力和综合国力的战略支撑必须摆在国家发展全局的核心位置。创新驱动就是创新成为引领发展的第一动力。该纲要具有非常重大的现实意义和深远的历史意义，是我国创新驱动发展的行动纲领。

2016 年 8 月，《“十三五”国家科技创新规划》正式出台，最终目的是确保《国家创新驱动发展战略纲要》实施目标能够最终实现，同时也是国家科技创新工作开展的重点项目。《“十三五”国家科技创新规划》明确表示，坚持创新是引领发

① http://theory.people.com.cn/n1/2016/0303/c402884-28168984.html[2022-01-31]。

展的第一动力，把创新摆在国家发展全局的核心位置，以深入实施创新驱动发展战略、支撑供给侧结构性改革为主线，全面深化科技体制改革，大力推进以科技创新为核心的全面创新。

2017 年 10 月，在中国共产党第十九次全国代表大会上，习近平总书记指出，“我国经济已由高速增长阶段转向高质量发展阶段”，“着力加快建设实体经济、科技创新、现代金融、人力资源协同发展的产业体系”，“加快建设创新型国家”，“创新是引领发展的第一动力，是建设现代化经济体系的战略支撑”①。

2018 年 9 月，《关于推动创新创业高质量发展打造“双创”升级版的意见》正式出台，要求实施创新驱动发展战略，推进大众创业万众创新，深入推进供给侧结构性改革。利用“双创”模式，改善创业创新发展质量，对应的科技创新活力也会得到相应增长，为实现预期目标提供了强大保障。

“十四五”规划指出，坚持创新在我国现代化建设全局中的核心地位，把科技自立自强作为国家发展的战略支撑，深入实施创新驱动发展战略，完善国家创新体系，加快建设科技强国。

自党的十八大首次提出创新驱动发展战略以来，党中央先后出台多项政策，对创新驱动发展战略进行了补充完善，如表 1-1 所示，并抓紧细化落实。创新成为引领社会发展的第一动力，但同时我国发展不平衡不充分的问题依然突出，主要表现为创新能力不适应高质量发展要求，创新体制建设还存在短板，创新发展政策还有待进一步完善。

表 1-1　中国创新驱动发展政策概况

时间	项目（计划）名称	政策内容
2015 年 3 月	《关于深化体制机制改革加快实施创新驱动发展战略的若干意见》	发挥市场竞争激励创新的根本性作用，营造公平、开放、透明的市场环境，强化竞争政策和产业政策对创新的引导，促进优胜劣汰，增强市场主体创新动力
2016 年 5 月	《国家创新驱动发展战略纲要》	要按照“坚持双轮驱动、构建一个体系、推动六大转变”进行布局，构建新的发展动力系统
2016 年 8 月	《“十三五”国家科技创新规划》	尝试从构筑国家先发优势、拓展创新发展空间、推进大众创业万众创新、全面深化科技体制改革等方面入手，开展系统设计工作
2018 年 9 月	《关于推动创新创业高质量发展打造“双创”升级版的意见》	着力促进创新创业环境升级，加快推动创新创业发展动力升级，持续推进创业带动就业能力升级，深入推动科技创新支撑能力升级
2021 年 3 月	《中华人民共和国国民经济和社会发展第十四个五年规划和 2035 年远景目标纲要》	坚持创新在我国现代化建设全局中的核心地位，把科技自立自强作为国家发展的战略支撑，深入实施科教兴国战略、人才强国战略、创新驱动发展战略，完善国家创新体系，加快建设科技强国

① http://cpc.people.com.cn/n1/2017/1028/c64094-29613660-7.html[2022-01-31]。

2）创新驱动发展战略成效

党的十八大以来，我国对于创新驱动的重视程度日益增强，创新驱动发展战略在科技创新上取得了显著性成效，同时对国内科技创新水平及科技创新意识等产生了积极影响。

（1）科技创新能力持续提高

自创新驱动战略提出以来，我国在科技创新方面取得了优良的成绩，在载人航天、量子通信、高速铁路技术、移动支付等领域成果不断，持续引领世界潮流。我国科技创新能力的增强可以通过具有代表性的创新指标的提升来表示。从《中华人民共和国专利法》中我们能够看出，专利类型包括发明、实用及外观设计三个方面，而发明专利与技术进步和自主创新能力的关系最为密切，在国内众多研究中，发明专利是体现创新发展的重要指标。如图 1-1 所示，2015 年国内外发明专利授权总量为 359 316 件，其中国内发明专利授权量为 263 436 件，国内发明专利授权量占总授权量比重达 73%。在《国家创新驱动发展战略纲要》等文件顺利颁布后，2019 年，国内发明专利授权量有了大幅度上涨，国内发明专利授权量为 360 919 件，国内发明专利授权量占国内外发明专利授权总量的比重相较于 2015 年增长了 7%，基本达到 80%。从中我们能够看出，在创新驱动战略得到有效实施的条件下，持续对国内外发明专利授权结构进行全面优化，综合创新水平也会得到相应提升。

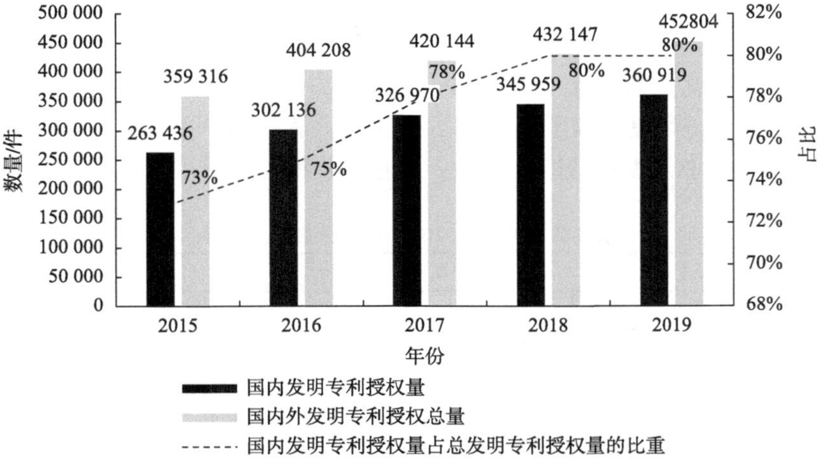

图 1-1　2015 年到 2019 年之间发明专利授权数据

资料来源：国家知识产权局

此外，全球创新指数也被广泛用于衡量一个国家或地区的创新能力，其通过研发投入、专利申请量、移动应用开发等多项指标来进行综合衡量，反映了创新驱动的经济发展和社会增长之间的联系。如图 1-2 所示，在 2012 年，我国的全球创新指数还排在第 34 位，处于较后位置。在创新驱动发展战略提出以后，我国的排名大体上呈稳步上升趋势，并于 2016 年首次进入前 25 位。2021 年正值“十四五”开局之年，我国的全球创新指数排名已经上升至世界第 12 位，这意味着我国的综合创新能力将逐步迈入世界第一梯队。

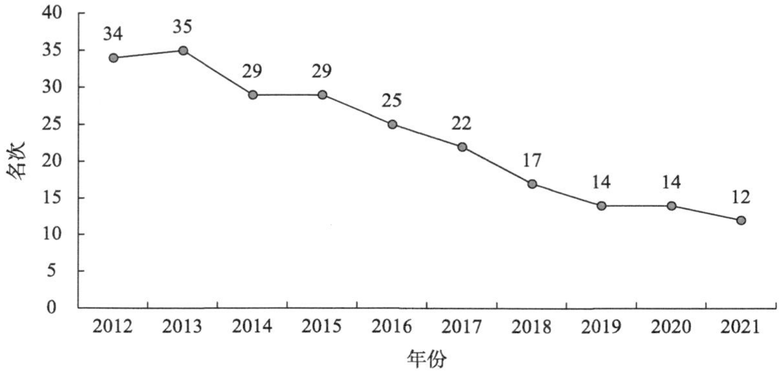

图 1-2　2012 年到 2021 年之间我国创新指数排名状态

资料来源：世界知识产权组织

（2）科技创新意识不断增强

自创新驱动发展战略实施以来，我国的研发投入强度稳步上升，创新主体意识不断增强。从表 1-2 中我们能够了解到，2015 年，国内研发投入资金规模为 14 169.9 亿元，强度百分率为 2.07 个百分点。五年后，我国研发投入经费达到 24 393.1 亿元，研发投入强度是 2.4%，研发投入强度再创新高。这表明社会的创新意识随着创新驱动发展战略的实施，正在逐步增强。

表 1-2　2015~2020 年中国研发投入强度

年份	研发投入资金/亿元	研发投入强度
2015	14 169.9	2.07%
2016	15 676.7	2.11%
2017	17 606.1	2.13%
2018	19 677.9	2.19%
2019	22 143.6	2.23%
2020	24 393.1	2.40%

资料来源：国家统计局

3）新阶段高质量发展战略部署

“十四五”时期，政府在打造国家发展战略方面，充分强调了自立自强理念的重要性，同时为创新驱动战略部署做好充分准备。在各类重大会议中，党中央就如何完善战略布局，实现高质量发展也提出了战略谋划。总而言之，当前我国的高质量发展战略部署主要涵盖国家、企业、人才、体制机制四个层面。

在国家层面上，以国家战略性需求为重要切入点，推进创新体系优化组合，聚焦创新领域学科，同时重组现有的国家重点实验室，提高战略科技力量。在核心领域开展战略布局，同时在整个阶段内注重科学计划及科学工程项目的实施。对于前沿领域而言，如人工智能、临床医学等领域，应当设立一些科技创新项目，以推动这些领域的发展。以国家需求为核心，使相关领域的核心技术问题得到相应解决。加大角色研究力度，扩大相应研究范围，通过自由探索，打造基础研究十年行动方案，同时确保其实施的可行性。解决财政投入问题，持续对支出结构进行全面优化，对进行基础研究的企业实施税收优惠。引导社会资金流向基础研究领域，形成稳定的资金供给体系，确保基础研究经费投入在总研发经费投入中至少占比 8%。构建科学的符合基础研究领域的长期评估体系和合理的激励机制，为后续的研发活动做好充分准备。突出国家自主创新示范区及经济技术开发区等的创新作用。最终从战略导向、应用支撑、前瞻引领、民生改善四个方面适度超前布局国家重大科技基础设施。充分发挥高端交流平台作用，促进可持续发展目标的实现。

在企业层面上，健全市场技术创新机制，巩固企业的创新主体地位。采取有效措施，将不同类型创新要素进行融合，为技术创新体系的建设提供强大保障。为调动企业研发的积极性，政府可以通过实施多元化普惠性的政策，对企业发展进行支持。健全的激励政策，可以加大企业的创新力度，促进中小企业发展。强化大企业的支撑功能，确保产业链内不同规模企业融通创新需求得到相应满足。加大国家科研平台、科技报告和科研数据对企业的开放力度。打造金融创新机制，降低科技型企业上市融资门槛，进一步发挥科创板作用，使更多成长型创新企业得到服务。

在人才层面上，加强创新型、应用型、技能型人才培养，实施知识更新工程、技能提升行动，壮大高水平工程师和高技能人才队伍。加大人才政策的开放性，为外来人员提供更加完善的停居留政策，这样才能够对海外人才产生强大吸引力。健全现有的薪酬福利制度，帮助人才解决子女教育、社会保险等问题。良好的工作环境和健全的福利体系有利于人才引进目标的实现。为了更好地激励人才，需要对人才评估体系进行全面调整，构建以创新要素价值为标准的收益分配机制，深化院士制度改革。

在体制机制层面上，逐步加大科技管理机制改革深度，其集中体现在：第一，将财政科研投入要素全面整合在一起，加大核心领域的管理力度，确保各部门相互协调，不再自成一体。第二，转变传统科技项目立项管理方式，确保相关工作人员可以掌握更多主动权。通过“赛马”等制度的实施，健全奖补结合的资金支持机制。第三，构建科技评估系统，完善自由探索型和任务导向型科技项目分类评价机制，优化科技奖励项目。第四，建立健全科研机构现代院所制度，鼓励科研事业单位采取更为灵活的管理制度。第五，有效推动高等院校、科研机构和企业间创新资源自由有序流动机制的构建。同时以完善的知识产权保护制度为科技创新保驾护航。第六，通过创新科技成果转化机制和促进要素有效对接来完善企业创新服务体系。努力解决基础研究“最后一公里”和成果转化问题，以及市场应用“最后一公里”有机衔接问题，打通产学研创新链、价值链。

2. 创新驱动高质量发展的机遇

1）新一轮科技革命和产业变革为“弯道超车”创造良好发展环境

科技革命是指以科学技术为核心所开展的改革活动，其自身带有明显的全面性特征。截至目前，全球范围内共开展过三次工业革命活动。当英国开始第一次工业革命的时候，在专制主义中央集权空前强化和闭关锁国阻碍中西文化交流的背景下，我国毫无疑问地错过了第一次工业革命。当美、德等国家大举开展第二次工业革命的时候，清政府因腐败无能，国家主权不断沦丧，加之后面的帝国主义侵略，中断了我国的工业化进程。与之前的工业革命进行比较，之所以会出现新的科技革命，根本原因是为了满足高科技发展的要求。也正是由于科技革命的出现，人类才踏上了信息时代的全新发展历程。在第三次工业革命初期，由于战争的破坏和中华人民共和国成立后帝国主义的封锁包围，中国没有发展先进科技的环境。一直到 20 世纪后期，我国实行了改革开放的伟大决策，主动打开国门，积极引进、吸收世界的先进科学技术和管理技术，重新追赶世界科技革命的潮流。总的来说，在这三次工业革命中，我国始终处于革命的边缘地带，依靠外国的技术辐射，来进行“跟跑”。

当前，兴起于 20 世纪中叶的现代科技革命已接近尾声，以人工智能、物联网、大数据等为代表的新一轮科技革命已经开始。科技革命在改善国内发展质量方面做出了巨大贡献。其一是全球上一轮科技革命所带来的“尾声机会”，如人工智能、大数据、绿色能源等所带来的机遇。尽管我国只是抓住了上一轮科技革命的尾巴，但我国在某些领域并没有落后，特别是在大数据和人工智能方面，我国没有缺席且正在努力跟进当中。其二是新一轮科技革命所带来的“先声机遇”，站在新科技革命的起点上，世界各国基本处于同一起跑线，如果我们能够提前准备、超前布局，抢占新一轮科技革命发展的战略制高点，就有可能在新一轮全球竞争中赢得优势。新一轮科技革命为我国经济高质量发展提供了指引。现阶段，新一轮科技革命及产业变革已经汇集了大量发展动力，并由此形成了全新产业模式，为后续发展创造了良好的基础条件。我们需要及时做出调整，捕捉世界科技前沿、瞄准科技发展方向，在更高层次、更大范围发挥科技对生产力的引领和促进作用。新一轮科技革命为推动高质量发展指明了方向，以知识、数据、信息等新的要素为支撑助推经济腾飞，进而实现经济高质量发展。总的来说，我国经济发展的一个首要问题是科技发展水平总体不高，科技对经济社会发展的支撑能力不足，存在发展不平衡不充分的问题。要解决发展不平衡不充分的问题，需要巩固科技在经济发展当中的地位。新一轮科技革命为我们更快提高科技实力进而解决发展中的不平衡不充分问题带来了机遇。我们需要借此机会建设世界科技强国，为经济高质量发展提供强有力的科技支撑。

2）创新驱动发展战略有助于改善整体发展质量

从最近几年的发展状况来看，我国在创新驱动战略发展过程中已经取得显著成绩。截至目前，在研发投入方面，我国已经位居全球第二位，而且 2019 年对应投入规模整体上涨 2.23 个百分点，该数值已经超过欧盟国家的平均水平。从世界知识产权组织发布的数据报告中能够看出，我国的创新能力在全球排名已经位居第 14 位。作为一个中等收入经济体，我国取得的成就是绝无仅有的。不仅如此，我国在航天载人、超级计算机等技术领域均已经取得显著成绩。

“一带一路”倡议是我国的顶层战略设计之一，是我国提出的国际区域经济合作的新模式之一，为我国经济发展带来了机遇，同时也为我国经济发展营造了良好的外部环境。在“一带一路”倡议实施后，发展中国家及新兴经济体等的发展均得到有效促进，而且经济往来不再局限于外贸活动中，更多是在贸易和投资以外的领域利用合作、共建等方式，实现互利共赢。凡是可以实现共赢的领域都可以开展合作和共建，形成全方位、多层次的复合型对外经济关系。“一带一路”倡议促进了我国产业发展和转型升级。沿线国家对高新技术产业的需求，迫使我国必须打造创新驱动战略，同时为实现产业升级打下坚实基础。

“碳达峰、碳中和”这个话题，并不是一个简单的减碳问题，必须更多地站在人类命运共同体的高度上来看待全球生态问题，一定要包容和谐、共同建设。“碳达峰、碳中和”也是破解当前发展瓶颈的重大机遇。全球正处于发展方式转型的十字路口，工业革命以来的高碳生产方式已无力推动经济恢复常态、持续增长。当前，以绿色低碳的生产方式来推动经济复苏已经成为国际共识。对于我国而言，“碳达峰、碳中和”是建成社会主义现代化强国的必然要求。中国共产党第十九次全国代表大会强调，“坚持和平发展道路，推动构建人类命运共同体”[①]，这要求我国必须在全球环境治理工作开展阶段内充分发挥自身作用。此外，气候治理的过程也是构建新经济体系的过程，通过能源体系、技术体系、治理体系的调整，让中国从产业发展的跟跑者转变为并行者、领跑者，从而解决自身发展不

① https://v.ifeng.com/c/019f5da8-ca4e-4c38-9a96-f01b7f12dd3c[2021-12-31]。

平衡、不充分的问题。“碳达峰、碳中和”工作是中央工作会议所提出的重要工作内容，做好“碳达峰、碳中和”工作有利于挖掘产业发展新机遇。碳中和将创造出新的商业机会，刺激技术再创新。曾在集成电路领域上演的“摩尔定律”正在新能源产业重现，我国在这一朝阳产业中已迸发出强有力的国际竞争力，太阳能、风电、储能所需组件因“中国制造”，成本呈现指数级下降趋势，新兴市场蓄势待发。同时，能源安全威胁、生态环境破坏、开采运输成本上升等问题正使化石能源逐渐失去市场竞争力。当前，全球37个国家的1000多个机构投资者，正逐步从化石燃料行业撤出8万亿美元，转投入零碳相关行业中。碳中和是一场能源革命、产业变革，其中涉及新能源技术、绿色生产技术、绿色建筑、智能电网、智慧交通等一系列战略性新兴产业的创新发展。

3）新发展格局能够为高质量发展提供强大推动力

政府相关工作会议推出了《中共中央关于制定国民经济和社会发展第十四个五年规划和二〇三五年远景目标的建议》，这是我们党将马克思主义政治经济学的基本原理和当今中国国情与时代特征相结合的产物，明确提出了实现中国特色社会主义现代化的指导方针、战略部署和重大举措。《中共中央关于制定国民经济和社会发展第十四个五年规划和二〇三五年远景目标的建议》中提出的“三个新”——新阶段、新理念、新格局，就是《中共中央关于制定国民经济和社会发展第十四个五年规划和二〇三五年远景目标的建议》的核心要义、历史逻辑、理论逻辑、现实逻辑。新发展阶段是承载现代化目标的阶段，是迈向高质量发展的阶段，是在百年未有之大变局中开新局的阶段。因此，我国应当加大供给侧结构性改革的力度，将关注重点集中在改善发展质量上。利用深层次改革机遇，提高开放程度，同时也为全新发展格局的形成做好充分准备。“创新、协调、绿色、开放、共享”的新发展理念在新发展阶段被赋予了更丰富的内涵。创新强调了科技自立自强和产业链供应链的自主可控。协调强调了新发展格局的构建和统筹发展与安全。绿色强调了人与自然和谐共生的生态文明制度建设和绿色生产生活方式的转型。开放强调了建设更高水平开放型经济新体制和更高水平社会主义市场经济体制。共享强调了共同富裕本质下人民更加美好生活的实现和人的全面发展。新发展理念为新发展格局的构建提供了方针指引。参照实际发展状态，打造最新发展局势，这些与我国所处的发展阶段、发展环境等要素息息相关。在充分发挥市场优势的条件下，改善整体经济发展水平，同时保持良好的国际合作发展关系，有助于深层次改革活动快速发展。从根本上来看，建设新发展格局需要以内循环为主体，内外双循环为一体，协同发力推动经济发展。新发展格局是对原有发展战略的全面优化与调整。构建新发展格局必须抓住扩大内需这个战略基点，同时也必须抓住提升自主创新能力、突破关键核心技术这个关键。构建新发展格局，是应对中长期问题、重塑我国国际合作和竞争新优势的国家整体性战略决策，是事关全局的系统性深层次变革，是大国经济发展的客观要求，是应对世界百年未有之大变局在新冠疫情全球大流行下加速变化的必然选择，而不是应对某个局部问题的被动之举。

习近平总书记指出："推动国内大循环，必须坚持供给侧结构性改革这一主线，提高供给体系质量和水平，以新供给创造新需求，科技创新是关键。畅通国内国际双循环，也需要科技实力，保障产业链供应链安全稳定。"①这就告诉我们，科技自立自强是推动国内大循环，畅通国内国际双循环的必然条件。我国既有基础也有条件推动科技自立自强。从科研基础来看，我国人才队伍不断壮大，科技创新组织有力，基础科研成效明显。研发经费特别是基础研究投入不断增加，科技人才和创新团队不断涌现，组建了一大批国家重点实验室和工程实验室等。从创新动力方面来看，只有科技与产业有效融合在一起，才能够避免科技创新发展受到严重阻碍。我国注重推动协同创新，激发各类创新主体活力，支持企业牵头承担重大科技任务，引导企业加大研发投入，企业已经成为创新的主要力量；坚持从区域资源禀赋实际出发，积极培育区域性科技创新优势，推进国家区域创新中心建设，遍布全国的经济开发区、高新区成为产学研一体化的重要载体。在制度优势上，我国有集中力量办大事的独特优势。新中国成立后，我们集中全国人力、物力和财力，不断提升自身的科学技术水平，创造了一个又一个奇迹。尤其在中国共产党第十八次全国代表大会顺利召开后，政府对科技创新工作的开展投以较高关注度，并坚持将创新作为首要发展动力，只有科技实力提升，才能够实现质的变革。在党中央的坚强领导下，我国有信心、有底气、有能力推动科技自立自强，加快构建以国内大循环为主体、国内国际双循环相互促进的新发展格局。

3. 创新驱动高质量发展的挑战

1）国外封锁

2008 年的金融危机给世界经济带来了巨大的冲击，以美国为首的西方发达国家在这场危机中更是首当其冲，经济发展严重受挫，世界经济进入深度调整期。随着全球经济的衰退，欧美等发达国家为从全球化中获得更多的利益，不惜采取一系列逆全球化政策，单边主义及保护主义开始抬头，在反倾销、反补贴等传统手段之外，又从技术、环保等方面入手，设置了众多标准较高的市场准入壁垒，由此导致的贸易摩擦与经济争端大幅增加，经济形势不明朗，世界经济暂时呈现出"逆全球化"趋势。我国是典型的贸易出口大国，在传统贸易合作对象经济发展状态不佳的情况下，外部需求不足的状况在很长一段时间内无法改善。此外，伴随着劳动力成本和土地价格的上涨及东南亚等新兴经济体的崛起，我国已经失

① http://www.xinhuanet.com/politics/leaders/2020-09/11/c_1126483997.htm[2021-01-31]。

去了传统的比较优势，出口额在不断下降，外商投资也在不断减少。

21世纪以来，随着我国经济实力和国际地位的提升，美国为防止我国威胁其地位，采取了一系列措施对我国进行打压。从2017年“301调查”开始，美国就通过征收高额关税、技术封锁、金融施压，并在中国香港、中国台湾等问题上频频制造争端，以此来遏制我国的发展。新冠疫情暴发后，美国对我国的打压变本加厉，从扩大对华出口限制，把更多中国企业列入“实体清单”，到针对TikTok和微信的禁令，并最终实施“清洁网络”计划，竭力推动与中国脱钩，试图在中美之间“拉起吊桥”。随着我国综合国力的提升，美国对我国的战略遏制将是一场长期的拉锯战。

2）机制体制缺陷

我国已经转向了高质量发展阶段，过去满足高速增长阶段发展要求的机制体制已无法完全适应高质量发展的需要，成了制约高质量发展的体制机制障碍。完善创新机制体制，是实现创新驱动经济高质量发展的先决条件。当前我国科技创新资源配置呈现出分散、重复和低效的特点，这导致创新的动能不足，科技产出的效益无法达到预期目标。从创新激励角度分析，科研成果始终未能进行明确的属性划分，最终无法将科技创新人力资源的作用表现出来。此外，由于打造的激励政策并不满足发展要求，企业只能利用自主创新方式，解决技术方面遇到的问题，进而使自身能够在激烈的市场竞争环境中占据优势发展地位。在此种环境下，科技创新成果产出会受到严重阻碍。在政策协调机制方面，各个部门制定的创新政策和制度还无法达到共同促进、彼此协调的完美程度，致使创新政策效力没有达到最优值。中国目前打造的金融系统始终以银行为核心，无法满足实体经济部门的创新发展要求，根本原因是制造业始终占据核心影响地位，此外，创新型国家的建设方向也存在很大差异。

3）“卡脖子”问题

“卡脖子”技术自身带有一定特殊性，直接影响产业链是否能够长期处于安全、稳定的运行状态。现阶段，中国在高速铁路技术、航天技术等高技术领域取得了显著性成就，但是，在基础和理论方面的研究存在短板，这导致我国的核心技术发展受到阻碍。在集成电路等信息领域核心技术上，我国与美国等发达国家相比，仍有较大差距。2020年我国进口芯片金额超过3500亿美元，是原油进口额的2倍，而我国集成电路公司的市场份额仅占全球市场份额的5%，一些高端设备的国产芯片占有率甚至不足0.5%。随着中兴和华为先后被美国制裁，我国逐渐意识到不掌握核心技术，就会面临“卡脖子”的风险，大量高新技术企业将会遭受到巨大的创伤。现阶段，高端芯片等产业面临“卡脖子”技术问题。“卡脖子”问题已经成为我国创新驱动高质量发展道路上的挑战。中国科技要想自立自强、有所突破，就必须从基础做起，突破“卡脖子”难关。

1.2.2　创新驱动高质量发展的目标与任务

1. 破“难点”：加速新旧动能转换

1）新旧动能转换的历史意义

当前，我国已经正式进入新旧转换改革发展的关键时期。2016 年 9 月，中共中央政治局常委、国务院总理李克强在主持召开国务院常务会议时强调：“坚持市场主导，发展各类创业投资，是落实新发展理念、实施创新驱动发展战略、推进供给侧结构性改革、培育发展新动能和扩大就业的重要举措，有利于调动社会投资积极性，支持大众创业、万众创新，促进稳增长、调结构。”[①]目标任务：一方面，继续加快培育新动能，其也属于供给侧结构性改革的核心目标。另一方面，持续开展改革活动，充分发挥市场倒逼机制的作用，最终目的是确保传统升级目标能够最终实现。

2017 年 1 月，《国务院办公厅关于创新管理优化服务培育壮大经济发展新动能加快新旧动能接续转换的意见》指出，加快培育壮大新动能、改造提升传统动能是促进经济结构转型和实体经济升级的重要途径，也是推进供给侧结构性改革的重要着力点。从中我们能够充分了解，政府在供给侧结构性改革工作开展阶段中提出的重点工作对象。目标任务是新旧动能实现平稳接续、协同发力，支撑经济保持中高速增长、迈向中高端水平，在全世界范围内开展创新资源优化分配活动。这样不仅有助于对外合作项目的开展，同时也能拥有强大的经济发展动力与全新经济结构。

2019 年 11 月，《关于推进贸易高质量发展的指导意见》指出加快创新驱动，培育贸易竞争新优势。强调推动互联网、物联网、大数据、人工智能、区块链与贸易有机融合，加快培育新动能。目标任务主要是促进贸易新业态发展、提升贸易数字化水平、加快服务外包转型升级等，预计在 2022 年之前，贸易结构也会得到相应优化，在改善贸易效益水平的基础上，共同为打造完善的统计及评估机制做好充分准备。

2020 年 11 月，习近平总书记在二十国集团领导人第十五次峰会第一阶段会议中发表重要讲话，提出“要主动应变、化危为机，以科技创新和数字化变革催生新的发展动能。加强数据安全合作，加强数字基础设施建设，为各国科技企业创造公平竞争环境”[②]。

基于此，我国新旧动能转换已经上升到一个新的历史高度，中国正处于新旧动能转换的历史过渡阶段。新旧动能的转换是在革命阶段内最终形成的。

人类从蒸汽时代进入电气时代再进入科技时代，然后到达现在的数字化时代，每一次世界经济演进的背后都经历着一次新动能与旧动能的转换。新旧动能转换

① http://politics.people.com.cn/n1/2016/0902/c1024-28684916.html[2021-01-31]。

② http://politics.people.com.cn/n1/2020/1121/c1024-31939472.html[2021-01-31]。

极大改变了人类生产工具、生产方式及生产效率。由于我国正处于转型的关键时期，无论是开展质量、效率还是动力变革活动，都不能忽略新动能所产生的核心影响作用。一方面，新动能可以催生新兴技术，解放生产力，重塑生产关系，形成以新动能为核心的新模式新业态发展。如数字技术及“互联网+”等新兴技术可以改变人们传统的生活、工作、学习方式。另一方面，新动能可助力创新驱动，形成经济发展新格局，可促进人才、知识、资源、技术及资本等创新聚集，促进市场创新要素优化配置，支撑我国数字化发展由中低端向中高端迈进。如开源社区、开源生态等创新网络系统，作为创新发展的新模式，可驱动行业创新新势态。因此，新旧动能转换是我国全面建设高质量发展的关键一环。

2）新旧动能转换的显著特征

改革开放以来，中国特色社会主义进入了一个新的历史时期，由高速增长阶段向高质量增长阶段过渡，旧动能不能满足当下生产需求，从而新动能被提上日程。由于新旧动能的转换，国内现有创新要素与新发展需求之间存在很大矛盾，而且在经济转型过程中，也形成了差异性特征表现，如经济增长减速、经济结构变化、经济增长动力转化等特征。

（1）经济增长减速

如图 1-3 所示，2014 年至 2020 年，我国国内生产总值（gross domestic product，GDP）逐年上升，从最初的 64 万亿元上升至 102 万亿元，但增长速率却下降了，部分原因是 2020 年受新冠疫情的影响，我国出现了短期的低增长，但纵观全局，经济增长减速的根本原因还是在于国内要素禀赋结构发生了变化，高速增长缺乏强有力的基础支撑，从而我国经济发展繁荣表象下将会产生粗放的经济发展模式，不利于新动能稳定运行。这便是我国新旧动能转换的难点之一，即如何使高速增长与高质量增长相匹配，实现新旧动能高质量转型。

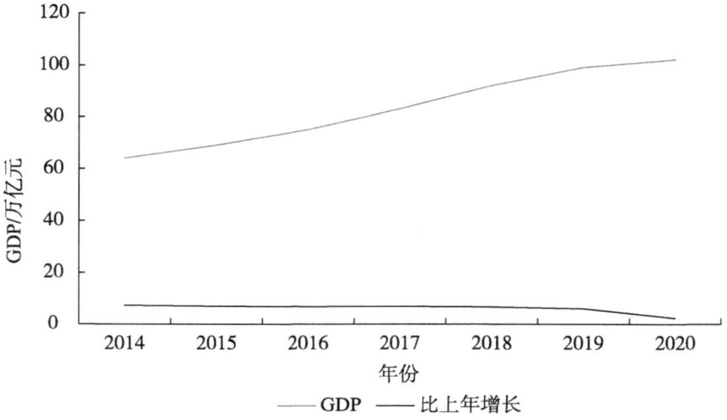

图 1-3　2014~2020 年 GDP 增长数据

（2）经济结构变化

如图 1-4 所示，2016 年至 2020 年，我国第三产业占比由 52.4%增长至 54.5%，占比呈增大趋势，成为国民经济的第一大产业，由此可见，中国产业结构以第三产业为主导进行优化升级。资源、服务、科技要素在第三产业体系内影响作用十分显著，比较典型的第三产业包括软件、金融、技术服务、环境、教育及卫生等。现阶段，我国新旧动能转换可以理解为，我国已经实现产业结构转型，经济结构由第一产业、第二产业为主体，向以第三产业为主体改变。但第三产业注重信息技术与创新科技的发展，因而转型成功的背后是对新模式新业态的技术维护及更新发展，需要更多的人才、知识、技术资源等。这也是新旧动能转换阶段的难点所在，即如何使我国的资源配置与基础建设成功匹配产业结构优化升级，促进主导产业高质量发展。

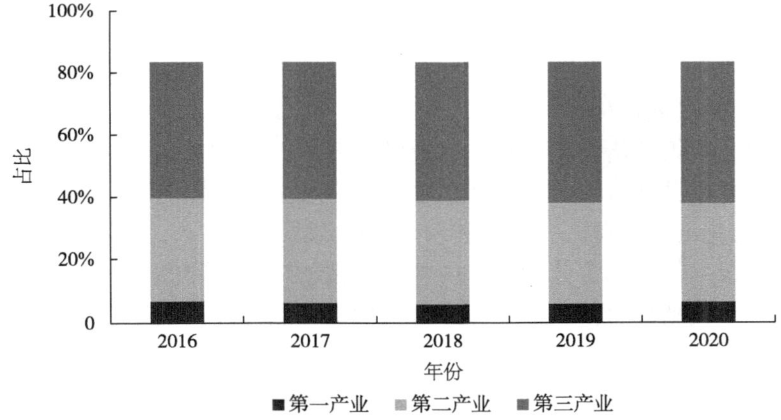

图 1-4　2016~2020 年三大产业增长数据在我国 GDP 体系中所占比值

（3）经济增长成为推动发展的强大动力

如图 1-5 所示，我国数字经济规模已从 2005 年的 2.6 万亿元增长到 2020 年的 39.2 万亿元，实现飞速发展。数字经济主要指经济发展以互联网为载体，运用大数据、区块链、人工智能、云计算等新兴技术，拓展实体经济广度和深度的一种新型经济形态。“互联网+”、大数据、人工智能等技术已经对经济发展产生巨大影响作用。从而，智能化、数字化、网络化已成为现阶段我国经济发展的主要特性。那么，如何提升发展动力，使数字技术取代传统技术，更好赋能经济发展，助推新动能发展，成为新旧动能转换阶段亟须解决的难点重点。

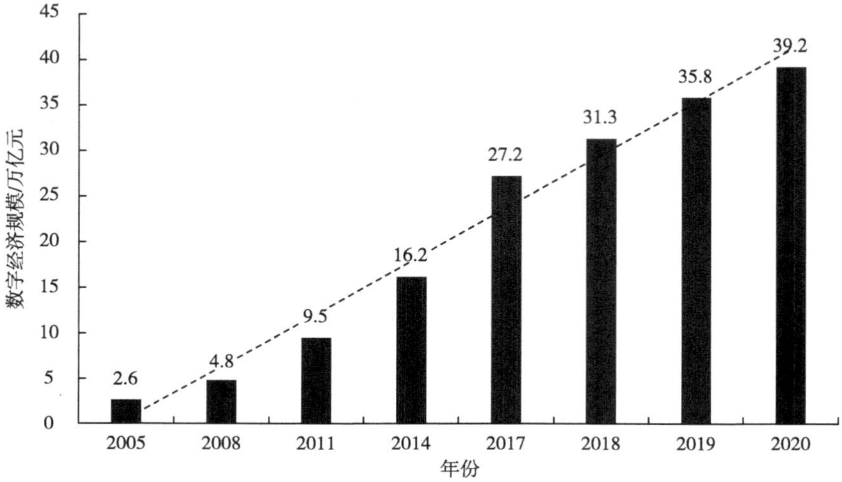

图 1-5　2005~2020 年数字经济规模

3）新动能发展目标

基于以上政策分析及新旧动能发展转换现状，我们将政策目标与实际发展目标相结合，从资源配置、产业结构、数字建设三个方面提出了发展目标。

（1）优化创新资源配置，构建新动能生态系统

①建设技术创新综合体，形成内外开放创新综合发展模式

建设技术创新综合体，旨在探索区域创新共同体建设的制度体系、路径模式及一体化发展机制，营造促进技术创新一体化的良好生态。以长三角为例，长三角创新综合体中主要集聚的创新要素除了大学和科研机构外，还有一批细分产业领域的龙头企业，多元化聚集能够形成规模庞大的物理空间，其聚集及融合水平均相对较高。

②增添创新资源服务市场，提高市场经济体制下资源利用效率

创新资源服务市场能够实现公共设备资源共享，因此，它可以有效解决实验室与众多创新型企业需求对接问题，实现共享实验室的服务，提高资源利用效率。为了满足对接发展要求，必须加大技术转移服务链的建设强度，并通过持续探索，最终形成良好的技术转移服务新模式。

③改善人才资源培育力度，使创新系统竞争力得到相应增长

从根本角度来看，创新驱动发展战略及供给侧结构性改革工作，都离不开人才要素的全面支持，只有第一资源作用得到相应体现，才能够推进人才体制改革深度，并利用科学方式，降低企业人才的流失，使人才能够真正“落地生根”。不能只是一味喊口号，而是要观察政策实施效率与效果，尽全力挖掘高素质人才，并为其提供良好的自我展示空间，这样才能够为经济高质量发展做好准备。

（2）升级产业经济结构，提升新动能赋能主体

①集中精力推进实体经济发展，并对战略性新兴产业投以较高关注度

现阶段，我国已经进入高质量发展时期，自身也开始面临相对较为严重的发展失衡问题，只有深入了解战略性新兴产业的需求，推动相应产业技术创新，才能够真正改善产业转型升级发展速率，有效抢占竞争市场制高点，同时为满足经济高质量发展要求做好充分准备。

②“互联网+”与产业融合，促进创新协同发展

需要加强“互联网+”与各大产业的融合，促进产业优化升级，使我国创新结构与创新动能相结合。“互联网+”与产业相融合，可以提升我国的科技创新能力，附带培育自主创新主体，加快创新主体间的信息交流与沟通，缩减时空距离，减少信息不对称性问题。

③健全产业结构顶层设计，推进经济一体化建设

健全顶层设计文件，政府的支持力度是产业经济结构优化的主要支撑动力，因而我们需要健全产业结构顶层设计，使我国各项产业蓬勃发展。政府各部门可通过建设产业集群、先行合作区等，以及制定专项计划完善顶层设计。

（3）加快数字经济建设，增添新动能发展优势

①实现互联网普及率发展目标，加大数字化基础设施建设强度

目前我国互联网普及率达到 80%，但是尚未达到 100%，而数字经济的发展是基于互联网络的，因此我们应该提升互联网普及率，加强数字化建设，为数字经济发展提供创新平台，进一步加快创新型强国目标建设。

②强化数字技术应用，尽快实现网络、智能及数字化发展目标

受新冠疫情的影响，我国经济发展速度暂缓，但是相较于其他国家，我国是唯一实现经济正增长的国家，这主要归功于数字技术赋能经济发展，如腾讯会议等在线平台等为我们的工作学习提供帮助，同时为数字技术发展创造了良好环境。

③完善数据信息保护，保障创新主体客体信息安全

数字经济时代，人们时间空间交流距离缩短，数据信息获取渠道畅通，信息安全问题被提上日程，因而数字信息保护变得格外重要。保护创新主体与客体的信息安全，有助于完善数字经济创新环境，有助于实现我国经济高质量发展。

2. 除“痛点”：破解卡脖子难题

1）我国核心技术发展现状

2016 年 12 月，《国务院关于印发中国落实 2030 年可持续发展议程创新示范区建设方案的通知》将开展科技创新与社会发展融合工作作为主要目标，希望能够有效解决可持续发展阶段内遇到的瓶颈性问题。采取有效措施，将不同类型创新资源有效结合在一起，同时改善科技成果转化力度，不断进行新机制研究，并

利用系统解决方案，维持稳定的经济建设与社会事业协调发展秩序，这样打造的实际样本才能够满足被复制、被推广的要求。

2017 年 11 月，国务院在《关于创建“中国制造 2025”国家级示范区的通知》中强调，着力激发创新活力，建立以市场为导向、以企业为主体、产学研深度融合的技术创新体系，加大对共性技术、通用技术研发的支持力度，加强核心技术攻关，力争突破制约制造业发展的瓶颈。

2020 年 5 月，《中共中央 国务院关于新时代推进西部大开发形成新格局的指导意见》强调，抓重点、补短板、强弱项，形成大保护、大开放、高质量发展的新格局，推动经济发展质量变革、效率变革、动力变革，促进西部地区经济发展与人口、资源、环境相协调，实现更高质量、更有效率、更加公平、更可持续发展。此外，西部大开发阶段内，应当确保人口、环境、资源要素可以保持协调发展状态，保持相对较高发展质量，提升整体发展效率，这样才能够避免对长期发展造成极大不良影响。

2021 年 5 月，在中国科学院第二十次院士大会、中国工程院第十五次院士大会、中国科学技术协会第十次全国代表大会上，习近平提出，“党的十九大以来，党中央全面分析国际科技创新竞争态势，深入研判国内外发展形势，针对我国科技事业面临的突出问题和挑战，坚持把科技创新摆在国家发展全局的核心位置，全面谋划科技创新工作”①。其中，关键核心技术的影响作用最为明显，其不仅能够改善我国的经济发展水平，同时也有助于国家安全稳定发展。

《国家创新驱动发展战略纲要》提出了三步走的战略目标，第一步，到 2020 年进入创新型国家行列，基本建成中国特色国家创新体系，有力支撑全面建成小康社会目标的实现；第二步，到 2030 年跻身创新型国家前列，发展驱动力实现根本转换，经济社会发展水平和国际竞争力大幅提升，为建成经济强国和共同富裕社会奠定坚实基础；第三步，到 2050 年建成世界科技创新强国，成为世界主要科学中心和创新高地，为我国建成富强民主文明和谐的社会主义现代化国家、实现中华民族伟大复兴的中国梦提供强大支撑。现阶段我国正处于由高速度发展向高质量发展转型阶段，高质量的发展离不开核心技术的突破。核心技术对于国家发展而言，影响作用十分显著，一定要通过不断努力，在核心技术研究方面取得显著成绩。核心技术是企业具有的较为复杂的、具有较大价值的技术与能力的结合体，并不是单指某一样技术或者服务，必须是经过反复试验获得的尖端技术。核心技术自身带有明显的投入规模大、投入周期长、不满被复制要求及隐匿性较深等特征，因此，也会对国家安全造成一定影响。从国家统计局提供的数据信息中了解到，截至 2019 年，我国拥有的高新技术企业数量已经超过 35 833 个，同比增长 11 个百分点。与 2013

① https://www.ccps.gov.cn/xxsxk/zyls/202204/t20220430_153780.shtml[2021-12-12]。

年数据相比，上涨幅度已经达到 76 个百分点。而且在 2000~2019 年，高新技术产业总产值对 GDP 的贡献率由 10.1%上升至 20.7%。高技术产业利润总额也从 2000 年的 673.460 亿人民币增至 2019 年的 158 849 亿人民币。因此，高新技术产业对我国经济发展产生起到至关重要的作用，是核心技术的重要来源。

2）我国核心技术发展困境

现阶段，核心技术是实现我国高质量创新的关键，高新技术产业对国家经济发展的贡献越发明显。然而，由于高新技术企业的国际竞争力不足、技术创新能力与应用水平失衡、创新能力与 GDP 发展水平不协调，我国宏观经济也正面临着短暂的平稳期，呈现出繁荣背后隐藏的创新瓶颈及粗放发展模式下的各种经济不协调、不平衡问题。2020 年，我国专利申请量与授权量达到世界第二，但是我国的综合创新实力却位居世界第 17 位，同时我国的科技进步贡献率为 55.3%，相较发达国家仍有一定差距。因此，为突破目前的发展瓶颈，我们要从核心技术的发展困境着手，找出目前的瓶颈问题。

（1）我国研发经费区域不均衡

图 1-6 为我国 2020 年不同区域研发经费分布情况。我国东部、中部及西部地区的研发经费投入情况出现严重不均衡现象，我国东部城市研发经费最多，广东、江苏、北京排名前三位；然后是中部城市，如河南、江西、湖北等地区；西部地区研发经费最低，如甘肃、广西等地区。产生区域不均衡的原因可能是政府支持力度、创新基础建设差异及人才分布差异等。因此，如何改善研发经费区域不平衡问题，是打破现有核心技术发展局面的首要问题之一。

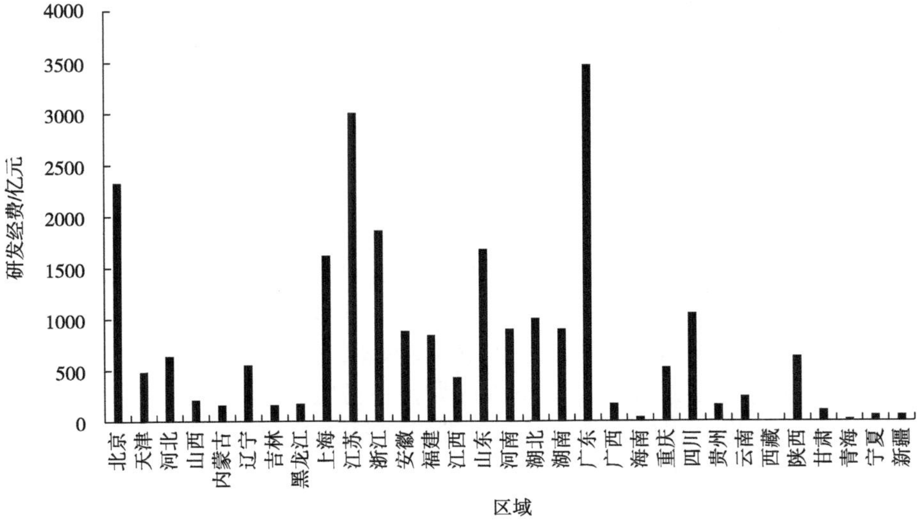

图 1-6　我国 2020 年不同区域研发经费分布情况

（2）重点行业的核心技术研发能力不均衡

第一，人工智能核心技术方面。关于重点行业，我们先以人工智能领域为例，如图 1-7 所示，在拥有人工智能领域专家的城市中，第一是北京，为 79 位，第二是香港，为 36 位，第三是杭州，为 22 位，其余城市的人工智能领域专家数为个位数，同时在中国 34 个省级行政区中，只有图 1-7 统计到的城市具有人工智能领域专家，其余城市尚未发展该核心技术，因而在人工智能领域我国高层次专家较为稀缺，同时出现了区域不均衡的情况。人工智能是我国目前发展大趋势，在过去十年中，人工智能技术从实验室走向产业化生产，对传统行业进行重塑与融合，引领未来发展，如我国通过人工智能实现了医疗技术、生物工程技术的突破，加速了经济高质量发展进程，同时也影响了世界经济整体发展速率。因此，如何加快人工智能领域发展进程，如何缓解核心技术团队缺失的现状，成为我国目前需要解决的问题。

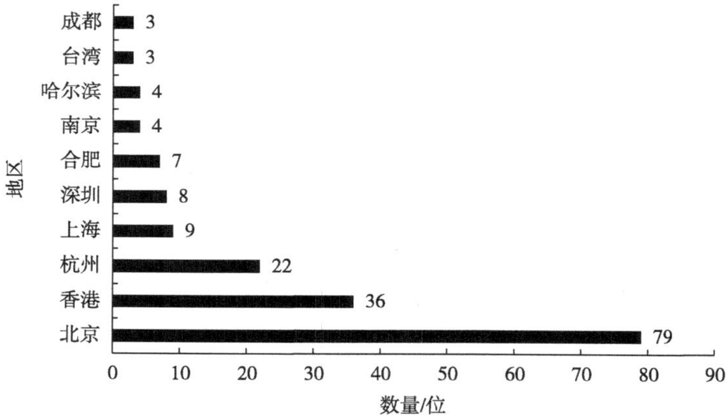

图 1-7　人工智能领域专家位数

第二，开源软件核心技术领域。国家“十四五”规划要求，对创新联合体发展给予大力支持，打造健全的知识产权及法律系统，这些都能够为后续关键数字技术应用做好充分准备，同时开源社区也能够为数字经济发展提供强大支撑。我们以开源领域为例，根据 2020 年中国工业和信息化部数据，我国开源社区发展正处于由宣传期向协作期过渡阶段，如图 1-8 所示。科技部指出，我国 70%~80%的企业存在开源操作不规范行为，利己主义居多，利他主义较少，大部分企业存在只进不出的开源操作，获取源代码二次创新，却不将创新成果公开，违背共享原则。那么如何加速我国开源软件核心技术的发展进程，使开源技术渡过宣传期，进入协作期，使该项核心技术成功发挥其效用是当前我国需要解决的问题。

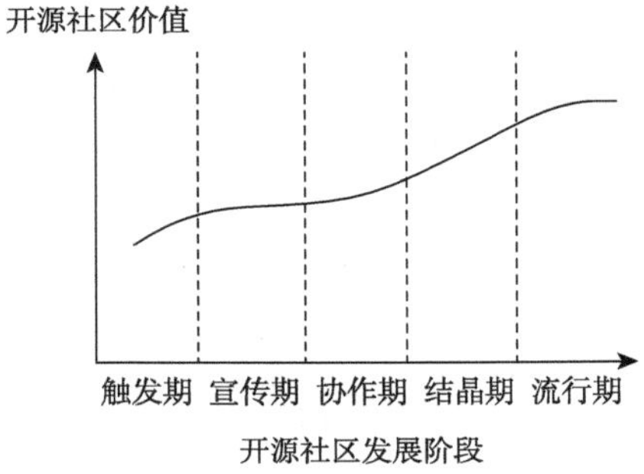

图 1-8　开源社区成熟度

第三，集成电路核心技术方面。集成电路对半导体行业具有重要的发展意义，集成电路是一种微型电子器件或部件，能利用一定的技术使电路中的晶体管、电阻、电容和电感等元件连接，使电子元件逐步小型化。其自身具有能耗水平较低，且智能化水平较高等特征。我国 2020 年集成电路布图设计数如图 1-9 所示，广东省位居全国首位，达到 3196 件，占全国数量的 36.6%，江苏省位居第二位，达到 2434 件，占全国数量的 27.9%，上海市位居第三位，达到 1632 件，占全国数量的 18.7%。浙江、北京及安徽相对占比较少，同时我国除以上六个区域外，其余地区的半导体及集成电路发展相对滞后，就目前来看，主要是东部地区集成电路核心技术发展较快。我国中西部地区发展成效并不明显。因此，如何缓解当前集成电路的核心技术区域失衡的状况，从哪些方面着手，成为突破瓶颈的关键所在。

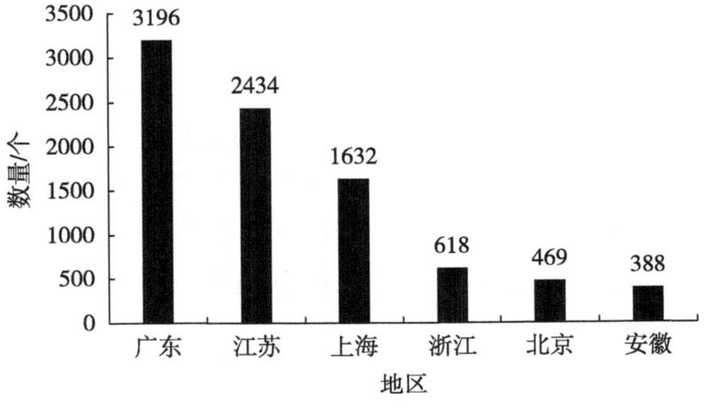

图 1-9　2020 年中国集成电路布图设计专有权省市设计数

3）我国核心技术发展目标

基于以上状况及趋势分析，我们得出以下发展目标。

（1）优化研发投入结构，均衡创新链条效能

①通过财政支持方式，缓解区域发展不均衡压力

由于我国研发经费区域分配不均衡，核心技术研发力度不够，出现东多西少

的局面，因而应该加大研发经费的发放力度，由政府提供财政支持，按照创新需求有计划有组织地进行研发经费拨款。加大财政支持力度，可以激发创新人员的创新动力，为企业家及科技人员提供良好的环境及条件。

②设立创新等级服务，制定研发优先级顺序

由于我国研发经费的拨款尚处无序化状态，我们可以根据创新能力、创新主体、创新环境等，设立研发经费优先级顺序，进行研发专项拨款。进一步提升研发经费投入与产出的匹配度，将经费用到真正该用的地方中。进一步规范创新生态环境，使其从“无序化”向“有序化”发展。

③提高基础研究比例，掌握产业发展主导权

核心技术的创新能力是无法通过买卖换取的，只有自身掌握核心技术的研发能力才能进一步掌握话语权。例如，华为与安卓事件，安卓通过限制华为，进一步阻碍中国 5G 的前进，因此华为自主研发鸿蒙系统，摆脱他国的把控权。所以我们应该加大基础研究比例，在核心技术上不断攻克，掌握创新主导权。

（2）提升创新主体协作能力，充分发挥科技人才作用

①开展产学研融合活动，逐步解决核心技术矛盾

核心技术的研发是一个复杂的过程，仅仅依靠企业的研发人员或者科研院所的研发人员无法合成核心技术，只能进行单一的技术研发。所以要想实现突破瓶颈的核心技术研发，需要产学研相结合，紧跟市场发展新趋势，明确市场发展需求，紧扣前沿领域技术，形成企业、政府及高等院校结合的“需求—研发—前沿—价值”四位一体的核心技术产学研创新链条。

②完善科技绩效考核评价系统，激励创新高效运行

目前，我国创新人才同样呈现东多西少的状态，且部分地区虽然有科技人员，但是研发成果依旧没有实质性的突破，因而我国应该完善科技人员绩效考核评价系统，制定一系列考核指标，让有才能的科技人员发挥更大的效用。同时需要引进并培养一批战略科技人才及高水平创新团队，进一步激发我国各区域各组织的创新创造活力，增强自主创新能力，解决技术短板问题。

③明确科研攻关方向，整合战略科技资源

现阶段，我国科研创新方向正从无序化向有序化发展，有序化是指我国高新技术企业需要明确具体的科研攻关方向，不能囫囵吞枣一把抓，需要有删减有取舍地进行科研创新，使长板更长，同时弥补短板的不足，利用自身创新强项攻克技术难题，还要整合创新资源，有效利用创新资源。

（3）通过自立自强发展模式，确保核心技术阻碍性问题得到妥善解决

①加大创新发展强度，尽快实现全球创新网络建设目标

封闭式创新已经不能满足我国自主创新发展趋势，因而开放式创新成为当下发展的主要趋势。开放式创新有助于我国了解世界发展局势，紧跟发展步伐，学

习国外的先进经验，不断创新突破。同时，开放式创新能够节约我国创新人力物力财力的消耗，提高创新效率。

②全面保障网络信息安全，强化新基建数字化建设

网络安全是我国科技自立自强的重要保障，我们需要制定严格的安全网络审查机制，明确网络用户的用途、路径及目的。将网络安全风险防范落实到位，通过运用区块链技术，使网络信息实现可溯源、去中心化、防篡改的功效，保障网络信息安全可靠，强化新基建数字化建设。

③完善人才储备计划，强化我国创新驱动中坚力量

我国要想实现高质量创新，突破技术难关，最重要的是人才储备，人才的创新能力决定了我国创新发展的高度，因而我们需要从外部引进大量高科技人才，并且制订相应的人才奖励计划，还要鼓励海外留学人才回国发展。同时我国应该注重人才培育计划，在大学设置核心技术的必修课程，制定严格的考核，从根本上提升我国整体的创新实力。

3. 通“堵点”：加速科技成果转化

1）中国科技成果转化的发展状态及核心特征

《中国科技成果转化 2020 年度报告（高等院校与科研院所篇）》中明确表示，2019 年，国内高等院校科技成果合同项目数量有所提升。其中，通过转让、许可、作价投资的方式转化科技成果的合同有 15 035 项，比 2018 年增长 32.3%，合同总金额达到 152.4 亿元。然而科技成果转化率只有 12.4%，而欧美发达国家高校科技成果转化率约为 50%，这说明目前我国科技成果转化率过低，与西方发达国家仍有一定差距。2019 年合同到账金额约为 44.3 亿元，比 2018 年同时期增长 29.8%，增速相对较快。其中，转化合同总金额达到亿元的单位有 29 家。财政资助项目合同的数量为 2815 项，较 2018 年增长 10.9%，对应合同金额也达到 47.0 亿元，如表 1-3 所示。

表 1-3　2019 年高等院校与科研院所科技成果转化

项目	数值	增长率
合同项数	15 035 项	32.3%
合同总金额	152.4 亿元	—
当年到账金额	44.3 亿元	29.8%
财政资助项目合同	2 815 项	10.9%
财政资助项目合同金额	47.0 亿元	—
转化合同总金额达到亿元的单位	29 家	—

资料来源：《中国科技成果转化 2020 年度报告（高等院校与科研院所篇）》

（1）科技成果转化特征

科技成果转化模式具体包括三种类型，其中，转让模式应用频率相对较高。总转让合同金额为 53.4 亿元，占科技成果转化总金额的比重为 35%，合同项目数占总科技成果转化数的 60%以上。单项合同金额为 1 万~10 万元的合同总金额为 2.2 亿元，仅占科技成果转化总金额的 1.5%，合同项目数占总科技成果转化数的 44.0%；按转化单位区域划分，1 亿元以上大额科技成果转化项目，东部有 21 项，中部有 2 项，西部有 1 项；按转化单位类型划分，大型国有企业占 5 项，中小微国有企业占 1 项，大型其他企业占 4 项，剩下 14 项为中小微其他企业所有，如图 1-10 所示。

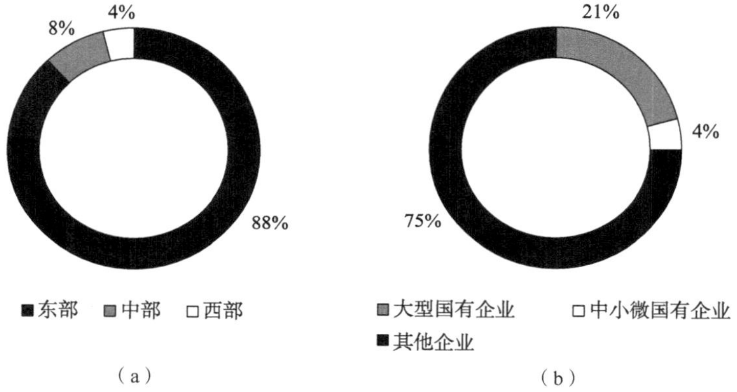

图 1-10　科技成果转化分布

100 万元及以上的合同项目数占科技成果转化的 10.0%，合同总金额占科技成果转化总金额的比重高达 89.6%。大额科技成果转化项目出现频率较高，而且转让的 24 个项目，合同金额累计超过 1 亿元。按成果转化单位所在地区看，有 21 项转移至东部地区，2 项转化至中部地区，1 项转化至西部地区；按转化单位类型来看，其中 5 项转化至大型国有企业，1 项转化至中小微国有企业，4 项转化至大型其他企业，14 项转化至中小微其他企业。

（2）科技成果转化奖励特点

在科技成果转化的相关奖励方面，个人部分能够获得的现金和股权奖励金额为 53.1 亿元。其中，现金为 30.9 亿元，占比 58.2%，股权为 22.2 亿元，占比 41.8%。研发与转化的核心贡献人员现金及股权奖励 47.6 亿元，占个人奖励总金额的 89.6%。涉及科研人员 7.4 万人次，同比增长 1.7%，人均奖励约 7.1 万元。奖励相关人员的人数及金额都有所增长，这说明我国各高校对科技成果转化的重视程度与日俱增，直接关联到对相关科研贡献人员的奖励，也与 2019 年我国整体科研转化成果持续增长，科研热情增加息息相关，如图 1-11 所示。

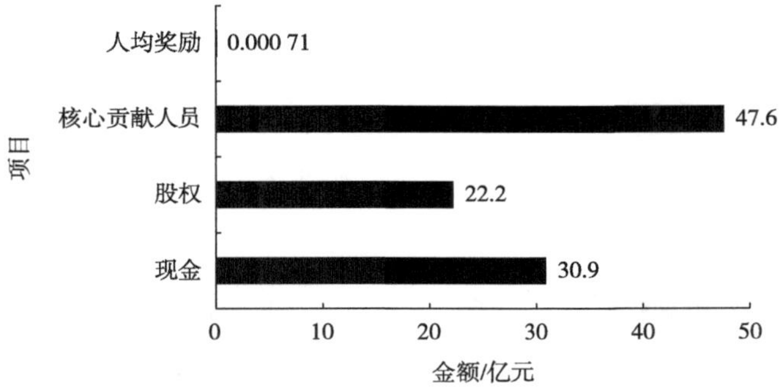

图 1-11　科技成果转化奖励

（3）产学研合作特点

在产学研合作方面，2019 年，3450 家高校院所有关技术开发、咨询、服务的合同金额为 933.5 亿元，同比增长 22.9%，占所有“四技”合同总金额的 86.0%。其中，超过 10 亿元的大额度合同的单位有 8 家。2019 年，高等院校通过与其他机构合作的方式，校企合作平台数量有所增长，增长幅度约为 27.2%。创设和参股的新公司达到 2073 家，高校院所兼职及创业人员数量为 14 210 人，同比增长 23.4%，如图 1-12 所示。

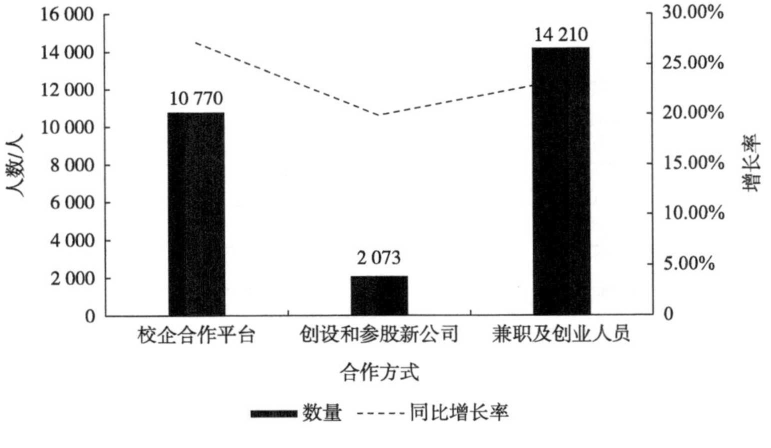

图 1-12　产学研合作

（4）科技成果转化流向

在科技成果转化流向方面，2019 年，高校院所以转让许可、作价投资方式转化至制造业的合同金额最大，为 58.2 亿元，占合同总金额的 38.2%；转化企业类别主要是中小微其他类型企业，交易合同金额为 91.9 亿元，占交易合同总金额的 60.3%。科技成果的主要产生地和承接地均为东部地区，科技成果产出排名前 3 的地区是上海市、北京市、广东省，科技成果承接排名前 3 的地区是上海市、广东省、江苏省，如图 1-13 所示。这说明上海市和广东省等地区在科技成果产出与承接方面表现较突出，与当地本身高校及科研院所数量较多也息息相关。2019 年各区域高校院所科技成果交易合同金额前 10 名如表 1-4 所示。

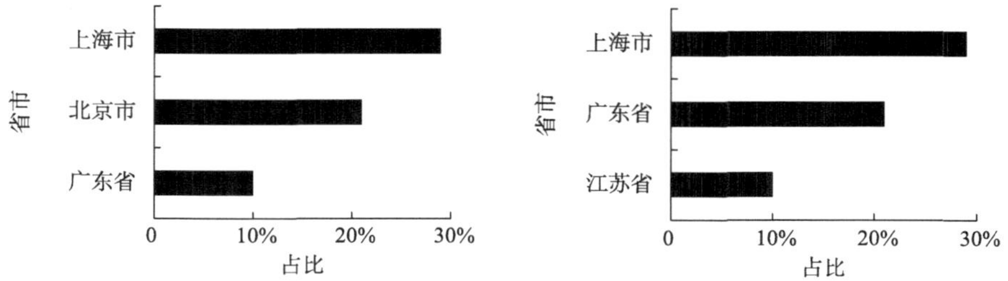

（a）科技成果产出排名前3地区　（b）科技成果承接排名前3地区

图 1-13　科技成果转化流向

表 1-4　2019 年各区域高校院所科技成果交易合同金额前 10 名

排名	省、直辖市	合同金额/万元
1	上海市	359 758.76
2	北京市	261 785.19
3	广东省	204 807.18
4	江苏省	97 350.30
5	浙江省	74 761.69
6	湖南省	61 729.68
7	辽宁省	57 254.91
8	吉林省	49 648.63
9	天津市	49 530.00
10	陕西省	42 948.80

2019 年各区域本地产本地转化交易合同项数与金额前 10 名如表 1-5 所示，本地产本地转化合同项数能力较强的有广东省、江苏省、浙江省、山东省、四川省、湖北省等，说明这些地区高校与当地企业合作较为密切，有独有的科技成果转化流程。上海市、北京市、天津市等地的本地产本地转化比例与本地产外地转化比例基本持平，表明这些地方高校的科技成果在全国范围内认可度较高，科技成果转化相对较容易及效率较高。本地产本地转化金额占比较高的有上海市、浙江省、湖南省、山东省、湖北省、四川省等，说明这些地区高校科技成果转化收入主要来源于当地企业，科技成果转化本地收益率较高。

表1-5　2019年各区域本地产本地转化交易合同项数与金额前10名

地区	单位数量/家	本地产本地转化合同项数	占比	本地产本地转化金额/万元	占比
上海市	135	225	47.3%	227 297.55	63.2%
广东省	244	902	82.4%	103 648.02	50.6%
北京市	253	485	44.6%	85 039.25	32.5%
江苏省	92	2 108	68.4%	56 638.81	58.2%
浙江省	151	1 225	78.1%	55 544.16	74.3%
湖南省	164	172	63.0%	54 019.97	87.5%
山东省	381	525	65.0%	32 486.24	80.8%
湖北省	170	518	68.9%	26 293.47	72.1%
天津市	79	86	39.4%	24 076.28	48.6%
四川省	169	545	74.1%	22 412.63	78.2%

2）中国科技成果转化存在的问题及成因

2019年部分科技成果转化指标存在上涨趋势，然而，个别指标也有一定程度的下降，如表1-6所示。3450家高校院所以转让、许可、作价投资的方式转化科技成果的合同总金额为1 524 205.7万元，比2018年下降19.1%。转让合同总金额达到亿元的单位有29家，同比下降9.4%。同时，科技成果转化奖励强度也有一定程度下滑。2019年，个人收入金额累计531 355.1万元，同比数值出现大幅度下滑。

表1-6　2019年中国科技成果转化指标

指标		2019年	同比增长率
以转让、许可、作价投资方式进行转化的科技成果	合同数量	15 035项	32.3%
	合同金额	1 524 205.7万元	−19.1%
	当年到账金额	443 091.3万元	29.8%
	财政资助项目形成的科技成果转化合同规模	470 403.7万元	−18.9%
	中央财政支持的科技成果专户合同规模	379 299万元	−26.4%
	交易均价	101.4万元	−38.8%
	单项科技成果转化合同金额过亿成果	24项	−20.0%
	个人获得收入规模	531 355.1万元	−23.6%
	奖励人次	7.4万人次	1.7%
	人均奖励金额	7.1万元	−24.9%
产学研合作	合同项数	417 872项	34.3%
	合同金额	9 335 325.4万元	22.9%
其他	与企业共同合作的平台数量	10 770个	27.2%
	创设和参股新公司	2 073家	−5.0%
	通过兼职方式参与成果转化的人员数量	14 210人	23.4%

（1）科技成果转化周期较长，部分科研成果方向导向型不够明确

首先，高价值科技成果从产出到落地的转化周期较长，需要一定的时间检验与修正，这导致 2019 年通过投资转化的大额科技成果数量减少。2015 年正式对《中华人民共和国促进科技成果转化法》进行修订，将价值水平较高的科技成果进行有效转化，未达到转化要求的科技成果一般成熟水平较低，高校院所更倾向于通过产学研合作的方式转化，导致通过转让、许可、作价投资方式转化的科技成果数量有所减少。

其次，科研工作者技术研发初期，相关理论、实验有待进一步开发验证，其导向性不够清晰确定，导致科技成果转化对接目标企业较模糊，很难达到双向一致的双赢状态。需要科研工作者立足当下市场，洞察科研先机。

（2）企业与高校供需存在一定程度的不匹配，产学研产业链成熟度有限

首先，企业技术需求受市场经济影响，更新迭代较快，需要以市场实践为导向的科技支撑。高校及科研院所的科研工作受研究经费、实验环境等的影响，研发周期较长，试验调整需要一定时间。二者在供需对接方面仍然需要继续沟通磨合。

其次，在国家对高校所属企业全面清理规范的大背景下，大额科技成果以作价进行投资转化的方式受到一定程度的影响。产学研合作模式需要高校及科研院所与企业具有高度匹配的合作默契，需要在前期及科技成果转化过程中做大量专业应用服务工作。目前专业的技术转化应用服务机构成熟度有限，尚需进一步发展。

（3）科技成果转化与评价体系缺乏规范引导，法律法规与政策不健全

首先，当下高校职称晋升的考核体系仍注重理论研究，对应用研究重视不足。各地科研人员奖励评价机制体系不够完善，科研工作者科技应用型研究的积极性不足，研究热情有待加强，科研成果转化的氛围需要进一步营造。

其次，在科技成果转化立法方面，我国先后制定了多项法律政策，如《中华人民共和国知识产权法》等，但相较于欧美发达国家，目前我国科技成果转化的法律法规仍需进一步完善与规范，以为科技成果转化提供更加坚强的法制后盾。

3）中国科技成果转化的核心目标

目前，我国科技成果转化和国家技术转移体系建设取得了一定程度的进步，但内部仍存在一些原生体制机制性问题，需要各部门、各区域与高校院所协同努力，加强统筹协调发展，提高政府部门政策执行和企业专业服务的能力，进而使高校科研成果转化率得到相应提升。

立足中国科技成果转化着力点，精准定位发力。依托价值转化全生命周期，严格把控各阶段，提高科技成果转化效率。持续优化科技转化生态环境，通过生产力、科技实力、创新能力、制度政策、区域产业发展，带动科研转化落地实践能力。

（1）前提：依托高质量的科技成果

高校及科研院所应该以应用型原创为导向，立足当下市场行情及需求，创造性地开展一系列的科研工作。从源头上提高科技成果的品质及质量，更好地适应现实社会的淘汰及选择问题。所以，必要的研发投资、完善的人员奖励评价体系、规范化的专利技术保护法规，都是带动新时代科技成果转化的钥匙。

（2）关键：企业的主体作用

发挥各区域企业的主体作用，对高校对口的科研成果进行积极的探索与应用，对接科研工作的实践与落实。提倡高校科研人员与企业职员全面近距离沟通交流，有助于高校了解企业真实的技术诉求与方向，并基于企业的反馈不断修正，以缩短科技成果转化周期。

（3）基础：科技成果未来价值的识别

现阶段科技成果的落地转化，需要高校专家依托当下高科技市场具体的行情动向，精准定位识别未来一段时间的科技市场价值及产业化前景。政府部门关于科技成果转化方面的法规政策体系并不完善，导致现有科技成果转化政策实施较为困难，部分医疗卫生机构特别是高等院校附属医疗机构的成果转化机制较模糊。相关科技成果转化顶层政策文件主要以宏观大方向为导向，在具体落实细节上缺乏实际可操作性，影响科技成果转化路径与渠道的效率。高校科研工作者应结合理论与实践，从科技未来价值出发，不断修整科研目标与方向。

（4）主渠道：产学研合作

立足专业化分工特点，采取产学研合作模式，实现高校与企业的"双赢"，通过科研人员的科技成果创造与企业的科技价值转化，达到科技成果落地变现的总目标。需要科研产业链上下游的统筹合作，展开全方位的产学研合作，实现"1+1>2"的协同效应。加强专业的技术转化应用服务机构建设，积极引导规范相关科技转化工作，根据不同高校的专业化特色，结合我国当下科研市场行情动向，引导高校实时跟进科技成果落地建设，提供全链条的科技咨询服务，提高科研的价值转化能力，为科研方向提供一定实际意义的参考。

（5）着力点：以科技人员为中心的科技改革和政策落实

为了全面调动高校及科研院所的科研工作者科技研究的积极性，充分调动其研究热情，营造有活力和生机的科研氛围，需要以科技人员为圆心，画好科技改革与政策落实的同心圆。规范科技成果转化与评价，统一将科技成果转化纳入高校职称晋升的考核体系。引导科研工作者理论研究与应用研究并重，了解当下我国科技成果实际落地情况，大力促进科技成果的落地与转化，有效提升科研工作人员的实践能力。持续深化科研体制改革，力争完善更加人性化及实际化的科研人员奖励评价机制，聚焦科技成果价值转化的政策落实，实现科技成果转化的软着陆。

1.3　创新驱动高质量发展的研究进展

1.3.1　创新驱动高质量发展方法研究

现阶段，大部分研究人员都是从社会制度和模式创新等方面入手开展研究工作的。任俊宇（2018）将国内外创新发展模式分为六种，分别是：科技主导的地方型创新体系、政府主导的地方型创新体系、企业主导的外向型创新体系、企业主导的多面型创新体系、研企结合的外向型创新体系、研企结合的多面型创新体系。孙虎山（2014）认为企业主导模式市场针对性较好；创新资源价值发挥不充分，风险较大。蒙永月（2015）认为政府主导模式参与主体步调统一、力度较大；市场化适应力相对较差，具有行政依赖性。韩依洲（2015）认为学研主导模式紧随科技前沿，创新力较强，但难以把握市场需求，易造成研产脱节。张保仓和任浩（2018）根据组织形式，将创新模式分为创新技术联盟模式、技术创新平台模式和虚拟组织模式。吴欣桐等（2020）基于我国国情提出了相应的企业技术二次创新模式，指出我国企业技术创新分为模仿、创造性模仿和二次创新三个发展阶段，他们认为工艺及产品创新是未来最佳组合发展方向。王勤和李灿江（2019）改进了产业创新动态过程模型，即 abernathy-utterback 创新过程模型（简称 A-U 模型），探索如何通过技术创新，实现产业跨越式发展。苏敬勤和高昕（2019）综合考虑了市场条件、资源储备量等因素，构造了制造业第三阶段发展模型，以中国摩托车为例，研究了我国发展国情在技术创新激励方面所发挥的作用。肖仁桥等（2018）将苏州、温州及东莞作为研究对象，针对制造业创新模式展开全面分析，并最终阐述经济发展等级，强调制造业所具备的创新能力均与预期目标要求之间存在很大差异。在肖仁桥等看来，只有外资企业与本土企业比例在科学范围内，才能够有助于实现区域创新目标；而我国经济发达的省份，制造业所打造的最优创新模式就是“平衡发展模式”。

基于不同创新发展模式，众多学者展开了具体的研究。周雪亮等（2021）分析了基于创新链的军民科技协同创新的本质内涵和表现形式，提炼出创新链驱动的科技园区军民科技协同创新开展模式，通过梳理产业链、技术链、人才链、资金链和服务链相关概念，提出由“五链”融合形成的网络化创新链结构。李华军（2020a）表示，进入全新发展阶段后，为了持续提高科学成果转化速率，必须提高高等教育力度，这样才能确保知识供给需求得到相应满足，建立健全现代金融体系，提升金融服务实体经济和创新驱动的能力，加快构建创新链、教育链、人才链、资本链和产业链多维度融合的创新驱动发展模式，共同以区域创新驱动为核心，将自身与经济高质量发展之间所产生的协同效应整体表现出来。王成福等（2020）将我国地热能产业所覆盖的多种类型有效结合在一起，并表示我国创新驱动高质量发展需要涉及以下几方面的要素：第一，创新驱动型发展；第二，可持续与可持续发展；第三，绿色发展及供给型发展等。他们指出，要实现经济的高质量发展，需要依托科技创新能力的提升，同时，政府要明确其职能，引导产业可持续发展。张志元（2020）认为新时代创新驱动高质量发展要推动产业间深度融合，需要转换人才培养和使用机制，营造质量为先的市场环境，加快建设协同发展的产业创新体系。余东华（2020）提出，要推动制造业高质量发展，使其能够为实体经济发展提供强大保障，必须从根本角度入手，改善整体经济发展水平。实现创新驱动高质量发展需要破除惯性思维、转变发展思路、转换发展动力，推动发展路径转轨和发展模式转型，实现速度、质量、效益的协调统一。其中，对于创新高质量发展系统而言，创新、改革、人才要素发挥作用，不仅有助于扩大需求规模，同时也可以在外部动力方面提供一定的支撑服务。周晓梅（2020）认为应充分发挥高校新型研发机构的创新创业服务效能，创新高校与企业、高校与政府的合作机制，创新高校科研成果转化机制与投资机制，实现项目渠道、市场渠道、人才渠道和资金渠道的无缝对接。叶圣等（2021）从经济效益、创新驱动、绿色发展、服务保障和信息化水平 5 个方面进行分析，得出应以有效政策优化制造业发展环境，以创新驱动引领制造业高质量发展，以产业融合促进制造业转型升级，以绿色发展提高制造业发展效益。范斯义和刘伟（2021）认为科技创新在城乡产业效应、环境效应、社会效应三个维度上发挥着关键性的基础作用。陈强和余伟（2013）指出创新驱动发展是以知识和科技为先导的创新发展道路，知识和高技能人才是创新体系中最重要的资源。陈鹏飞等（2018）在对“三螺旋”创新发展模式定义及特征等进行全面阐述的条件下，利用政府、大学等科学分工方式，将不同要素资源有效融合在一起，这样能够避免该因素影响经济社会发展目标的最终实现。曹贤忠和曾刚（2021）总结归纳出长三角创新飞地的特征及发展模式，主要包括政府主导–政府运营模式、政府主导–企业化运营模式、政府主导–基金引导–企业化运营模式三类。尚勇敏（2021）认为区域经济发展模式有“结构说”与“路径说”两种，前者强调模式所呈现的结构状态；后者强调模式的形成与发展过程。科技创新驱动区域经济发展模式转型主要体现在“结构效应”和“水平效应”两方面。康兴涛和李扬（2020）在充分了解了政府、企业、社会之间所存在的职能关系的条件下，将政府治理、合作创新作为研究对象，打造相对稳定的协同治理模式，包括耦合型治理模式、双向综合治理模式等，其中，政府主导作用的发挥影响效果往往十分显著。方莹莹和刘戒骄（2020）提出了企业技术创新的“开放式系统创新”模式，将企业的技术创新活动视为一个对外开放的大系统，兼具开放性和系统性的双重特征。牛天勇等（2017）依靠企业创新驱动发展道路，有针对性地开展风险研究工作，最终目的是将企业内部创新发展特征整体表现出来。优势再挖掘，通过企业管理创新、商业模式创新、资本运作创新、核心技术研发，在企业内部迸发自生力量。邵博（2020）在结合国内外科技资源配置状况的基础上总结了九种科技资源配置模式，认为科技资源整合机制是在创新主体、客体基础上选择不同科技资源配置与共享模式，在宏观政策和市场运作及制度保障环境中进行的科技资源整合，主要有：政府“有形之手”与市场“无形之手”有机结合建立的共享机制、顶层设计与宏观调控结合建立的协调机制、完善科技资源配置法律法规建立的激励机制和畅通科技资源共享信息渠道建立的反馈机制。赵婷婷（2020）认为，目前区域技术创新模式包括自主创新、模仿创新及合作创新三种类型。苏屹和李柏洲（2010）在研究我国区域创新模式的相关文章时，主要将创新能力内涵总结为资源、公关、技术、价值、人才、持续发展等八个方面，并最终将四类区域分为四种不同创新模式：创新资源及攻关水平强力驱动型、创新资源人才双向驱动型、人才引进改善创新环境驱动型、创新网络构建市场开拓驱动型。

综上所述，现有学者关于创新驱动高质量发展模式的研究较为丰富。但是，在现阶段发展模式内，大部分创新投入带有明显的碎片化特征，而且在这些创新活动中人才流失率相对较大，导致创新活动发展中产生的大量科技成果无法得到有效转化，也导致包括制度不完善等在内的一些问题始终未能得到有效解决。现有的创新驱动高质量发展模式无法解决创新要素供需不匹配，即有效供给的总量、供给的结构不能适应需求总量、需求结构的变化，创新要素有效供给效率低下等问题。

1.3.2　创新驱动高质量发展路径研究

张治河等（2019）表示，坚持市场导向始终是创新驱动经济高质量发展的重点内容，其将关注重点集中在要素创新方面，同时更多关注人才、制度、技术等要素的全面转变。程俊杰（2019）通过分析中国当前难以突破“创新困境”的主要障碍，提出突破当前困境的关键是形成两个方面的机制，一是满足创新驱动空间机制建设要求，二是尝试从政策方面入手，逐步开展体制优化发展活动。孙祁祥和周新发（2020）将经济高质量发展定义为核心，针对系统内部逻辑关系进行了深入探究，最终目的是了解科技创新推动经济高质量发展阶段内所形成的主要规律。任保平和刘鸣杰（2018）认为，高质量发展的核心内容是改善供给系统质量，同时确保供给服务需求得到相应满足。整个阶段内，对供给主体、要素供给等发展投以较高关注度。刘宏和乔晓（2019）以日本和韩国的历史发展经验为例，指出我国要实现经济高质量发展，必须改变现有创新模式，由模仿创新转向自主创新。夏春玉（2018）指出经济高质量发展是符合新发展理念的多维度的协同发展，表现为质量更好、结构更优、效率更高、分配更公平。魏敏和李书昊（2018）总结了影响区域经济高质量发展的因素，最终将其归纳为十种要素类型，主要为区域协调共享、生态文明建设、基础设施建设等。李华军（2020b）认为区域经济高质量发展的创新驱动机制，实质是围绕如何解决当前经济发展不平衡不充分、结构性失衡、发展动力不足这三个核心问题而嵌入在区域社会经济系统中的动态交互关系。龙小宁和万威（2017）指出国家针对创新出台的产权制度、资助和激励政策会提高企业高质量创新水平。

从实证研究方面来看，李华军（2020a）以在险价值（value at risk，VAR）模型要素为核心，全面了解如何进行人力资源结构优化及提供现代金融服务等，最终目的是将作用机理及要素关系整体表现出来。Kaneva 和 Untura（2017）运用因子分析和回归分析的综合计量经济学方法，分析了俄罗斯区域创新活动（包括政府部门创新政策）对区域增长的影响，结果表明技术创新指标支出对区域增长的正向影响最大。华坚和胡金昕（2019）利用耦合调度模型建设方式，了解科技创新与经济高质量发展系统之间形成的相互作用关系，并全面开展数据分析工作，研究结果表明，科技创新与经济高质量发展两系统耦合值很高，具有很强的关联性。周一成和廖信林（2019）的研究运用计量经济学模型，实证分析创新驱动对我国经济发展方式转变的影响，结果表明中国各地区创新活动及经济增长方式的转变存在明显的相关性和空间依赖性。Pece 等（2015）使用多元回归模型，以波兰、捷克和匈牙利等中欧国家作为研究对象，探讨经济增长和创新之间是否存在联系，研究结果证明经济增长和创新之间存在着积极的关系。

在创新和高质量发展相互影响的研究中，辛建生和鲁艳威（2021）提出在新形势下，需要不断推进制度创新、技术创新、管理创新，鼓励各类市场主体公平参与市场竞争，进一步释放经济发展活力，努力促进我国经济高质量发展。林致远和黄安杰（2020）提出，在“十四五”发展阶段内，我国需要持续开展研究工作，共同为高质量发展提供强大保障。钟荣丙（2019）通过分析改革开放 40 多年来，中国特色社会主义发展观和科技创新战略的演进过程及十八大以来我国科技创新取得的伟大成就，认为科技创新引领高质量发展是符合历史逻辑的。丁涛和顾金亮（2018）、胡明晖等（2019）在分析科技创新和经济高质量发展之间的关联程度时，认为科技创新对我国各个地区的经济发展都有较强的带动作用。白惠仁（2015）通过分析创新与发展的脉络关系，认为创新与社会发展两个系统有很多共通之处，两者相互影响。Pradhan 等（2020）研究发现从长期来看，创业和创新都能刺激经济增长，但在短期内，虽然存在很强的因果联系，但并不总是一致的。白俊红和王林东（2016）指出在我国不同区域，创新驱动对高质量发展的影响效果是有很大差别的，在东部地区，创新对高质量发展有带动作用；在中部地区，创新对高质量发展的作用微乎其微，然而在西部地区，创新驱动反而抑制了高质量发展的提升。罗晓辉等（2018）发现，相对于创新数量的增加，高质量创新的增加更有利于推动企业的发展，为经济高质量发展提供不竭动力。

综上所述，现有学者的研究大多集中于创新要素和创新政策对高质量发展的影响，并未将其上升到实施行动层面，并且很少有学者考虑创新生态系统中各创新要素主体间相互关联的协同治理机制。如何在相对静态要素结构与产业结构之间打造长效发展机制，是本书的主要目的之一。

第 2 章　创新驱动高质量发展的国内外经验

2.1　国内外集聚要素的相关经验

2.1.1　国外经验

在技术革命的催化作用下，世界各国的产业架构面临着转型重构。发达国家和地区开始布局打造全球创新中心，主要做法是以各个国家的重点城市为中心，连接周边城市，建立覆盖全球的产业网络系统，以这些中心城市带动整个网络系统进行技术创新活动。美国提出继续发挥硅谷的产业集聚优势，不断巩固其“全球创新中心”的定位；英国启动国家战略——“英国科技城”，将东伦敦地区打造为世界一流的“国际产业技术中心”“欧洲硅谷”；新加坡致力于打造“亚太创新中心”，采用开放程度较高的人才引入机制，力图为创新活动创造稳定的外部条件。日本在 2014 年出台文件，指出要打造世界范围内领先的创新中心。本章在分析国外技术创新模式的基础上，为我国协同创新发展提供指引。

1. 美国硅谷模式

以技术创新综合体为特征的“硅谷模式”，发展特征主要有以下几点。

一是科教资源丰富。包括斯坦福大学在内的多个全球著名高校都设立在这一地区，根据统计数据能够得知，从斯坦福毕业的学生中有数十名获得了诺贝尔奖，其中相当一部分重返高校就职。这些高校周边建立了多家技术研究开发机构，在高校与机构的共同支持作用下，硅谷得以拥有极为雄厚的科教资源。另外，这一区域内还设立了许多技术院校、专科院校等，这些院校能够为硅谷提供大量拥有专业技术的人才。总的来看，无论是从知识、人才还是技术层面来说，硅谷所处的地理位置都为其带来了极为显著的优势。

二是区域内高新技术企业的集中度高。当前在硅谷地区建立的电子工业公司数量已经达到五位数，这几万家公司产出的计算机数量在全美同类产品总数中占比高达 60%，半导体集成电路占比则达到 33%。美国前 100 强企业，许多都坐落在硅谷区域，包括 IT 领域的领军企业 Google、惠普、苹果、甲骨文、英特尔、雅虎、太阳、思科等。当前硅谷已经出现了大量生物、信息技术等领域的企业，这些高新技术企业对全美的技术创新起到了带动作用。

三是政府对立法与营商环境建设的高度关注，力图将创新融入硅谷的文化之中。在硅谷的发展过程中，美国一直采取以市场为主导的发展模式，而政府的职能则是帮助硅谷打造出完善的营商环境，包括法律环境等，用完好的外部条件促进地区内企业和机构的创新。美国传统文化中的冒险精神在硅谷文化中体现得淋漓尽致，在文化的驱动作用及政府的政策扶持之下，硅谷人将这种勇于创新的精神特质融入了产业发展之中，正是这样的环境才催生出了像苹果公司那样的具有开创能力的高新技术公司。

四是先进的创新链金融。该地区已经打造出了极为健全的创新链金融，这些金融业务为创新企业的发展提供了资金支持，而这些企业又反过来维系金融机构的运作。在这一良性循环的推动下，硅谷产生了许多创新的奇迹。

五是投融资体制完善。风险投资是硅谷技术创新的重要驱动力，在这一投资模式下，许多处于发展初期的创新企业能够获得市场投资者的支持，从而平稳过渡到成熟阶段。统计数据表明，硅谷仅占美国国土面积的万分之五，却聚集了 1/3 的风投业务。最为典型的就是硅谷的沙丘路，这是一条大约两千米长的公路，周边建立了数十家大规模风投机构，当前行业内闻名遐迩的红杉资本等公司就坐落于这条公路上。独立基金是硅谷风投最主要的构成部分，在整个结构中的占比达到八成。在推进风投模式在硅谷发展的过程中，政府一般采取间接帮扶的模式。另外，地区内许多从事风投行业的人员都是管理、技术等领域的专业人员，这些人员在实施决策的过程中更能够把握市场的动向和企业的经营状态等信息，所以更容易做出正确的决策。

2. 美国纽约模式

世界范围内服务行业发展最先进的城市当属纽约，其服务行业具有以下几点鲜明的特征。

一是拥有完善的专业服务体系。根据美国对行业所作出的分类，专业服务业覆盖法律服务、审计服务、设计服务等。纽约服务业种类齐全，从就业规模排名看，排名前四位的产业依次是：金融服务业、前台办公及生产者服务业、旅游业、通信软件及媒体服务。

二是“融资激励”计划：让更多“草根”成为“大树”。对于许多处于成长阶段但是拥有极大发展潜力的创新公司来说，如果能够获取足够的资金支持，那么企业就能够顺利渡过前期，但是如果无法获取外部融资，那么企业就会在前期面临诸多问题，在技术创新方面的能力也会大受制约。面对这些中小规模的创新公司，纽约建立了不同类型的众创平台，另外也推出了一系列以推动融资为目的的支持政策，这些政策的出台和平台的构建能够帮助中小规模企业获取发展创新所需的资金支持，让企业在创新过程中能够承担更小的经济压力。具体来说，纽约政府和风投机构共同建立创业投资基金，其中政府出资额是三百万美元，机构出资额是一千九百万美元。基金会的支持对象是处于发展初期阶段的本地创新公司，一般最低支持额度为两万美元，最高可达到二十万美元。另外该地区政府还打造了战略投资集团，宗旨是面向区域内的公司提供金融解决方案。另外该地区政府还从能源、税务、租金等多层面入手制定优惠和补贴政策，具有代表性的政策有电价补贴项目，满足相关标准的企业可以获取政府在电费方面提供的补贴，补贴规模为电费总数的三成左右，补贴时长可以达到五年之久。另外政府还推出了一些间接的支持政策，包括减少审批程序、提升审批效率等。

三是“众创空间”计划：政府面向不同领域建立了创业服务平台，为本地创业公司提供共享服务，用户可以在平台上实现办公、社交、信息传递等。这一政策的推出能够对大众创新起到推动作用，广大有创新意愿的市民都可以注册成为平台的用户，并无偿或优惠获取政府提供的各种服务。最后纽约也采取了税收优惠等传统支持政策，以此作为市场的调节工具，带动整个城市的创新发展。

3. 德国慕尼黑模式

德国慕尼黑在生物科技创新方面取得了宝贵的实践经验，该地区打造的产学研模式对我国起到一定的参考作用。具体来说该地区将多种不同的产业集中在一个区域内共同发展，包括世界闻名的科研所、医疗机构、服务部门、从事生命科学产业的企业等。产业链集中度高，各种医疗机构、企业、服务部门、研究所等机构共同构成了联系密切的产业链条，共同拉动整个链条的发展。管理和服务模式的专业水平高。区域内的管理部门负责对资源进行整合和利用，用有限的资源为企业提供最全面和优质的服务。该模式的实践经验对我国的启示如下。

一是政府功能：准确定位，因势利导。政府在推进创新发展的过程中发挥着主导性的作用，其制定的政策更是直接决定着区域内企业和研发机构的创新水准。德国政府面向慕尼黑制定了针对性聚集政策，这一政策对慕尼黑在信息通信方面的地位起到了支持作用。面向中小规模创新企业，该国政府从知识产权、环保等多个层面入手制定了激励机制和管控措施。在研发成果转化这一问题上，德国政府出台了一系列积极举措，如为提升高新技术人才就业的积极性，该国政府规定所有在工程技术领域取得博士学位的学生只要在企业就职七年就可以成为高校教授。在这一政策的促动作用下，企业会引入更多的高新人才，提升产学融合的紧密度。

二是强化外部交流：提倡外部文化，提高城市影响力。慕尼黑的外部文化极大地促进了其创新活动，通过多主体参与、多方式打造，构建外部联系网络，推进城市创新活动。慕尼黑云集了各种世界性博览会，如慕尼黑国际机器人及自动化技术博览会、慕尼黑国际烘焙技术博览会、慕尼黑国际森林技术博览会、慕尼黑国际油脂技术与贸易展览会等，其中关于科学技术和各种生产设备、生产工艺的博览会占了一大部分。各种博览会为参会人员提供了国际性的行业交流平台，为行业的创新发展提供了更广阔的灵感来源，使人们碰撞出更多的创新火花。与此同时，众多专业人才与专业企业的参会，间接增加了该城市创新资源的储备。慕尼黑打造会展科技旅游，以会展活动为载体，开展科技交流，带动科技旅游的发展。同时依托众多在慕尼黑的企业总部，发展工业科技旅游。通过对外开放部分工业园区，形成集参观考察、娱乐休闲为一体，内容生动有趣的工业科技旅游。

三是加快公共制度建设。从本质上说，之所以慕尼黑能够在科技创新领域中取得显著成果，最具决定性作用的因素是该地区完善的创新机制，具有典型性的创新制度包括弗朗霍夫模式等。在这一模式下，政府将会依照一定的标准为协会提供资金补贴，协会由于受到政策的激励，会自主提升政府项目的运作效率，确保协会的服务作用能够得到充分的发挥。

4. 英国伦敦模式

伦敦较为闻名的产业有金融行业、航运行业等，除此之外伦敦在科技创新方面的能力也处于世界领先地位。依托于较为完善的市场制度及集群化的高新科技企业，伦敦已成为区域内的科技创新中心。总的来看伦敦在科技创新的道路上，是市场而非政府占据主导作用，整个市场的环境呈现出较高的开放性和自由度。

一是该城市的优势产业自发实现了集群化发展。在所有的新兴产业中，数字经济和生命科学两个领域在伦敦取得的发展成果最为突出。从 20 世纪中叶开始，该城市的数字经济产业逐渐在城市东部聚集，在短短三年内，产业的规模几乎扩大了一倍。当前伦敦已经成为英国数字经济产业发展最先进的城市，全国 50%的数字经济企业建立在伦敦。与此同时，生命科学企业大量在伦敦西部地区集中，也构成了较为完备的产业链条。

二是依托人才和科技资源推进创新。伦敦市区及邻近城市拥有多座世界著名大学，这些大学为城市的创新奠定了良好的资源基础。2014 年伦敦政府指出要将自身打造成为医学城市，比肩世界上现有的医学中心。

三是政府给予的科学引导。伦敦政府一直将市场置于经济发展的主导地位，不对产业的创新发展实施干扰。政府的职能在于以前瞻性的眼光判断市场的发展趋势，并且以此为基础面向广大企业进行公共服务供给。地区政府和社会组织之间经常合作推出发展战略，指出要打造“世界领先的知识经济”。

5. 新加坡模式

新加坡在技术创新方面所采取的模式不同于西方发达国家，主张由政府引导企业对自身的生产工艺等进行优化。就现状来看，该国的医学、信息、电子等多个新兴产业已经基本实现了集群化发展，同时这些产业也展现出了较强的开放性，和外国在新兴技术方面的往来十分密切。

一是政府针对科技创新推出了专项规划。早在20世纪90年代，新加坡就对技术创新予以了充分关注，并且在这一时期的五年计划中重点罗列了国家创新的项目。该国政府提出，人口数量逐步增多、水资源污染问题逐步恶化，只有通过科技创新的方式才能够解决当前国家发展过程中存在的这些难题。2006年该国针对科技创新建立了专门的理事会，该机构的主要职能是对政府在科技创新方面的决策提供建议，为体现对科技创新工作的充分重视，理事会的会长由该国总理亲自承担。四年后该国在科技研究方面投入的资金与GDP的比值一直维持在两个百分点上下。

二是制定创新政策。新加坡相继推出一系列计划，包括“10年内把3000家本地企业提高到创新级标准”“企业科研创新计划”，进一步促进了10万多家中小企业的科技创新。该国对在创新方面展现出优越能力的公司和机构建立了专门的奖项。除此之外为吸引更多外来资本，该国还出台了一系列优惠政策，引导外来资本打造R&D中心。

三是大量开展离岸创新合作。该国一直保持着高度开放的经济环境，积极与外国进行协作。比如，新加坡在中国各地建设了科技园区，甚至一些园区的占地面积比新加坡总面积还要大。已经为人所熟知的园区包括在苏州、成都等地区建立的科技园等。

6. 日本模式

日本科技创新政策的基本方向是将日本打造成“全球领先的创新中心”（the world's leading innovation hub）。

一是全面展现出“综合科学技术创新会议”的积极效用。综合科学技术创新会议的前身是综合科技会议，这是日本科技决策领域的最高机关，在经历改组以后，这一机关的职能范围与功用都与以往有所不同。日本政府发布的《科学技术与创新综合战略2014》明确指出，综合科学技术创新会议作为司令部，须在权限和预算方面发挥迄今为止最强的推动作用，及时实施前瞻性、机动性和跨部门的引导政策；和有关部门及科研机构建立协作关系，提升不同部门之间的连通效率和协同水平，让产业、政府和研发机构之间能够高效融合，让研发结果能够在更短的时间内被运用。

二是将 2020 年东京奥运会打造成为展示日本创新的舞台。《科学技术与创新综合战略 2014》提出，将 2020 年东京奥运会作为向世界展示日本科技创新成果的窗口。为了最大程度地利用好此次机遇，需要重新评估现有工程进度表，在加速推进各项课题的同时，吸引全球精英创新型人才。《科学技术与创新综合战略 2014》还提出，2020 年东京奥运会期间具体实施如下项目：以技术创新支持奥运会各项服务，包括针对海外来访者的国际导航系统、签证环境、外国人医疗服务体系等；针对奥运会期间入境人员剧增可能带来传染病流行的潜在危险，强化传染病监控，做到迅速掌握疫情；促使最尖端健康护理系统走向实用化，如具备感觉功能的假肢、运动能力辅助技术、生物信息的实时获取和利用等；推进支撑东京经济增长的公共道路交通系统建设；加强氢气制造、运输、储藏和利用技术的应用，推进零污染社会发展；改进对无预期强降雨和龙卷风等突发自然灾害的预测技术；利用大数据技术，建立促进犯罪调查、反恐等多方面的信息物理系统（cyber physical system，CPS）。

三是继续布局营造创新环境的三大重点课题。2013 年发布的综合战略为创造适宜科技创新的环境，提出了培育创新萌芽、驱动创新体系和诞生创新成果三大重点课题：培育创新萌芽旨在强化大学和研究开发法人的功能，提升研究能力，充实人才资源，重新构筑科学的研究资金支持制度；驱动创新体系旨在发挥公立研究机构的组织优势和中介功能，充实研究推进体制；诞生创新成果旨在释放致力于新事业的企业的活力，推进监管和制度改革，强化国际标准化和知识产权战略。综上，国外部分科技创新集聚区发展定位及相关做法如表 2-1 所示。

表 2-1　国外部分科技创新集聚区发展定位及相关做法

序号	地区	定位	经验借鉴
1	美国硅谷	全球创新中心	✧ 科教资源丰富 ✧ 区域内高新技术企业的集中度高 ✧ 政府对立法与营商环境建设的高度关注，力图将创新融入硅谷的文化之中 ✧ 先进的创新链金融 ✧ 投融资体制完善
2	美国纽约	全球创新中心	✧ 完善的专业服务业体系 ✧ “融资激励”计划：让更多“草根”成为“大树” ✧ “众创空间”计划：政府面向不同领域建立创业服务平台

续表

序号	地区	定位	经验借鉴
3	德国慕尼黑	国际产业技术中心	✧ 政府功能：准确定位，因势利导 ✧ 强化外部交流：提倡外部文化，提高城市影响力 ✧ 加快公共制度建设
4	英国伦敦	全球科技创新中心	✧ 城市的优势产业自发实现了集群化发展 ✧ 依托人才和科技资源推进创新 ✧ 政府给予的科学引导
5	新加坡	亚太创新中心	✧ 政府针对科技创新推出了专项规划 ✧ 制定创新政策 ✧ 大量开展离岸创新合作
6	日本	全球领先的创新中心	✧ 全面展现出“综合科学技术创新会议”的积极效用 ✧ 将 2020 年东京奥运会打造成为展示日本创新的舞台 ✧ 继续布局营造创新环境的三大重点课题

2.1.2　国内经验

我国许多重点科技创新城市都立志要将自身建设成具有世界影响力的创新中心，同时各个城市依照自身特殊的优势产业打造出了相应的发展模式，如杭州是我国电子商务最为集中和成熟的地区，所以该城市力图从“互联网+”层面入手强化科技创新，主张利用互联网技术带动不同产业的发展。

1. 北京模式

我国提出要在未来几年时间内将北京打造成具有全球影响力的科技创新中心，这一定位指明了北京未来的发展方向。近些年北京一直在科技创新方面发挥着带头作用。

一是突破传统理念与制度的局限。为达到这一目的，北京针对科创问题出台了指导文件，其中提出要建立以市场为主导的科创制度，让市场的资源配置更加合理高效，同时更好发挥政府引导职能，强化北京的战略定位，推动北京创新优势向发展优势转化。

二是集聚全球创新资源。北京中关村西区的鼎好大厦作为我国有名的国家技术转移集聚区，汇集了 100 多家大型科技研发类企业，250 多家天使投资、创业投资、信用担保等金融机构，1800 家技术转移链条上下游科技服务企业，整合了近 3000 条国内外技术供需有效信息，吸引归国留学人员近千人。

三是致力于科技成果转化。北京市科学技术委员会加强政策引导和市场机制调节，按照技术转移链条的各个环节，聚集技术转移机构、创投机构、高端人才、技术成果等创新要素，在地区内打造包括全球技术转移等在内的六个功能区。

四是科技领军人才工程孵育“尖刀班”。2010 年北京面向未来十年推出了中长期人才培育计划，依据这一计划来为科技创新事业输送人才，北京以“1+3”选拔模式对高端人才实施选拔。

2. 上海模式

上海建设具有全球影响力的科技创新中心，推动政府与市场导向相结合，加强顶层设计，长远规划，综合施策，分步实施。

一是要从政府管理的层面入手加以优化。当前实践领域内大量存在研发成果转化率低、群众创业积极性低等问题，针对这些问题，上海市首先从政府层面入手进行改革，促进政府尽快向服务型的方向转变，从而更好地为科技创新发展提供支持。具体来说，在投资、高新技术服务等方面尽可能减少不必要的行政审批程序；降低新兴产业准入门槛；促进“互联网+”相关行业的监管工作朝着完善化方向发展，充分发挥互联网对传统产业的改革创新作用。

二是要推进科研机构分类改革。针对不同类别的科研机构建立差异化的管理模式，让科研机构能够拥有更大的自我管理权限，依据自身的倾向和需要选择研究主题。以科研工作者创造的价值为基础设立薪酬配置机制，提升科研人员的积极性；对于一些研究内容较为重要的科研机构，政府应当提供一定的补贴，为科研工作提供资金支持。

三是要从制度性的角度促进科研成果转化。从立法的层面规定科研机构和高等院校拥有对科研成果利用、处理和获取相应收益的权利。只要科研成果不关乎公共利益，那么无须对其进行审核，研发机构可以自行对其进行处置，研发成果创造出的收益也归属机构自身。

3. 深圳模式

一是面向世界各国高新技术产业进行招商引资。在引入外来优质资本的同时，政府也建立完善的审核机制，对所有申请进入我国市场的高新技术公司进行筛选、考核、评估、商议，最终选取能够对我国整个市场的发展起到带动作用的资本。

二是着眼于战略性新兴产业。以重点发展产业为中心建造具有大局观和优越创新水准的研发机构与产业化队伍，通过市场化的方式促进这些产业的可持续发展。

三是通过创新平台提升对人才的吸引力。深圳市力图在地区内引入大量优质的人力资源，以人才驱动整个珠江三角洲地区的创新发展。地区政府近些年一直致力于建立全球性的创新服务平台，将更多人才集聚到深圳。

4. 杭州模式

一是积极促进互联网与不同产业的融合。互联网产业是杭州市的优势产业，同时这一产业具有极强的带动作用，所以杭州市已经计划在未来一段时间内打造包括创新驱动转型升级示范区在内的一系列先导区，优先在区域内实施“互联网+”的转型升级，并将互联网技术逐步拓展到整个城市范围内，与诸多产业进行全面融合。

二是“两区”叠加、联动发展。国家自主创新示范区是杭州基础研究和技术创新的“技术后盾”，促进商业模式创新，辅助跨境电商综合试验区突破电商成长过程中的深度冲突与制度困境，在电商产业内打造更为完善的生态链条。

三是注重创客文化。为推进创客文化的普及，杭州市通过一系列举措降低了创业申请难度，包括缩减注册登记程序等。另外杭州市也建立了众创空间，为创业初期的企业提供培养和资助，杭州市政府还实施了租金优惠政策，在创客空间内创业的企业可以免费使用土地。不仅如此，为使这些处于创业初期的企业能够顺利渡过成长阶段，杭州市政府还定期开展人才培育活动，同时也在法律、创业、财务等多个领域为创客提供帮助。

5. 天津模式

一是在建设国家自主创新示范区方面，以滨海高新区为核心，以各区县分园为重点，聚集各类创新资源、创新体制机制，建立具有生命力的创新生态体系，带动国内其他地区的技术创新。

二是提升科创系统的健全性。该地区力图汇聚更多创新资源，为达到这一目的，政府近些年一直在打造创新平台，包括孵化器、工程中心等。这些平台汇集了大量拥有一流研发能力的科研机构和院校，为广大企业的创新发展提供支持。政府在提升创新平台完善性这一方面从不懈怠，从服务能力、服务规模、服务内容等多个方面不断优化，让创新主体能够通过平台获得更多、更优质的服务。另外该政府还将互联网产业作为重点发展对象，力图以这一产业为中心带动其他产业的转型升级，依托信息技术对传统产业进行改革，提升传统制造业的产业附加值、提升生产环节的环保水平、促进智能化生产的普及。

三是设立人才培育计划。该地区政府先后建立了包括新型企业家培养工程在内的一系列人才培育计划，同时还在文件中提出要对本地的人才发展制度实施改革优化，从制度层面为人才的发展奠定平坦的道路，让政府、市场和人才三个端口能够实现顺利对接。同时要从人才评估、人才选拔和激励措施等层面入手搭建完善的系统，全面提升人才资源的利用率。在海外人才引进这一层面，该地区政府为归国优质人才搭建了创业园区，同时还打造了孵化中心用于孵化海外人才的研发成果，为提升海外人才集聚度，政府设立了线上招聘等机制，让更多海外人才能够为我国的产业发展提供支持。为进一步提升对海外人才的吸引力，天津市还从生活层面着手为这些人才提供更多便利，海外优质人才在落地后可以申请 R 字签证，凭借这一签证可以获取相应的工作证件和居留许可，有效期为两年到五年之间。

四是实施全面创新改革试验建设。围绕建设京津冀全面创新改革试验区，加快构建京津冀协同创新体系，联合开展科技攻关，打造协同创新共同体。逐步对科创治理模式进行创新，提升管理模式的科学性和实效性。从制度层面规定科研机构拥有对研发成果进行处置并且享受最终收益的权利，这一规定的推出能够提升研发成果的转化率，让各种高新技术能够顺利参与价值创造。最后还从金融的角度出发，将金融创新和科技创新加以结合，实现二者的协同发展。综上，国内部分科技创新集聚区发展定位及相关做法如表 2-2 所示。

表 2-2　国内部分科技创新集聚区发展定位及相关做法

序号	地区	定位	经验借鉴
1	北京	全球影响力的科技创新中心	✧ 突破传统理念与制度的局限 ✧ 集聚全球创新资源 ✧ 致力于科技成果转化 ✧ 科技领军人才工程孵育“尖刀班”
2	上海	全球影响力的科技创新中心	✧ 从政府管理的层面入手加以优化 ✧ 推进科研机构分类改革 ✧ 从制度性的角度促进科研成果转化
3	深圳	世界影响力的一流科技创新中心	✧ 面向世界各国高新技术产业进行招商引资 ✧ 着眼于战略性新兴产业 ✧ 通过创新平台提升对人才的吸引力
4	杭州	全球影响力的“互联网+”创业创新中心	✧ 积极促进互联网与不同产业的融合 ✧ “两区”叠加、联动发展 ✧ 注重创客文化
5	天津	世界级产业创新中心	✧ 建设国家自主创新示范区 ✧ 提升科创系统的健全性 ✧ 设立人才培育计划 ✧ 实施全面创新改革试验建设

2.2　国内外集聚政策的相关经验

2.2.1　国外经验

美国、德国等主要发达国家（地区）注重出台创新战略，系统部署科技创新重点发展领域，积极实施科技创新政策，保证国家的竞争力。

1. 美国

美国于 2012 年启动了国家制造业创新网络（national network for manufacturing

innovation，NNMI）计划，以“美国先进制造业集群在全球的领导力”为愿景，以“解决行业相关先进制造业集群的挑战，提高产业竞争力和经济增长，加强国家安全”为使命。下面将对美国设立的战略目标、实施路径和重点领域进行阐述。

战略目标：2016 年发布的《国家制造业创新网络计划战略规划》为 NNMI 计划设定了四大战略目标及若干子目标，如表 2-3 所示。

表 2-3　美国《国家制造业创新网络计划战略规划》

目标	子目标
让美国本土企业产出的产品能够在国际市场中拥有更强的竞争优势	为本土制造业公司提供支持
	对美国在研发方面的优势予以强化
让高新技术得到广泛转化、提升企业的业绩水平	将更多先进的生产工艺和设施运用到企业之中
	将研发成果进行共享
	为美国企业提供更为优质的服务
让美国制造能够在国际市场中拥有更优势的地位	面向科技、工程等领域进行人才培育
	促进中高等教育的完善化发展
	以岗位需求为导向促进教育的发展
	着重培养研发工作人员和工程领域优秀人才
	明晰各个新兴产业在未来需要的人才类型
提升美国制造的竞争力	—

实施路径：NNMI 计划的规划、执行和监督等工作由一个跨部门的管理机构——美国先进制造国家项目办公室（Advanced Manufacturing National Program Office，AMNPO）总体负责，参与主体覆盖商务部门及其下属的国防机关、教育机关等。

重点领域：NNMI 计划聚焦的重点主要包括制造过程、先进材料、使能技术、工业部门 4 个方面。目前主要关注的领域为：增材制造和三维（three-dimensional，3D）打印技术、数字设计与制造的集成、轻金属制造技术、基于宽能带隙半导体的电子器件、先进纤维增强聚合物复合材料、集成光子电路制造、半导体与柔性电子器件的制造和集成。

2. 德国

德国工业 4.0 项目于 2013 年正式提出。工业 4.0 主张将互联网技术全面融入生产之中，让制造业向高度智能化的方向发展。下面将对这一计划的战略目标和重点领域加以阐述。

战略目标：德国工业 4.0 的战略被称为“双重战略”。具体描述如下：领先的供应商战略——通过为制造企业提供世界领先的技术解决方案，让装备制造公司能够在战略执行的过程中发挥带头作用，引领整个市场的智能化发展。主导市场战略——在各个地区的企业之间搭建信息交流平台，建立企业间更加密切的合作关系，提高德国国内制造业主导市场的能力。

在该战略中，领先的供应商战略需要在制造业中装备信息物理系统，主导市场战略需要推广 CPS 技术及产品。两者与 CPS 密切相关，因此该战略又被称为“双重 CPS 战略”。企业在落实这一战略的过程中将会发生如下变化。首先企业将会实现价值链不同节点的整合发展；其次数字技术将会被落实到价值链条的各个环节之中；最后企业内部架构将会呈现出更强的灵活性，智能化制造系统将会实现纵向整合。根据《德国 2020 高技术战略》，德国未来五年将发展气候/能源、保健/营养、交通、安全、通信 5 个重点领域。

2.2.2　国内经验

1. 北京市

北京市海淀区地处城市西北部。新中国成立以来，我国先后在这一区域建立了一系列高等院校和研发机构，包括中国科学院等，所以这一区域拥有极为雄厚的研发资源和顶尖的人才基础。20 世纪 80 年代末，我国在海淀区建立了国内首个高新园区，同时以中关村为基础，各种计算机技术、信息技术得到了飞速发展。从此海淀区成为我国高新技术集聚地，也是现代科技的代名词，区域经济的年增幅持续保持在 30%的高水准。因此，北京市海淀区政府开始依据自身的现实条件建设高新技术园区，力图打造良好的创新创业生态环境。

具体来说，海淀区政府首先打造了极具协调性的企业生态系统。当前已经有超过 40 个世界一流的公司将研发机构设立在海淀区，其中包括微软、国际商用机器公司（International Business Machines Corporation，IBM）等知名公司。另外，包括中钢集团在内的一系列大规模国企也将总部建立在该区域。在建立中关村软件园以后，海淀区还以信息技术为核心搭建了上地信息产业基地、中国国际技术转移中心等机构，这些机构的建立改善了海淀区的营商环境，强化了其招商引资的能力，促使大量优质的国内外企业在区域内集聚。不仅如此，该地区政府面向科技创新所推出的服务模式也是国内最为完善的。在推进科技创新的过程中，中小规模企业所发挥的作用不容小觑。为充分发挥出这些企业的创新潜力，海淀区政府出台了一系列具有支持作用的政策。比如，建立科技孵化中心、众创空间等。这些政策的推出让中小规模企业能够在技术、管理模式、资金等多个方面获得政府的扶持，因而能够更顺利地展现出自身在创新方面的能力。最后，海淀区政府已经实现了经济结构的优化。信息通信、科技服务业是海淀区的重点产业，以这些产业为核心，该地区政府建设了战略性新兴产业集群。统计数据表明，在短短两年时间内，中关村高新技术企业数量增加了 300 余家，高新企业数量即将突破万家。

2. 上海市

上海市杨浦区位于上海中心城区东北部，先后被打造为上海科创中心重要承载区、国家双创示范基地、国家创新型城区。经过多年的努力，该地区已经在技术创新方面取得了十分显著的发展成果。2017 年该区域的财政收入规模接近 120 亿元，与 2016 年同期相比提升了 8%。在所有中心城区中，杨浦区创造的财政收入位列第二名。2017 年，该地区第二产业、第三产业增加值比重预计达到 15.2：84.0，第三产业占比同比提高 1.1 个百分点。双创重点优先发展的智力密集型现代服务业同比增长 15.1%，占第三产业比重达到 41.2%，高新技术和战略性新兴产业同比增长了 16.9%。杨浦区内集聚了包括 7 家国家级大学科技园在内的科技园区 21 家；入驻了腾讯众创空间、清华启迪之星等 78 家各具特色的众创空间、孵化器和创服组织；引入了上千个不同领域的创业队伍。

该地区之所以能够取得当前的发展成果，是因为其政府采取了如下措施。首先对“三区联动、三城融合”这一思想加以落实。杨浦区充分发挥了政策叠加优势，积极深化统筹市、区两级双创优惠政策和创新资源，强化服务“一个中心”，深度推进“两新结合”，进一步突出“三区联动、三城融合”的发展部署，初步形成具有上海特色、杨浦特点的双创发展模式。为提升科研结果的转化率，地区政府帮助包括复旦大学在内的七个高等院校建立科技园区，提升高等院校和区域的协同性，通过区校合作模式来带动地区创新发展。

其次是对现有的收益配置机制加以优化。推出了包括股权激励、项目收益分红等在内的多种收益配置方法，所有满足相关标准的企业都可以依照规定采取合适的分红方式。准许满足标准的国资创投公司打造跟投制度，依照市场化模式对考核标准与薪资制度进行构建。对国资创投公司退出机制进行程序简化，同时采用价值评估报告来对国有资产进行估值。

最后是从创新载体的层面入手进行改良。力图实现科创方向与城市发展方向的统一，依托科技创新打造城市空间新格局。城市西部作为核心区域，其中心是五角场城市副中心，同时把复旦全球创新中心等科创基地当作支柱，带动其他区域的发展。城市中部属于提升区，将在这一地区建设一批高集成度的众创空间，为创客营造良好的生态环境。城市东部属于战略区，这一区域中存在大量传统工业类企业，对于这些企业应当鼓励其进行自主创新，打造“滨江国际创新带”。

3. 深圳市

作为我国通信、计算机等产业发展最快的地区，南山区的创新能力在国内屈指可数。通过统计数据能够得出，2017 年该地区创造的 GDP 达到 4600

亿元，区域内建立的高新企业数量接近 3000 家，也就是说整个深圳市 1/3 的高新企业都集中在南山区。这些企业是区域经济发展的关键驱动力，地区生产总值的 60%以上都来源于这些企业。2017 年南山区新登记企业 81 734 家，日均新增 224 家，增速全市最快。该地区范围内已经建立了包括留仙洞工业区在内的许多大规模高新科技园区，同时也建立了许多拥有优越研发能力和高技术水平的创新公司。在这些公司的带动作用下，许多处于成长初期的公司也取得了良好的发展成效。总的来说，南山区一方面拥有大量发展成熟的企业作为中流砥柱，另一方面也不乏大量拥有充沛发展潜力的后生力量，所以这一区域在未来将会展现出巨大的创新生命力。

典型的经验做法如下：一是打造一流的双创生态体系。该区域已经搭建了极为完善的生态系统，能够为建立初期的公司提供系统化、全流程的扶持。在创业初期能够帮助企业获得资金支持、提升技术水平、获得管理知识等，在中期则帮助企业提升创新能力，改善研发成果转化效率。在良好的外部生态环境下，地区内的创新公司在短时间内取得了大量研发成果。创客空间超过 80 家，入驻超过 7000 人，企业近 2000 家；双创品牌活动上百种，举办了深圳首届国际创客周。被誉为东方“硅谷”首席创新创业聚集地的深圳湾创业广场，是由深圳市资产规模最大的市属国有企业锐意创新打造的创新创业特色街区，为全国“双创”标杆。

二是产业配套全链条覆盖。该地区已经打造了两个创新产业集群，第一个集群的中心公司是中兴通讯，第二个集群的中心公司是腾讯公司。在这两个公司的带动作用下，南山区已经成功将通信和互联网打造为两个优势产业。另外该地区还建立了完善的产业链条，以南山区为中心，一千米距离以内囊括了各种类型的电子元器件企业，为创业者提供了极大的便利。

三是打造高开放性的经济环境。一方面要促进国内各个领域的领军企业打入外国市场，在外国建立研发机构。另一方面还要将外国优质资本引入我国。当前包括创维在内的一批国内知名企业已经实现在海外市场的布局，而 IBM、甲骨文等世界 500 强企业，都在南山区设立了国际（区域）研发中心。百度、华润集团、阿里巴巴、中海油等国内大企业也在南山区设立了全球（区域）总部。

四是探索“互联网+”知识产权保护的新模式。面向创新企业提供更大力度的知识产权保护，所有知识产权侵权行为都会被纳入征信系统中，另外还打造了多元保护主体架构，开通了多种纠纷处理渠道，让企业能够最大限度地维护自身的权益。

4. 成都市

成都市为提升社会创新的积极性，推出了“创业天府”发展方案，在这一方案的支持作用下，成都市的创新生命力得到了全面焕发。特别是在小微企业扶持方面，该城市推出的一系列政策发挥的效用十分显著，并且已经被评为全国示范城市。包括四川大学在内的研发机构和高等院校被评为双创示范基地，地区内R&D经费投资规模高达258亿元，城市范围内高科技企业数量超过12 000家。高新技术产业产值达8286亿元，技术交易额突破440亿元，均位列副省级城市第五。全市专利申请量突破8.4万件，其中发明专利3.4万件，均位列副省级城市第三，每万人有效发明专利拥有量15.8件。科技债权融资资金池规模达50亿元。创新创业载体数量超过230家，覆盖面超过1600万平方米，建立了超过40家众创空间。成都当前正在全面打造西部科技中心和具有全球影响力的区域创新创业中心，"创业之城、圆梦之都"与"创新创业，成都都成"的城市品牌日益响亮。

典型经验做法如下：一是打造创业品牌，发布"双创"指数。该地区创建了"创业天府·菁蓉汇"活动品牌，以这一品牌为核心，成都市自2015年起共举办"创业天府·菁蓉汇"主题活动16场，训练营39场，创享会133场，创业大赛4场，蓉漂茶叙11场，并走进了韩国、以色列，在"创业天府·菁蓉汇"品牌带动下，全市各类创新创业机构开展创新创业活动2000余场，创投机构数量超过300家，创业队伍数量超过6000家。创新开展双创和新经济基础研究，形成了对双创大格局的牵引作用。地区内现有的创新创业基地可以发挥平台作用，为第三方机构的研发提供支持，让示范基地能够成为在全国范围内拥有影响力的创新中心。

二是创建知识产权强市，强化知识产权保护。不断完善知识产权保护体系，加强专利行政执法和专利案件办理，设立大型展会知识产权保护工作站，开展专利执法检查12次，检查商品23 000余件，登记专利标识62件。办理专利案件112件，同比增长38.2%。为强化知识产权保护，成都市制定了相应的发展方案，并对维护知识产权的执行方法作出了明确的指示。建立了成都知识产权交易中心，并和中国工程物理研究院等机构建立了合作关系，打造分中心。对知识产权金融政策予以落实，面向区域内接近500家创新企业提供质押贷款，规模超过11亿元人民币。为接近50家企业提供专利投保专利险，出险数量超过200次。

三是和区域内高等院校共同推进"6+1"模式的发展。迄今为止，与成都政府建立合作关系的高等院校覆盖四川农业大学、西南财经大学等。依照成都市规定，所有研发机构与高等院校研发得出的成果都能够由其自由处置，同时院校也拥有研发结果的收益权。通过这一政策，高校研发成果将会更高效地投入实践之中，切实提升产业创新水平。充分发挥高校院所的人才和技术优势，整合企业、高校院所和产业链上下游企业开展关键技术协同攻关，组织实施了8个产业集群协同创新项目。积极推动清华大学、北京大学、哈尔滨工业大学、北京航空航天大学、中国科学院成都分院等院校的协同创新项目落户成都市，带动信息技术、智能制造等高端产业发展。

2.3 国内外集聚方向的相关经验

2.3.1 国外经验

当前许多西方发达国家主要通过产学研融合的方法来促进科技创新，本节将对这些国家采取的发展战略进行总结，从这些经验之中获取有价值的信息。

1. 美国

美国在促进产业协同创新方面的主要经验做法如下。

一是加强法规保障。从立法的层面进行强化，同时设立多个投资项目，促进产学研三者的融合。同时，美国政府还通过法规和计划不断促进研究合作伙伴关系的形成，在产业界和学术界之间建立共同利益体，推动协同创新发展，进而实现国家科技创新的飞速发展。

二是建设创新共同体。美国科技组织先后出台了《空间力量 2.0：创新力量》等报告，建立了美国创新共同体这一理念。具体来说，这一理念主张将知识产权结合到实物产权之中，将人才和资金资源加以融合，以此为媒介提升美国制造产品在国际市场中的竞争力。服务经济是很多美国著名高校的办学宗旨，如麻省理工学院致力于办设“以科学为基础的技术融入企业的学校”、斯坦福“与工业紧密结合”的创建理念、康奈尔大学提出的“使科学直接服务于农业和其他生产行业”的理念等。在这个大目标的推动下，美国高校主动追求与企业、政府及科研机构进行合作，并不断调整其合作模式以适应时代要求。

三是加强企业间协同创新。美国提出各地研发机构应当与企业建立密切的合作关系，通过双方的协同发展来促进技术创新和高新技术的应用。另外各地实验机构还建立了技术研发应用办公室，目的在于面向各个产业提供技术支持与教学。在这一过程中，研发机构与企业之间的关系将会更紧密，从技术的层面出发改善企业的营商环境，为企业的发展奠定良好的科技基础。另外政府和小规模研发公司还签署了技术转移协定，面向后者提供资金补贴及为公司的研发活动提供资金帮助。

四是完善创新与投资环境。政府降低了税收优惠政策的门槛，不再以知识产权为标准面向企业提供优惠。同时向中小型科技创业企业提供《联邦技术与标准机构科技创新计划》等项目资金资助与激励，进一步促进产业协同创新。

五是打造更为健全的服务管理制度。美国之所以能够在科技创新方面取得举世瞩目的发展成果，就是因为美国在科技创新领域内引入了极为完善的风投业务。美国政府已经打造了多元支持主体架构，除了政府财政补贴这一资金支持渠道以外，企业还可以通过社会投资者、风投机构、企业等多种模式获取发展所需的资金，这一制度的建立丰富了企业的资金获取路径，因而有效促进了科技创新的发展。另外该国已经在多个主体之间搭建了完善的信息交流平台，提升了主体之间的协同性，健全的技术转让制度也是十分关键的一环。该国建立了包括小企业发展中心在内的一系列机构，这些机构的存在有助于实现产业、研发机构和高等院校之间的信息共享，有助于推进科研成果在实践领域中的运用。同时多个主体之间能够依照自身的需求获取所需的信息，因此对市场发展动向的把握十分准确，也能够依照需求来调整自身的研发方向。在信息交流机制的作用下，不同主体实现了共赢。

2. 德国

在推进产学研融合方面，德国主要采取了如下几种举措。

一是德国以科学性和实操性为准则打造了创新战略方案。2006 年德国面向高新技术推出了发展战略文件，其中对科技创新发展的方向、路径与任务等作出了明晰的规定。2020 年推出了全新的战略方案，其中出台了一系列有助于促进企业和机构创新的激励举措和补贴机制，对基础创新给予了更大力度的支持。在这一最新的战略文件中，德国将中小规模企业作为重点扶持对象，以确保该类企业能够发挥在科技创新方面的作用，让企业在成长过程中面临更低的风险，从而平稳过渡到成熟期。为达到这一目的，德国面向中小规模企业建立了中小企业核心创新计划（zentrales innovationsprogramm mittelstand，ZIM）项目，这一项目将为满足相关标准的企业提供资金支持。同时为能够提升机构、院校和企业的技术研发能力，该国政府面向各个不同的领域推出了激励方案，包括通信技术、信息技术等多个新兴产业。为能够进一步帮助处于成长初期的公司降低创新压力，德国政府以企业职工数量为判定标准，指出所有职工数量不足 50 人的创新公司都能够获取创新券，依据这一凭证可以获取政府提供的资金补贴，补贴规模最少为 2500 欧元，最多可以达到 6000 欧元，这部分资金是对企业研发环节成本的补贴。

二是多层次的高效协同科技创新体系。德国政府主张技术创新是经济发展的媒介，所以在推进科技创新的过程中必须要注重技术与经济的融合，因此研发主体和市场主体之间的协同性十分重要。为了促进二者的协调共进，德国打造了层次化的科技创新系统，力图实现产业、院校和研发机构三者的深度融合。具体来说，德国在制定专利政策的过程中朝中小规模企业的方向倾斜，推出了全新的科研结果判定流程。2012 年该国高等院校、研发机关和企业在技术创新方面耗费的成本高达 800 亿欧元，这一数据在德国经济总值之中占比接近 3%。调查表明，30%

的技术创新企业认为自身之所以能够取得良好的发展成果，是因为政府制定的支持政策为自身提供了充分的帮助。

三是逐步强化中小规模公司创新水准。德国政府提出中小规模企业虽然体量小，但是在创新方面却能够肩负重任。所以德国形象地将中小规模企业比喻为“创新之蚁”。为能够促进中小规模企业在创新方面的发展，德国面向此类企业提供了具有指向性的优惠政策。从 2008 年开始，该国就陆续出台了两部法案，法案内容均为解除中小企业的束缚，为这些企业供给资金支持。另外该国也推出了中小企业重要创新计划方案，这一方案是专门面向中小规模公司建立的，能够为企业提供长期的资金支持，对申请补贴的企业进行审核，并依照企业的创新发展潜力等指标决定补贴数额。

四是面向企业提供更为优惠的金融服务。能够满足政府相关标准的企业将会以更低的成本获取融资服务。举例而言，德国政府推出了规模达到三亿欧元级别的高科技创业基金，基金管理机构将会承担资金管理责任，并且在市场范围内搜寻具有巨大发展潜力的企业并为其提供资金支持。

五是双元并行的职业教育。这一制度是以校企联合理念为核心打造的人才培养制度。其主要有三个特点：第一，教育模式具有灵活性。在这一制度下，企业、行业协会、研发部门和政府机关之间将会搭建起更为紧密的联系，此时技术供给方可以依据需求方的实际情况把握技术研发的方向和目标，供需双方的高效对接将会提升技术研发的转化效率，让研发工作能够切实为企业的创新发展提供支持。第二，打造出具有指向性的培训机制，在这一机制下企业和学生之间将会建立共赢关系，双方都能够通过培训实现自身的发展。对于学生来说，在完成培训活动之后可以直接在企业就业，进而降低在就业环节耗费的精力。在培训的过程中，学生也将会掌握岗位所需的各种技能，在就业后能够展现出更强的工作能力。第三，将理念和实践加以融合，让学生能够提升自身的综合素养。在这一制度下，学生不仅要通过培训来提升理论知识水平，还要学习岗位工作所需的各种实操技能，所以培训机制能够为企业提供大量专业性与实践性并重的优质人力资源。

六是产学研用协同合作。德国政府认为如果想要长期保持优越的创新能力，首先要夯实基础研究。为达到这一目的，德国建立了各种基础研究机构。另外德国政府也注重应用研究，以此来提升科研结果的转化效率。除此之外德国政府也与研发机构建立合作关系，面向企业提供咨询服务，在这一过程中研发部门将会获知企业在技术方面的需求，因而能够以具有指向性的方式进行技术研发，让研发工作能够更好地为企业的发展提供辅助。

3. 日本

在推进产学研融合这一方面，日本政府先后采取了如下几种措施。

一是完善创新法律体系。从20世纪末开始，日本开始对技术创新投以高度重视并开始针对相关问题完善立法，在这一时期日本推出了包括《科学技术基本法》《产业活力再生特别措施法》等在内的一系列法律法规，这些法律法规为科技创新的规范、高效发展奠定了扎实的基础。

二是积极参与国际化研究。日本一直致力于打造高开放性的研究环境，促进本国研究机构与海外研究所的合作，让双方在专业能力和研究方向上构成互补关系，在合作的过程中这些海外著名研究所将对日本的研究起到带动作用，进而促进日本技术创新的发展。同时，日本电子产业在美国、英国等发达国家的高等院校建立了创新实验室，进一步推进了研发工作的国际化发展。

三是以高校衍生企业作为重点发展对象。20世纪末日本专门针对研发技术转移问题出台了法律文件，其中提出应当促进高校衍生企业的发展。从总体来看，高校衍生企业的模式可以分为三种不同的类别。在第一种情形下，参与者将会共同实施研发工作，研发环节所耗费的成本也将由各个参与主体共同承担。在第二种情形下，参与主体将会共同投资建设一家研发机构，并以机构的名义开展研发活动。在第三种情形下，参与主体将会依托指定研发项目构建研究组合，在项目结束以后研究组合也随之解散。总的来说，高校衍生企业是日本校企合作的重要模式，这一模式的推行让机构研发成果能够得到更为高效的应用，让研发结果能够在最大限度上实现价值创造。

2.3.2 国内经验

自主创新能力是衡量当今世界各国核心竞争力的关键，产学研协同创新实践是国家建设创新体系的重要力量，良好的产学研协同创新实践模式是提升创新效率的重要环节。

1. 京津冀地区

京津冀地区促进产业协同创新方面的主要经验做法如下。

第一，以政策推动各产业协同发展。京津冀三地之间接连出台了大量促进京津冀协同创新的政策文件。北京、河北签署了《共同打造曹妃甸协同发展示范区框架协议》《共同推进中关村与河北科技园区合作协议》等协议；北京、天津签署了《共建天津滨海-中关村科技园协议》等协议，共同促进滨海与中关村的发展，同时北京市、天津市和河北省三地签署了“京津冀智能制造协作一体化发展大联盟”框架协议及各类协议等。

第二，面向产业创新问题建立基金。三个地区的政府共同投资完成了基金会的建立。创新基金主要用于支持符合三地产业规划、具有较高创新水平和较强市场竞争力的产业技术项目，或者是在主导产业、新兴产业领域所面临的重大共性、关键性技术方面具有重大突破的原始创新项目，或者是有可能带动新兴产业发展的研发项目。创新基金主要投放于高端制造、航空航天、新材料新能源、新一代信息技术等战略新兴产业领域，资助对象包括京津冀三地的大学、科研机构、科技型企业等。创新基金的设立为京津冀区域产业协同创新起到推动与助力的作用。

第三，在地区建立产业创新生态体系。在京津冀地区中北京是研究中心，以其自身在院校、科研机构等多方面的优势为基础面向整个区域提供技术支持，带动天津和河北的技术创新发展。天津是技术研发成果集中转化的中心，该地区集聚了大量高端制造业，而研发机构和院校推出的技术将会直接被运用到这些企业的生产之中，实现产业的技术创新。可以说在区域架构之中，天津市是重要的创新开发聚落，是把创新概念推入市场、让技术应用得到广泛接受的基础；河北作为新型工业化、产业升级优化和先进制造的战略支撑区，是创新应用聚落，也是产业创新的前端区域。在北京完成了研发、天津完成了推广之后，这些高新科技将会在河北进行普及。河北的作用是助推与协调，在区域生态系统建设方面的作用不容小觑。

京津冀地区积极促进制造业协同创新和转型升级，其主要经验做法如下。

一是在区域内打造创新系统。以推进制造业协同创业为目的进行平台搭建、工程开发，统筹管理多种创新资源。

二是明确制造业创新体系战略布局。北京将原始创新和技术服务作为发展重点，将不同领域的技术研发总部进行汇集并建立研发中心、人才中心等，提升周边其他区域的技术创新水平。天津力图提升工程技术研发成果的变现水平，促进高科技产业的集聚发展，在区域内建立了多个创新示范区；河北主张促进研发结果的应用和普及，所以打造了研发成果转化中心，通过这一机构，研发成果能够被更好地融入有技术需求的企业之中。

三是建设创新园区链打通产学研创新链条。打造全新的运作方法，以试点为核心进行优先改革，强化对周边区域的引领辐射示范作用，形成跨地区、跨组织、跨文化的复杂合作创新体系，开展产品创新、技术创新、管理创新、制度创新等多方面、多层次相互支持的联动创新。

2. 广东省

广东积极构建智能制造自主创新体系，促进制造业协同创新和转型升级，其主要经验做法为以下几点。

一是创新生产模式，实现“人机共存”。当前一些劳动密集型产业依然存在生产效率低、环保能力差、安全风险高等一系列问题，这些问题的存在阻碍了企业在当前经济环境中的持续发展。在将各种智能技术融入生产环节以后，无论是生产环节、加工环节还是装配环节都能够由机械自动化完善，此时就能够集约大量的资源，还能够降低生产环节出现安全事故的概率，保障人员的安全。而且机械生产效率也拥有更为显著的优势，产出产品的质量也更为稳定。所以如果能够将智能生产技术普及各个企业之中，就能够提升传统产业的整体生产水平。

二是推进互联网技术与制造业的融合。当前许多企业在信息化转型方面投入的资源规模较小，没能有效利用信息技术来提升自身的管理能力，同时企业也没有引进和培养在信息技术方面拥有专业能力的人才，从而导致“互联网+”落实效果并不理想。针对这一问题，广东省打造了层次化的云应用信息服务平台，为各个领域的企业提供大数据支持。

三是推进“科技服务业+高端制造业”服务模式。以智能制造、服务型制造促进广东先进装备制造业的发展，发挥科技创业在科技创新转化为现实生产力过程中的重要作用，随着这一转化过程的推进，产品的设计将会由企业自由设计转化为定制服务、线上服务及全流程服务。在全新的服务模式下，企业将会依据客户的需求情况为其设计出具有指向性的方案，提供差异化服务。最后在政府的支持作用下，企业也能够获取多元化融资渠道，资金问题得到了解决。

四是先行先试实施“东进战略”，创新驱动深圳制造业“第三极”。政府出台了《深圳市科技计划管理改革方案》等，实施“东进战略”巩固提升深圳国家高技术产业创新中心的地位，提速推行以东部为重点的高端制造业计划，形成以高端产业为引领，以基础设施为支撑，以公共服务为保障，拥有优秀创新素养、身处高级产业等级、集聚大量高质量资源、拥有高度辐射能力的制造业发展新模式。

在产业协同创新发展这一方面，广东省作出了如下举措。

一是产学研协同创新发展。广东省的产业协同创新工作和产学研合作由最初的“两部一省”发展成为全国首创的“三部两院一省”创新新模式和新格局。“三部两院一省”的创新模式有效促进了国内外优质创新资源向广东集聚，大幅提升了企业的自主创新能力，有效促进了产业优化升级，大幅提升了区域创新能力。

二是构建全面的产业协同创新服务体系。广东省在全国率先引进创新团队，建立“以才引才、以才育才、以才聚才”的创新人才引进模式。正是在高质量人力资源的支持作用下，广东省各个领域的传统产业能够在短时间内完成转型升级的任务。同样地，如果没有人才的支持，各种新兴产业的发展也会缺乏生命力和持续性。不仅如此，人才作为项目的执行者，主导了各种高科技项目的稳步落实，让研发成果能够在实践领域内得到运用。总的来说，人才是一切技术诞生的基础，正是有了人才的保障，广东省才能够在产业协同创新发展方面得到全国瞩目的成果。广东省设立协同创新与平台建设专项资金，出台相应的管理办法，扶持和促进产学研协同创新与国际科技合作、创新载体和创新服务体系建设、创新创业环境营造，可以为地区内产业协同创新奠定稳固的资金基础。该地区政府还推出了科技特派员计划，特派员就是受到政府委托而前往各个企业、园区等进行技术讲解和普及的高校工作人员或机构研发人员，这一计划的出台让企业、研究院和高校三者之间的关系更为紧密，科技成果转化也更为流畅。

三是打造产业协同创新载体。广东搭建长远的产业协同创新平台。构建和成立了广东协同创新研究院、广东协同创新设计工作坊、广东协同创新中心、协同创新联盟、院士专家企业工作站、学会科技服务站等多种形式的产业协同创新服务载体。同时，广东省还搭建了广东省科技资源共享网、广东省中国科学院全面战略信息网等多种形式的协同创新网络平台，支持校企合作模式下的产业链技术创新发展。

四是建立更健全的产业协同创新体系。广东省积极建设产业协同创新体系，加快产业链整合和资源优化组合，积极构建完善以国家级企业技术中心为龙头、省级企业技术中心为骨干、市级企业技术中心为基础的产业协同创新体系，以产业链为对象实施系统化的创新，让科技的发展速度能够跟进经济的发展水平，解决二者之间长期存在的发展不均衡、不统一的问题。另外广东省还将战略性新兴产业作为重点发展对象，力图推进这些产业的技术发展。为能够让这些产业的技术得到充分的发展，相关机构和企业针对这些技术的创新路径制定了路线图。这一路线图中明确指出了技术发展过程中所要遵循的流程及要完成的任务，其中还明晰了占据关键地位的节点，在这一方案的指示作用下产业将会更为高效地实现技术创新。

3. 浙江省

浙江积极培育多维升级智慧产业集群，促进制造业协同创新和转型升级，以下为其主要经验做法。

一是实施多维工程，打造制造强省。该政府提出在推进产业技术创新的过程中要走集群化、开放化、环保化的道路，通过智造价值、协同多维升级，推进浙江夯实制造强省基础。

二是通过对现有的产业进行升级，打造智能产业集群。浙江积极推进协同创新，大力发展现代产业集群，优化制造业发展空间格局，布局建设一批战略平台，加强专业化协作配套，推进制造业块状经济向智慧产业集群转型多维升级，大力实施标准强省、质量强省、品牌强省战略，将浙江制造打造成为全国闻名的“品牌”，为产品质量提供充分的保障，提升制造能力水平。

4. 上海市

在推进产业协同创新的过程中，上海市政府主要采取了下述几种措施。

一是搭建“产研平台”。上海市政府为了将上海建设为全球科创中心，凝聚全社会对科技成果转化的共识，营造良好的产研协同创新环境的目标，和地区科研机构建立合作关系，打造产研平台，在这一平台的支持作用下，地区内的产业能够与研究机构建立密切的联系，进而实现协同发展。放眼全市、辐射全国、瞄准国际，不断总结经验，深入思考研究，持续跟踪服务签约单位、遴选推动有效对接、畅通信息交流渠道、学习借鉴拓展合作。

二是实施“2011 协同创新中心”发展行动计划。上海市积极组建培育“协同创新发展研究中心”，极大地推进了上海高校学科建设与区域社会经济联动发展。为了使该计划得到更好的推进，上海市政府采取了加强组织保障、完善市级部门协调机制、共建上海高校张江协同创新发展研究院、推进上海高校实施科学研究多元评价、建立上海高校无形资产管理制度、加大资金投入力度等措施。

三是以地区内特色产业为核心搭建产业集群。对于上海市来说，其新材料、信息等行业在全国范围内具有一定的优势，上海市以这些产业为中心，推进产业集群化发展，让这些产业能够充分发挥其带动作用，促进传统产业的转型升级，同时推动地区内的支柱性产业向现代化转变。在这一系列政策的影响下，上海市的高新技术产业园区内企业数量越来越多，创新能力也越来越强。此外，跨国公司 R&D 机构与本地企业、高校和研究所开展 R&D 及技术服务合作，积极参加本地产业集群的技术创新活动，已成为上海城市创新的一支重要力量。

上海致力于建设全球高端制造中心，打造国家级工业互联网示范城市，促进制造业协同创新和转型升级，其主要经验做法为以下几点。

一是积极健全工业互联网产业生态体系。从信息共享平台、应用渠道等多个角度入手进行完善化建设，在巩固基础建设之后帮助产业突破发展的瓶颈阶段，实现本质性的创新。经过一系列改革后，上海市制造厂内部已经能够实现厂内互联。同时这种厂内互联能够促进企业生产环节的智能化发展，提升企业对创新资源的分配效果，让现有的创新资源能够创造出最大的价值。

二是打造工业互联网先行示范区。打造多功能国家级别的互联网示范区，在先行示范区内搭建配套服务平台，建设一批工业互联网示范样板工厂，培育一批能够提供自主、安全、可控的系统集成和解决方案的服务商，开展工业互联网典型试点项目，力争将上海建设成为取得重要成果，以新技术、新产业、新业态、新模式为特征的“四新”经济实践区和具有高附加值、高技术含量、高市场占有率、高全要素生产率的全球高端制造中心之一。

5. 辽宁省

辽宁加快建设国际级制造业创新中心，促进制造业协同创新和转型升级，其主要经验做法为以下几点。

一是建立世界级的装备产业基地。组织实施科技创新重大专项，在高端装备制造领域重点实施智能化数控机床、智能型工业机器人、能源装备、轨道交通装备和海洋工程装备等科技专项，培育高质量技术人才，以人才为支撑实现技术攻关，打造出在国际市场内拥有优越竞争力的产品，让装备制造业能够实现高质量发展。

二是探索技术合作研发新模式。以高校场地为媒介，促进高校和企业建立合作关系，共同在院校范围内打造“驻校建院”，以这一模式为基础推进技术创新，创造全新的价值创造渠道。形成创新中心和创新平台与高校发展充分结合，高校和企业之间互为基地，相互渗透的“寓教于研”科技人才培育模式，夯实制造业协同创新体系建设的科技人才基础。

6. 山东省

山东突出企业主体地位，促进制造业协同创新和转型升级，其主要经验做法为以下几点。

一是让制造业能够实现集群化发展，提升对创新资源的利用效率，让资源能够创造出最大价值。该地区政府对市场发展情况、生态环境状况等多方面因素做出了全方位的考量并以此为基础对行业进行了规划，以推进各个产业的现代化发展为目的，促动各个产业的集群化发展。通过一系列发展政策，该地区已经打造出了众多拥有核心竞争力的、与产业链其他节点拥有良好协调性的、拥有完善服务系统的工业产业示范基地。最后为能够进一步扩大产业园区的规模，该地区政府还从集群研发孵化的角度入手，面向园区内企业提供多层面的服务，提升园区对外部企业的吸引力。

二是构建两化融合的先导示范区。依托电子信息产业基础和互联网公用网络平台建设优势，积极推进信息化与工业化深度融合，积极采用信息技术改造传统产业，大力发展智能制造，推进信息技术与制造业深度融合。在智慧园区、智能工厂建设等方面探索创新，发挥先进示范引领作用。

第3章　聚力创新驱动高质量发展的理论模型研究

3.1　聚力创新驱动高质量发展的动因研究

3.1.1　聚力创新的内涵

1. 聚力创新的设计理念

社会发展离不开高新技术产业的支持，只有持续发展高新技术产业才能推动社会经济发展，因此很多国家将一些新兴产业视为主导产业。这些国家通过宏观政策支持与产业创新机制调控来促进各类创新要素的高效聚集，共同助力高新技术产业发展。除了基于新兴技术，鉴于各区域的资源要素、人文习俗、经济发展水平等不同，各地高新产业创新要素应因地制宜。我国创新要素聚力发展的体系应结合当下国情，参考国外先进经验，结合实践经验综合制定。动因主要代表自然发展的事物，创新则更多加入人为干预因素。根据西蒙在《关于人为事物的科学》中的广义设计理念，相较天然事物形成的“目的—载体—功能”发展顺序，人工系统的区别在于先有设计目的，继而确定功能，而后设计载体结构去实现功能从而达成目标，因此设计的一般逻辑顺序是“目的—功能—载体”。高新技术产业创新体系应符合各地政治、经济、社会等主客观因素，以最终实现我国高新技术产业的有效聚力，促进创新要素资源的市场化良性发展。

2. 聚力创新的功能介绍

高新技术产业创新体系是半人工系统，既包含市场化交易时科技要素的自动流通，也包括主观的人工灵活调控。客观自发流动的动因主要是为聚力创新各要素提供必要条件，而聚力创新要素体系则提供充分条件。创新资源要素并非单纯加总，而是协同融合后的产物。可以有效提高创新资源客体和环境间的匹配度，推动创新要素体系功能的成熟化。其中包含的创新主体要素概念，实际上就是企业、高校等相关研发组织和政策支持组织。创新客体的要素概念，实际上就是技术、人才、资本及制度等，其中制度要素主要分为创新政策和市场环境。在市场和政府的共同引导作用下，创新主体不断获取和吸收聚力创新要素（人才、技术和资本），从而实施聚力创新，形成创新成果，最后创新成果会为各个创新主体带来效益。在整个生命周期中，还需要持续升级创新制度要素，为创新主体提供优秀的环境，助力高新技术产业可持续发展。

3. 聚力创新的驱动过程

整个聚力创新驱动的动态发展过程如图 3-1 所示，“驱动”实际上就是指在供给侧结构性改革的推动下，对创新要素加大整合力度，改善创新政策和市场环境，推动高新技术产业持续增长，促进“创新”，从而提升创新绩效。整个创新不再受限于来自“萌动”诱因的外生化，不需要经历缓慢的发展历程。创新所产生的价值增值也会在整个聚力创新过程中反哺循环，为整个体系提供动力，循环往复，生生不息。

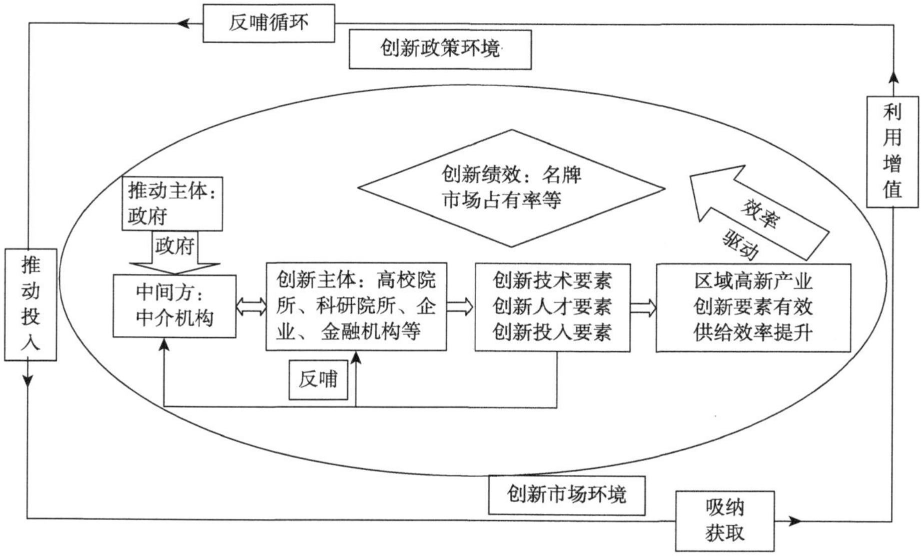

图 3-1 聚力创新驱动的动态发展过程

3.1.2 聚力创新的动因及发展阶段

以我国的高新产业为例，在其发展过程中会经历多个时期，各个时期都需要创新的推动。聚力创新作为推动产业升级，实现高质量发展的重要手段，需要各类动因维持其创新活力，这样才能保障整个聚力创新体系的正常运作，从而成功实现高质量发展。聚力创新动因经过不断发展，逐渐清晰，大致上可以划分为内部动因和外部动因。

1. 聚力创新的发展阶段

聚力创新作为推动产业升级的重要手段，其发展阶段对应着产业发展的三个时期（图 3-2）：产业初创期、产业成长期和产业成熟期。聚力创新在各个阶段通过推动产业升级，实现经济高质量发展。聚力创新的外部驱动因素主要有资源条件、生产力发展、社会需求、科技进步、战略竞争等，内部驱动因素主要有产业分工、产业创新及产业结构复杂化等。内外部动因相互作用，通过促进产业、市场、内部结构及外部环境全面发展，实现创新高质量发展，

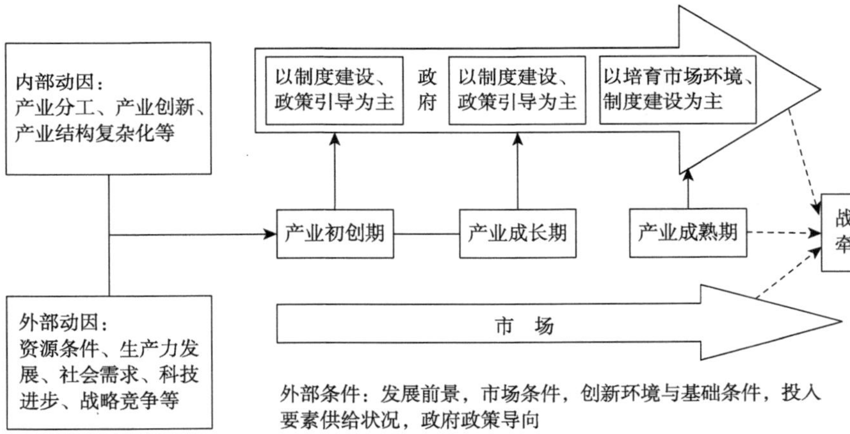

图 3-2　聚力的创新动因与发展阶段

2. 外部驱动因素

聚力创新的外部驱动因素主要从以下两方面进行分析：第一，社会的运作离不开各类资源，资源对于任何领域的发展都能够起到关键作用，而资源往往也是较为稀缺的，这导致各行业对稀缺资源的争夺都比较激烈。纵观整个社会发展史，可以看出生产力及科学技术的发展是永不停歇的，因此代表先进生产力与科技水平的人力和科技资源要素对于高新技术产业而言非常关键，先进的人才和技术促进了产业的发展；第二，随着社会的不断发展，各领域的需求也在不断变化，而以往的传统模式已经无法适应新需求，高新技术产业以新视野为起点，以新技术为支撑，以新理念开辟新的市场渠道与模式，不断满足人们新兴的物质文化需求；

就像是生物系统中的竞合演化现象，在高新产业成为未来的传统行业之前，就已经开始对传统行业产生了一定的威胁，两者间的战略竞争会成为高新产业创新发展的外部动因。

3. 内部驱动因素

内部驱动因素主要是，第一，产业结构的日趋复杂化，高新产业与传统产业间除去竞争关系也有合作，在高新产业的发展过程中，往往会涉及多种事物，包括原材料、燃料、配件等，这些基础设施及能源基本来自传统产业，但是近些年来传统产业进入了衰退期，这对高新产业发展产生了一定的影响，高新产业发展离不开传统产业的支持。第二，高新技术产业涵盖的范围较广，常见的有节能环保产业、信息技术产业、生物科技产业等，而这些产业的发展和战略性新兴产业具有关联性，具体表现在基础性产品、资本、技术及人才等方面，只有两类产业协同发展，才能发挥最大效力。第三，高新产业和战略性新兴产业包含了多种类型的企业，这些企业就是技术创新的主体，这些企业在宏观政策的支持下，利用市场竞争手段配置资源，通过研发、转化等一系列措施最终形成科技成果，科技成果最终转化成利润，实现利润最大化，因此市场利益成为产业内外部的共同驱动因素。

3.1.3 聚力创新驱动的微观基础

近年来，在高质量发展的背景下，越来越多的学者深入研究创新产出的影响因素，这些因素可分为资源、政策、融通创新等。

资源投入对创新产出的影响可细分为人力、资金、数据信息等对创新产出的影响。在资金投入方面，张美丽和李柏洲（2021）运用随机效应模型和门槛回归模型研究发现，自主研发资金投入与创新产出呈显著正相关，自主研发资金投入的增加会大幅度提升专利的申请量。同时，侯建和陈恒（2017）研究发现，随着知识积累的增加，研发资金投入对创新产出的促进作用显著提高。除自主研发资金投入外，技术引进和改造等非研发资金投入要素对创新产出的作用不容忽视。孙忠娟等（2020）通过建立面板门槛回归模型，证实了只有企业内部资源累积跨过门槛后，政府科技资助才能对创新产出起到显著促进作用，其中政府补助指代政府给予企业的资金，具有数额大、惠及面广和持续性较好等特点。目前学术界对于政府补贴可以有效推动创新的观点非常支持。陆国庆等（2014）通过概念数据模型（conceptual data model，CDM）和迭代三阶段最小二乘法（Iterative 3-stage least squares，IT3SLS）研究发现，政府补贴能显著正向激励企业的创新绩效。巫强和刘蓓（2014）通过大量的实证分析得出，国家众多战略性产业的创新产出在一定程度上受到政府补助的影响，这会导致不同产业的产出有差异。对于智能制造业而言，其科技创新广度、深度和精度更高，这决定了智能制造业需要投入更多资金进行创新研发，在信息不对称的情况下，智能制造企业存在比其他行业更为显著的资金投入约束现象，而获得政府补助能够向市场发出“官方认证”的积极信号。在人力资源方面，刘晔等（2021）基于面板固定效应模型和面板分位数回归模型揭示了人力资本水平提升对区域创新产出的影响机制。研究结果表明，人力资本水平较高的城市，创新产出的内涵具有以下三个方面的特征：第一，创新的科技成果对技术发展有很大的帮助作用，其本身属于科技发展的产物；第二，创新的科技成果本身具备相应的价值，可以划分为学术价值和实用价值两种类型；第三，必须保持较高科技成果水平。人口空间集聚强化了人力资本水平对创新的驱动作用，并且城市创新等级越高，驱动作用越强。刘晔等（2019）基于知识吸收能力理论的视角，发现科研人才的知识吸收能力仅在创新产出水平高的区域对某些创新投入要素起到正向调节作用。王晖（2014）运用结构方程相关理论体系，进一步构建出科技创新与人才聚集之间的关系模型。实证发现，科技人才工作者的工作热情和人才的聚集对科技创新产出具有显著的促进作用。

学术界针对产业政策和创新产出的关联性的研究成果非常丰富，其中有部分学者针对省域的经济水平、市场化程度等方面的差异性进行了深入的探讨，分析了这些差异对产业创新产出的影响作用。逯东和朱丽（2018）通过研究发现市场化程度的差异会影响产业政策对创新产出的作用。张婷婷等（2019）将各省所拥有的高等学府数量作为该省人才聚集水平的评价指标，研究发现人才集聚水平越高的地区，产业政策具有更好的创新效应。黎文靖和郑曼妮（2016）通过深入研究社会中企业的发展情况，总结出部分享受了优惠政策的企业，其创新水平会持续增长，主要表现在企业的专利数量方面，而这些专利大都不是发明专利，这种一味地以“数量”为目标，对“质量”不予重视的企业，往往会在享受到优惠政策之后，进一步对非发明专利产生依赖，进而进入“寻扶持”的恶性循环中，从根本上忽视了创新本身的重要性。张杨勋（2020）利用双重差分法评估了战略性新兴产业政策对新材料产业创新产出的影响，实证表明，总体上战略性新兴产业政策显著促进了新材料产业的创新产出。王欣和杜宝贵（2021）经过大量的实证研究后，总结出企业在实施全方位创新的过程中，能够促进专利数量的增长，而国家给予的改革试验政策同样对专利产出具有显著的促进作用，但是区域及城市行政层级的异质性对政策效果产生了一定的影响作用。李林红等（2019）基于双倍差分模型研究发现，低碳试点城市政策有助于促进企业技术创新的发展，低碳试点城市政策扩大了试点城市和样本城市在企业技术创新值上的差距。

近些年来，学术界对融通创新的研究非常重视，同时在社会网络分析法

（social network analysis，SNA）不断成熟的情况下，学术界对创新网络的研究开始逐渐向其结构特征的定量测度方向发展，并在此基础上探讨了创新网络对创新产出的影响。Corey（2011）通过对创新网络结构特征进行深入分析后，得出创新的网络结构在一定程度上会影响知识的流动性，以此对企业的创新水平产生相应的影响作用。Liu（2011）结合创新网络本身具备的结构特征，深入分析了中国台湾和中国大陆在发明专利方面的差异，同时还对全球其他地区在发明专利方面的差异进行了研究，最终总结出创新水平受中心势和中心性的影响较强，并且这种影响作用是正向的，而在网络密度处于相对较低的位置时，网络结构洞效应无法得到有效体现。Yoon 和 Han（2017）利用三螺旋算法，基于行政区域和行动者，对韩国地区产学研类型的组织在专利方面的实际状况进行了深入的研究，以此计算出了韩国地区产学研各类组织的协同水平，同时发现网络中心势及网络密度在一定程度上影响着地区合作创新产出，这种影响作用是正向的。马艳艳和卢朝阳（2020）针对我国的黑龙江、吉林及辽宁地区的产学研各类组织间的合作创新进行了深入分析，最终总结出创新的网络结构特征会影响整个地区的创新产出水平。研究发现：东北三省产学研合作创新网络密度、网络中心势与创新产出呈显著正相关。刘金涛（2019）通过大量的实证分析得出，区域的创新网络结构会影响该区域内的创新产出，两者之间关系显著。同时发现区域的网络结构洞与开放性可以有效提升该区域的创新成果数量，另外区域内的创新网络规模也会有效提升产业创新效能及区域内的经济水平。

部分研究聚焦主体协同对创新产出的影响作用，高月姣（2020）将市场化指数引入变系数模型，结合面板数据因子分析方法，对创新参与主体间的相互作用受到市场化水平的影响程度进行了深入分析，总结出了参与主体在不同市场化水平下的相互作用模式及未来的发展方向。研究发现，在市场化程度越来越高的情况下，高校科研机构对区域创新的影响持续下降，但其交互项对区域创新的影响却显著上升。学术界针对企业、高校等产学研组织间的相互作用探索成果较多，认为各主体间的交互合作对于区域创新系统意义重大。张忠迪（2020）利用数据包络分析法（data envelopment analysis，DEA），选取了 30 个协同创新中心作为研究样本，对这些中心的创新效率实施了综合衡量，经过深入研究后得出这些研究对象的整体绩效在一定程度上符合预设的水平。周阳敏和楚应敬（2021）的研究表明，政府主导行为下的协同创新行为能够正向促进企业、高校和科研机构的协同创新，提升创新产出水平。同时能够有效形成跨空间、跨区域的高质量协同创新，提供更多有利的政策支持和产权保护制度，反向促进企业、高校和科研机构间的协同创新，增强区域内创新主体间的协同作用，提升区域内的知识流动水平，进而刺激区域内的经济成果产出率，使得区域内的经济向着高质量方向发展。林青宁等（2018）以研发禀赋结构为门槛变量，构建动态门槛回归模型实证检验协同创新对农业科研院所创新产出的影响。通过大量的实证分析总结出区域内的协同创新可以有效提升区域内农业类型科研机构的创新产出水平，同时结合了禀赋结构本身具备的“双门槛效应”，最终得出禀赋结构只有在一定范围内，才能有效地促进区域内的协同创新，进而增强区域内农业类型的科研机构整体创新产出水平。

有部分学者对创新模式进行了研究，张白云和薛莉（2021）从产学研协同创新角度，将模式与绩效影响因素直接联系起来，考察项目纽带模式、协作平台模式与战略联盟模式在绩效影响因素方面的表现。他们认为协作平台模式是产学研协同创新的最优选择，而在做好利益分配机制的情况下，战略联盟模式将是产学研协同创新的最好选择。侯建和陈恒（2017）研究发现中国高新技术产业自主创新模式驱动专利产出的作用机理存在着显著的知识产权保护动态门槛效应，当知识产权保护力度较小时，自主创新模式显著正向推动专利产出，而当知识产权保护力度过大时，自主创新模式则在一定程度上负向影响专利产出的提升。刘凤朝等（2012）引入“合作开放度”的概念，研究了区域研发合作开放模式及其对创新产出的影响，发现专利产出随着合作强度的增加而增加。舒辉（2013）认为只有在标准创新模式下，才能保障技术创新的成功率，从而实现创新成果走向标准化，以此来提升创新成果的整体收益。

面对国外的技术封锁，对“卡脖子”技术的研究成为当下的一个热点话题。刘洪民（2013）指出产业技术创新战略联盟可以体现出各类产学研机构的协同作用，在一定程度上能够推动国内产业共性技术不断发展，增强国内产业的核心竞争力，从而促进产业的创新能力。李雪松和齐洪华（2015）对比了欧、美、日等发达地区在产业共性技术上所采取的模式和方法，结合我国市场机制及知识产权保护机制不完善的现状，指出我国可以模仿欧盟的做法，充分发挥政府在产业共性技术研发中的主导和引导作用，以此来推动产业内的技术向共性方向发展，实现重大突破和创新。蒋键（2015）通过调研发现产业共性技术研发的组织形式主要分为两种，分别为公共技术研发平台和独立科研院所合作及公共技术研发平台和高校合作。郑月龙等（2021）将共性技术研发模式划分为市场机制模式、学研参与模式与政府参与模式，借鉴 Stackelberg 主从博弈思想，对比了多主体参与的产业共性技术模式。研究表明，除政府参与模式严格优于学研参与模式之外，共性技术研发模式选择需厘清各研发模式占优的关键因素及影响机理。其中，共性技术研发协同度是重要影响因素，当协同度及其增量较大时，政府参与模式最优。

综上所述，影响创新产出的因素大致可归结为资源、政策、方向、共识和行动五个方面。不难发现当前的研究大多是从单个或者某些要素来研究其对创新产出的影响的，很少有学者考虑创新生态系统中各创新要素相互联动对创新产出的影响。本书基于聚力创新体系中各种要素的作用机制，探索创新资源要素有效聚力发展的路径，推进创新人才、资金投入、技术和制度等资源要素的合理配置和有效聚力，从整体上构建“五聚”创新模型，分别从聚合资源、聚焦方向、凝聚共识、聚力行动、聚焦政策五个方面分析创新与高质量发展之间的关系，对创新驱动高质量发展的路径开展研究，从总体上提出我国创新驱动高质量发展的对策建议。

3.2　基于SCP理论框架的聚力创新驱动高质量发展的理论模型构建

SCP理论最初是由美国哈佛大学学派提出的关于产业组织分析的理论体系，此理论主要基于价格理论，结合实证分析法，从市场结构、市场行为和市场绩效三个方面构建产业组织分析框架，简称 SCP 分析框架。市场结构主要指企业在经营过程中所面临的各种环境结构，具体包括生产商集中程度、产业内的竞争程度、产品差异程度及进入和退出壁垒等。市场行为主要指企业在遭受外界干扰时所采取的有利于提升自身效益的一系列应对措施，具体包括广告营销、产能改变、业务整合、成本控制等行为。市场绩效主要指企业面临外部环境改变，实施的经营活动所带来的市场效果，如企业的产量质量、生产成本等。

学术界对于 SCP 框架的组成内容（结构、行为和绩效）基本达成了共识，如图 3-3 所示，而对于结构、行为和绩效三者之间的逻辑关系，政府在市场中所发挥的作用等方面还存在不同的看法。当前关于 SCP 理论的主流学派大致可分为三个，分别是哈佛学派、芝加哥学派和新产业组织理论学派。哈佛学派认为市场结构对市场行为、市场行为对市场绩效是单向影响的，即市场结构会影响企业的市场行为，市场行为则会进一步影响企业绩效，因此升级优化市场结构在一定程度上能够促进企业的绩效，哈佛学派也因此被称为结构主义学派。哈佛学派同时也强调当市场中出现垄断势力时，政府应该介入并发挥重要的调节作用。芝加哥学派与哈佛学派的观点有所不同，芝加哥学派强调市场集中程度对市场效率的影响，认为市场结构之所以会呈现高度集中的特征，是因为企业的生产效率提高，如果政府选择干预市场，会导致市场的竞争力不足，阻碍资源的有效配置，从而导致市场效率下降，因此自由竞争才能促进整个市场的良性发展。新产业组织理论学派在哈佛学派单向影响的分析逻辑基础上，提出市场结构、市场行为和市场绩效三者之间应该是互相影响、动态联系的，并且该学派将整个产业组织分析从新古典经济学中的完全信息条件拓展到不完全信息条件。

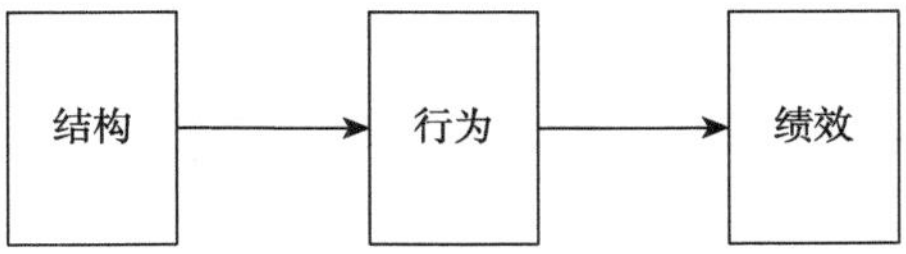

图 3-3　SCP 分析框架

本章基于 SCP 理论框架构建了聚力创新模型，如图 3-4 所示，其中，“聚政策”和“聚资源”共同代表 SCP 框架中的结构（S），“聚行动”代表 SCP 框架中的行为（C），创新绩效和 SCP 框架中的绩效（P）对应。“聚方向”和“聚共识”在整个聚力创新过程中起调节作用。根据 SCP 理论，当出现外部冲击时，市场结构会发生变化。当前中国创新驱动高质量发展面临来自国内外的风险挑战，政府为了解决高质量发展难题，出台了各类创新政策，汇聚各类创新资源。在外部冲击、政策指引和资源集聚的多重作用下，我国的创新的环境结构、网络结构、资源结构等出现变化，其中创新的环境结构受到了创新政策的影响，创新的资源结构受到了创新资源影响，创新的网络结构受到了创新政策和创新资源的共同影响。创新结构的变化影响了创新主体的行为方式，主要从知识产权市场化保护和价值转化方面开展行动路径研究，而创新行动影响了创新绩效。聚力创新方向和聚力创新共识则正向促进了创新全过程发展，加快了创新驱动高质量发展的目标实现。

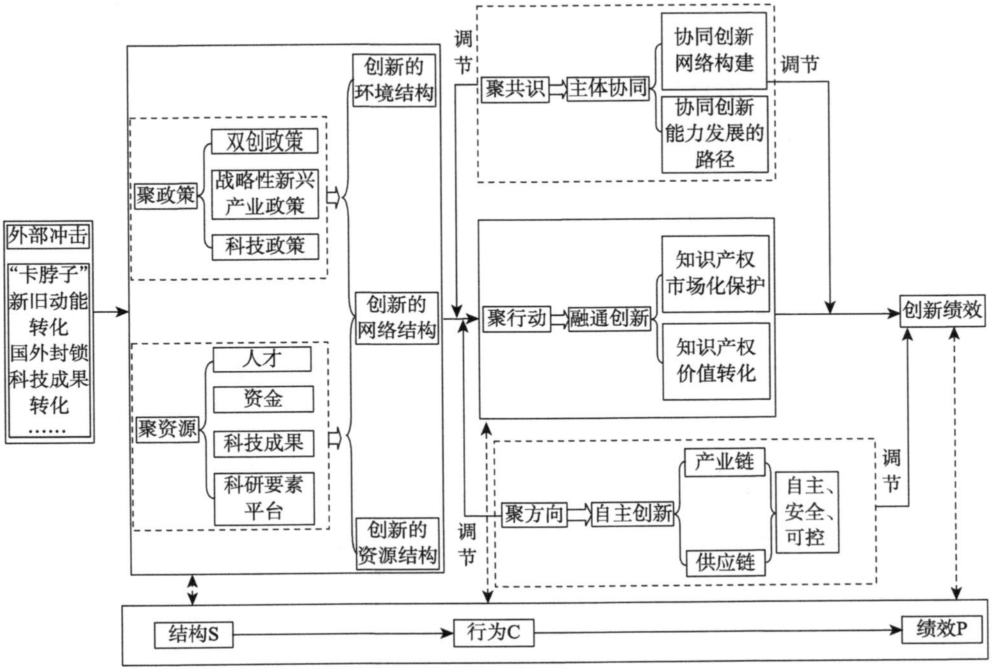

图 3-4　基于 SCP 分析框架的聚力创新模型

聚力创新是一个系统工程，要以高质量发展为目标，加强资源、模式、机制的统筹协调和相互匹配，形成更加高级有序的结构，促进创新系统整体功能发生质的飞跃。科技创新需要以聚合资源为创新的基础、以聚焦方向为创新的导引、以凝聚共识为创新的手段、以聚力行动为创新的路径、以融聚创新政策为创新的保障。

1. 聚共识维度

1）实现信息高效融通

全面突破传统“条”和“块”的约束瓶颈，实现信息共享，是促进多主体就某一问题达成共识的第一步。推动不同系统和地区的信息共享，关键是强化科技创新要素的共建共享评估机制，建立更加科学的评估准则。同时通过统一公开的信息平台，汇总包括重点研发机构库、企业研发中心库、平台数据库等在内的资源信息，实时高效地向社会各界公开，以实现科技资源要素间的共享。

2）建立共识机制耦合系统

共识机制耦合系统应当是一个复杂的耦合系统，党的十八大作出实施创新驱动发展战略的重大部署，以技术创新带动产业结构升级，促进经济长效增长已成为各国发展共识。高科技类产业技术创新体系能够在一定程度上提高技术创新参与者的创新能力，在这个过程中各类科技资源起着关键作用，其中，科技条件资源起着关键作用，是创新行为的前提，也是提升创新能力的基础；科技信息资源本身具有价值和使用价值，主要指与社会活动相关的各种科技、贸易、生产方面的数据、消息等，是推动社会发展和技术创新的核心资源；科技成果资源实际上就是社会中的个体在创新活动当中付出的一系列劳动，最终产生的可以被各大领域所认可的成果，能较为方便地进行传播普及，为他人借鉴、承接并再创造，以促进技术溢出推动整个我国产业整体跃进。

2. 聚方向维度

1）建立自主生态圈

聚方向是指形成自主创新生态圈，明确创新高质量发展方向。《金融时报》在2004年12月7日刊发了由时任中国人民银行行长周小川所做的题为《完善法律制度，改进金融生态》的报告，该文中明确提出了金融生态的相关理论，这是金融学科和生态学科的首次融合。在他看来，金融生态主要指金融系统正常运行过程中所需要的基础条件，与金融机构的内部运行机制并无关联。徐诺金（2007）指出金融生态实际上就是社会中的金融机构在求发展的过程中，采取分工、合作等措施在市场环境中逐渐形成的一种体系，此体系属于动态运行的，具备平衡性。廖林等（2007）深入研究金融生态系统，并对区域金融生态环境的测量指标开展了细致研究。王秀芳（2006）总结出金融生态环境由多个要素构成，其中法律环境、信用环境和金融发展程度是最重要的因素。刘朝明等（2008）在之前研究的基础上，通过对金融生态系统的研究发现，某个区域内的金融生态系统本身就具备开放性、闭路循环性、根植性、可持续性等一系列相关特征。张韶辉（2007）通过深入分析金融生态系统相关的因素，最终总结出政治、文化、法制等一系列外部因素之间是相互影响的，在这种影响作用下形成了金融生态系统，并且形成的系统具备社会文化属性及制度结构性质。

2）建立创新活动的机理和规律

创新活动设计的最基本原则主要是聚焦方向。科技要素创新应在符合客观价值规律的基础上，深层次地探究科技创新的发展路径，以实现创新发展成果的指数化增长。同时由于不同产业的差异化，可在充分考虑各行各业的发展规律后，创造性地开发多元化路径，以提高产业路径设计的专业性、有效性、经济性、实用性。

3. 聚行动维度

1）增强交流合作，构筑沟通桥梁

对于拥有科技信息资源的相关主体，进一步提升各主体间的沟通，合理配置各主体的资源，针对科技信息发布主体与发布主体、发布主体与接收主体、接收主体与接收主体建立跨系统跨单位的科技信息资源协同配置合作。建立多渠道的沟通机制和上下一致、统筹协调的分配机制，以此来提升资源各配置主体的沟通效率，保障各类信息的高效流通。

2）强化科研条件要素产权的有效配置

科研条件要素的经济价值强调根据“私人品”的竞争性和排他性等性质来配置资源，而它的社会价值又强调根据“公共品”的共享性和非排他性等性质来配置。产权与社会权利的冲突极大地影响了科研条件的利用效率，这是导致我国目前共享科研条件要素程度不足的根本原因。通常情况下，发挥科研条件要素对应的社会价值需要政府作为指引者，出台相关政策进行引导。为了使其经济价值最大化，需要市场机制来优化资源配置。要发挥市场机制的调节作用，必须建立在明确科研产权条件的基础上。同时建立在健全的产权制度上，才能使得资源参与主体积极配合市场行为。

3）构建社会化、网络化的科技中介服务体系

科技中介服务组织在科研条件要素配置过程中表现得最活跃、最具创造性，这往往是提高资源要素配置效率和成功率的关键节点。在技术转移与孵化中心、高科技技术创业研究要素平台、技术创新联盟等平台中，中介组织作为重要的功能载体和加速器，有利于科研条件配置要素成果市场化。它在推动研发、技术转

让和保护中起到重要作用，协调技术创新的各种因素，优化科研条件，创造市场机会，协调和规范市场行为，充分发挥各方的努力，建立一个社会化和网络化合作科技中介服务体系。

4. 聚政策维度

1）建立以共享为核心的政策法规体系

科研条件因素是否能够有成效地进行市场配置，往往取决于是否能够建立有效的共享制度和机制。针对目前我国科研条件建设与共享中存在的种种问题，政府部门应该进一步加强科研条件与要素共享的制度建设，树立和完善相应的法律法规，使得共享服务可以在健全的法律法规基础上实现目标。另外还需要根据每种类型的科研对应的条件，打造更加多元化的共享模式。

2）加强顶层设计，促进信息流通

结合中国特色具体国情，在科技资源市场化进程中，应基于国家创新驱动发展战略高度层面，统筹国家和各级政府、高校及科研院所、企业等信息资源相关者，制定相关科技创新要素的政策。同时加强政府相关部门间的协同联动，构建由科研数据、学术期刊、专利技术、学术专著等组成的学术交流及知识产权体系，保障科技信息资源的实时有效流通。

5. 聚资源维度

1）积极构建资源平台，加强交流合作

各科技资源发布主体应积极构建数据信息等资源共享平台，通过完善的科技信息资源共享体系，促进企业和高校的交流合作。通过高效的科技信息资源互换交流机制，从机制、模式、经济管理等多维度，促进科技信息资源体系的集成化。从顶层设计入手，促进国家及各级政府、高校科研院所和企业间的技术信息资源流通与共享，最终实现协同化创新。

2）提升信息质量，优化供给结构

为尽量规避科技数据及信息资源的重复低价值流通及利用，应尽可能优化信息资源的供给结构、降低信息资源传播的成本，以提高资源流通效率和数据信息准确度和资源利用效率。信息资源发布者应该严格把关，从源头和流通阶段层层筛查，提高信息资源的质量和规范化程度。

3）强化信息监测，促进质量提升

科技信息资源参与主体中的接收者，主要包括社会中的各大高等院校及高科技企业等，这些参与主体在使用科技信息资源的过程中，必须结合信息效益最大化的目标，加强科技信息资源的评估职能，充分结合自身创新的实际需求和未来发展方向，评价科技信息资源质量，进行收益预估和风险评估，在规避风险的同时促进科技信息资源发布者提供更多更高质量的科技信息资源。

3.3　基于 SCP 理论框架的聚力创新驱动高质量发展的案例分析

本节将选取华为、中国高铁和深圳南山区三个聚力创新驱动高质量发展的典型案例，考察基于 SCP 理论框架的聚力创新驱动理论模型对现实问题的解释力。

3.3.1　基于 SCP 理论框架的华为创新优势分析

华为是我国高新技术企业的典型代表，在 20 世纪 80 年代末期正式成立。截至目前的数据显示，华为的通信技术是全球领先的。公司在成立之初的主要业务是交换机售卖，后期经过发展成为世界级的通信技术领军企业，而这依靠的是华为的持续坚持自主创新，因此华为的成功经验对促进我国经济高质量发展有一定的理论和实践价值。

1. 结构方面

在创新网络结构方面，华为与全球各类产业组织相融合。基于创新技术不断促进产业发展与国际合作，同时华为根据客户的商业场景，运用数字化转型架构、转型路径及方法、新商业模式及案例、开源等多种手段，来支持 5G 技术、人工智能、工业互联网、智能计算等项目的合作落地，并且推动多行业组织间的产业合作和开放创新。同时，华为搭建产业组织、智库、学术界、企业等的领域高端对话平台，共同探讨普惠人工智能（artificial intelligence，AI），以技术的确定性应对未来的不确定性；共同分析各行业数字化转型的趋势、关键议题、重点协作方向等，形成产业共识。华为携手产业合作伙伴，共同为各国信息与通信技术（information and communications technology，ICT）及行业数字化转型的产业政策献计献策，助力当地政府为经济包容性增长与发展提供合理、必要的产业政策供给。华为携手全球合作伙伴，共同为最终客户提供数字化转型服务。

华为聚焦政府、金融、能源、交通四大重点行业的场景，制订问题解决方案。2020 年全球新增 5000 多个注册合作伙伴，累计已与 1600 多个伙伴联合发布超过 2000 个解决方案，并不断加大对可复制性联合方案的激励。同时与全球顶尖行业数字化转型伙伴密切合作，发挥各自优势共同开发创新解决方案，通过全球 40 多个 OpenLab 开放 ICT 能力实现 5G、无线工厂、工业互联网、边缘计算和大数据分析等应用实践，助力各行业实现数字化和多元化发展。

著名学者贝恩曾提出关于进入壁垒的理论，他认为相较于潜在进入者，进入壁垒是市场中现有企业所享有的优势。这些优势是通过现有企业可以持久地维持高于竞争水平的价格而没有导致新企业的进入反映出来的。政策制度，如专利制度、差别性的税收制度等构成了阻碍新企业进入的壁垒。华为公司在面临市场生态空间不足的问题时，仍然选择坚持研发自有操作系统。任正非曾说："对于国外的好东西，如高端芯片和操作系统等，咱们要尽量利用，但要有战略备份。"国家知识产权局发布了关于企业发明专利的排名，在2018上半年我国的企业申请发明专利中，华为的发明专利数量为1175件，位居榜首；中兴的发明专利数量为1028件；联想公司的发明专利数量为697件。除此之外，华为专注于全球专利技术的积累，在美国和欧洲专利局专利授权量都位居前列，正是通过提升其他厂商的专利费用，华为才成功地阻挡了潜在进入者。

2. 市场行为方面

1）科研投入行为

在科研投入上，华为2020年研发投入高达1418亿元，在全球企业研发投入中排第三名，这是华为能够在全球强势崛起的真正原因，也是美国举一国之力打压华为的根源。在前所未有的外部挑战下，华为2020年仍然投入巨资进行研发，在营收不到9000亿元的情况下，研发投入达到1418亿元，营收占比达到了15.8%。这种高强度的研发投入，中国没有另一家公司能达到。根据2020年中国企业500强的统计数据，华为是中国唯一研发超过千亿元的公司，排名第二的是阿里巴巴，研发投入430.8亿元；第三是中石油，研发投入286.91亿元；第四是中航科工，研发投入273.05亿元；第五是中国移动，研发投入234.81亿元。

2）人才培养行为

在对华为企业创新发展进行分析时，可以发现华为的员工持股是其典型特征之一，华为采取的是全员持股措施，这与一般的员工持股存在着较大差别。华为员工持股的措施使得企业人才吸引机制得到了充分发挥，形成了对创新劳动的强大吸引力。为保证人才吸引机制的功能能够高效地运行，华为的人力资源部门不仅加强在世界范围内引进优秀人才，而且在实际吸引人才的过程中形成了相对成熟的体系。华为公司在股份分配方面采取的是全员持股模式，这在一定程度上促进了员工创新能力的提升，以此来推动企业创新。根据华为的经验，华为的创新积累机制是让员工通过员工持股的方式持续分享公司的剩余索取。在留下关键人才并且形成持续激励的基础之上，通过实施轮换制度、提供海外发展机会、员工培训、华为大学系统等，解决企业创新的内生动力不足等问题，确保公司长期不间断地创新和可持续发展。

3）知识产权保护行为

华为坚信，保护知识产权是创新的必经途径，确保员工通过制度和流程尊重他人的知识产权。按照国际通则，企业可通过交叉许可或付费许可来实现专利许可的合法共享使用，在成长的同时不断发展并促进整个行业的繁荣与合作共赢。华为通过自己的实践，积极推动世界知识产权法和产业政策的持续完善。华为在保护知识产权方面采取了如下措施：第一，华为以组织、制度和流程等来保证知识产权管理的合法合规。同时在知识产权保护与商业秘密的保护行为上建立了更加严格的标准来管理员工，并建立了体系化的管理制度，其法务部与各个领域的业务及功能部门分工合作，在各项业务流程和项目中确保涉及知识产权的研发活动在合法合规的前提下开展。第二，华为严格遵守行业规则，通过许可或交叉许可来共享使用知识产权。华为积极参与欧洲电信标准化协会（European Telecommunications Standards Institute，ETSI）、国际电信联盟（International Telecommunication Union，ITU）、电气与电子工程师协会（Institute of Electrical and Electronics Engineers，IEEE）等产业标准组织的知识产权政策的讨论和修订，在通过许可或交叉许可合法使用他人技术的同时，也主动分享自己的知识产权给其他产业同伴使用。另外，华为公司加入了专利联盟等组织，使其知识产权能够实现领域内的交流合作。在 2013 年，华为与其他友商共同以 5.25 亿美元成功竞购了柯达数字成像技术专利包，减少了行业中潜在的专利诉讼争议。第三，华为以自身实践，促进知识产权法规和产业政策的不断改进与完善。华为以全球化的知识产权视野和成功法律实践，积极参与中国知识产权保护的立法，将国际司法实践引入中国司法程序，促进中国知识产权保护水平与国际接轨。在中国《专利法》《商标法》等知识产权保护相关法律法规及司法解释的立法、修法活动中积极提交产业建议和意见，倡导加大知识产权保护力度，努力促进中国创新和知识产权保护环境的持续优化。此外，华为积极与中国国家知识产权局、欧洲专利局、美国专利商标局、日本专利局及世界知识产权组织（World Intellectual Property Organization，WIPO）开展合作与交流，积极为知识产权申请和保护实践提供产业输入和建议。

4）自主创新行为

企业自主创新是经济高质量发展的主要驱动力，也是推动产业转型升级的主要路径。企业可以利用知识创新和技术研发成功获取转型升级的动力，基于产业集群生态系统推动核心技术应用和产业化。但是，不同的企业的不同发展阶段有着不同的瓶颈，这些也会成为制约我国高质量发展的重要因素。

华为诞生于 1987 年，1989 年开始自主研发用户交换机（private branch exchange，PBX），1990 年攻克 PBX 技术，1996 年综合业务接入网和光网络的同步数字体系（synchronous digital hierarchy，SDH）配置出炉，华为公司与沃达丰公司在 2018 年全面达成合作，实现了 5G 测试目标。华为是我国规模较大的信息技术产业企业，拥有着强大的自主创新能力。华为公司对关键领域的研发投入力度非常大，其研发投入占比一直较高。相关数据显示，华为公司的研发投入在全球企业中排名靠前，尤其在5G技术等的投入上，处于世界领先地位。另外，华为公司还专门设立了相应的研发基金等，实现了与国际各大研发组织的密切交流，促进了创新能力。华为公司还继续坚持全球发展格局，采取本地化的运营模式，在全球各地区设立了多个研发基地，汲取了当地的高端人才和优势资源，持续秉承创新共同体的理念，为华为的创新发展提供了人才保障。

3. 市场绩效方面

华为通过加大研发投入、重视人才引进、知识产权保护及自主创新等行为形成了一系列的技术优势和质量优势，有效地提高了产品使用价值，不断满足客户需求，从而取得经济效益，带动了公司的可持续发展。华为在研发投入上的表现主要体现在研发人员的配置和研发费用上。从表3-1中可明显看出，2009~2017年这9年间，从事研究开发的人员占员工总数的比例最低为2011年的44%，并且每年的占比都高于40%，在2017年，从事研发工作的员工数量占员工总人数的比例为45%。除此之外，华为利用职工全员持股制度来引进和留住大量的技术创新人才。从表3-1中也可看出华为自2011年之后每年都要将销售收入的10%以上用来进行研发，2011~2017年，研发费用占销售收入的比重都超过了10%，2015年达到最高，为15.09%，9年间的研发费用累计投入超过3 800亿元，其中，2017年的研发投入为896.9亿元，在2017年的销售收入中占比超过了14%，远高于中国其他制造企业的研发投入水准。与此同时，高额的研发投入也为华为带来了高经济绩效，9年来，华为的销售收入呈现明显的逐年递增的趋势，平均增长率超过19%，累计实现销售收入28 031.6亿元；并且这几年间，华为每年都处于盈利状态，平均营业利润率超过11%，累计实现营业利润3 057.07亿元。

表3-1 华为2009~2017年的研发投入和经营绩效情况

项目	2009年	2010年	2011年	2012年	2013年	2014年	2015年	2016年	2017年
销售收入/亿元	1490.59	1825.48	2039.29	2201.98	2390.25	2881.97	3950.09	5215.74	6036.21
销售收入增长率	19.04%	22.47%	11.71%	7.98%	8.55%	20.57%	37.06%	32.04%	15.73%
研发人员占比	46.00%	46.00%	44.00%	45.00%	45.00%	45.00%	45.00%	45.00%	45.00%
研发费用/亿元	133.40	176.53	236.96	297.47	306.72	408.45	596.07	763.91	896.90

续表

项目	2009 年	2010 年	2011 年	2012 年	2013 年	2014 年	2015 年	2016 年	2017 年
研发费用增长率	27.91%	32.33%	34.23%	25.54%	3.11%	33.17%	45.93%	28.16%	17.41%
研发费用占销售收入比重	8.95%	9.67%	11.62%	13.51%	12.83%	14.17%	15.09%	14.65%	14.86%
营业利润/亿元	227.73	306.76	185.82	206.58	291.28	342.05	457.86	475.15	563.84
营业利润率	15.28%	16.80%	9.11%	9.38%	12.19%	11.87%	11.59%	9.11%	9.34%

根据华为公司 2019 年报中的数据，华为超过 40%的销售收入来自国外市场，并且在国内和国际市场上的销售收入与 2018 年相比产生了较大的增长。由于华为自始至终采取的是自主创新战略，立足于市场需求，不断推出科技含量高、具有成本优势的产品和解决方案，因而取得了良好的经营绩效。

在专利申请上，华为每年将大量的人力资源和成百上千亿（元）的资金都投入研发过程中，华为公司所产生的研发成果若是不进行专利申请的话，其成果极有可能被其他公司或企业利用甚至申请专利，这样一来华为公司的研发成果不仅得不到法律上的保护，还有可能面临被其他企业侵权的危险，这对华为公司来说是巨大的损失。由此可以看出，华为需要在专利申请方面进一步加大重视力度。如图 3-5 所示，2014 年到 2018 年期间，华为的累计专利授权数量逐年增加，专利授权数已经达到世界一流企业的水准，并且其中 90%以上的专利均为发明专利。世界知识产权组织公布的数据显示，华为在 2018 年的国际专利申请数量达到 5405 项，同比增长幅度较大，增长幅度为 34%。

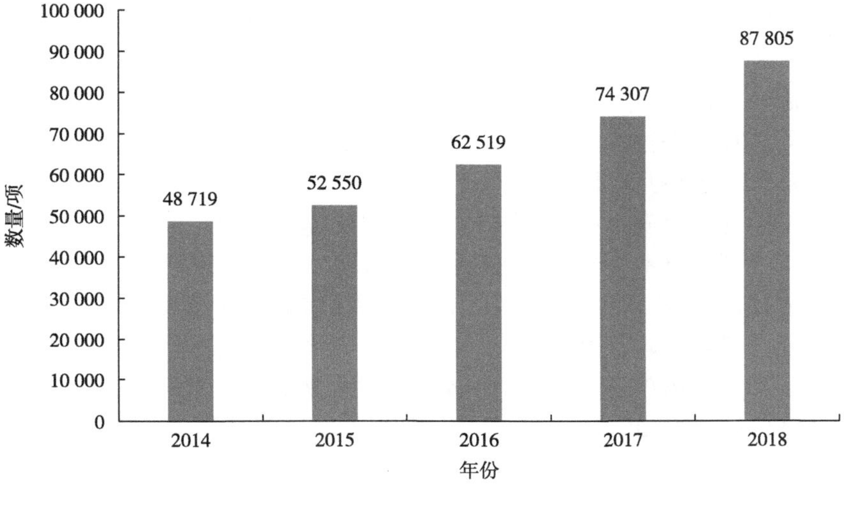

图 3-5 华为公司 2014~2018 年累计专利授权数量

随着华为对技术专利的持续关注，华为不再只关注授权专利的数量，而是更加关注授权专利的有效性。根据华为公布的 2019 年报信息可以看出，华为截至 2019 年底，全球的专利授权规模达到 8.5 万件，其中国外有效的专利授权数量超过 5 万件，在欧洲和美国的有效专利数量超过 4 万件。通过专利申请这样的行为，华为的研发成果才能在世界范围内得到法律法规的有效保护，也提高了华为公司的创新绩效和市场竞争力。

3.3.2 基于 SCP 理论框架的中国高铁创新优势分析

1. 结构方面

在创新网络结构上，中国高铁结合工程建设单位、高校和科研院所，共同合作，协同创新，不断促进产业的自主创新，基于政策引导，不断对社会资源进行融合，建立了以企业为主体、市场为导向、产学研相结合的轨道交通国家技术创新体系。轨道交通国家技术创新体系以政府创新政策为指导，以企业的发展为主体，构建产学研相结合的创新网络，成立了分工明确的研究机构，提出了“高速列车耦合大系统动力学”相关理论，并对其进行了实践检验，在一定程度上提升了我国的高铁研发创新能力。创新网络包含唐山、长春、四方大型主机厂、30 个配套厂、500 个企业组成的产业链等，以及原铁道部、教育部、各省市重点实验室和科研院所等 120 多个研究单位，使得科研成果转化周期大幅降低。在工程建设单位、高校和科研院所的联合创新下，中国高铁结合国内外市场需求，在线路建设、动车组系统集成、高速转向架、牵引传动控制技术、高速制动技术、车体研发、列车网络控制技术等方面取得了巨大的科技创新成就，构建了我国的高铁研发机制，真正打造出了“正向设计”且自主生产的创新模式。

中国高铁的创新之路聚焦全国科技力量，坚持开放协同研发模式，推动高铁技术再创新。在高铁技术的引进阶段内，整个轨道产业形成了中外共同生产研发的机制，为我国自主研发提供了一系列基础条件和组织保障。在技术成功引进后，国家相关部门开始全面推动科技资源协同工作，进而建立了我国产学研自主创新体系。我国的高铁技术在全球具备很强大的影响力，不论从技术还是品牌层面都具备强大的输出能力。目前，中国已成为世界上高铁发展速度最快、系统技术最全、集成能力最强、运营里程最长、在建规模最大的国家，已建成世界上高铁运营里程规模最大、运营速度最高、年发送旅客最多、舒适度最好、具有完全知识产权的高铁网络。中国铁路 2020 年统计公报显示，截至 2020 年底，中国高铁运营里程达到 3.79 万公里，比“十二五”末的 1.98 万公里翻了近一番，比 2016 年提出的目标超出近 8000 公里，在线高速动车组 3918 标准组，高铁运营里程及高速动车组保有量均占世界 2/3 以上，稳居世界第一。

在进入壁垒上，中国高铁坚持自主创新之路，强化自主知识产权。中国高铁的创新之路以引进、消化、吸收、再创新为起点，在扩大技术规模后增加科研投入，自主提升技术，在前期引进、消化、吸收、再创新的基础上进行再次创新。在不断地自主提升后，中国高铁进入了集成创新阶段，形成自主知识产权，打破了国外高铁企业的技术壁垒。曾经，中国高铁受到国外的广泛质疑，被认为是模仿和抄袭之作，没有自己的知识产权。在进入美国市场之前，中国高铁自请美国专门的律师对中国高铁独立的知识产权进行审核，结论为不存在任何知识产权问题，打破了国外的众多质疑，为开拓国外市场打下了基础。如今，中国高铁已出口到近百个国家，出口市场从欠发达的中东、非洲、中亚等地区，逐渐进入新加坡、阿根廷等较为发达的国家和地区。国家强大的科技支持与产学研结合的科研形式大大推动了中国高铁的技术创新，高端的技术与自主知识产权使中国高铁成功地阻碍了其他潜在进入者的脚步。

2. 市场行为方面

1）科研投入行为

首先，在研发团队方面，通过主机厂作为牵头人，整合我国一流高校和科研院所，打造出了国家级产学研体系，凝聚了国内顶级科研技术人才。其次，国家对于有形技术体系的建立也非常支持，国家相关部门在建立国家级产学研体系的过程中，投入了各方优势资源，建立了多个高端实验基地，包括牵引动力国家重点实验在内的国家级实验室和工程研究中心就达到了 51 家，为高铁技术研发提供了支持。最后，国家对于无形技术体系同样给予了较大的支持力度，整合了国内各级资源，建立了国内最大的信息、资源共享平台，基于国内各大高校，设计了技术信息大数据中心，以此来助力高铁技术可持续创新。

2）自主创新行为

国家的科技发展一直以来都是关注的重点，各级政府部门制定了大量的优惠政策，为我国的高铁技术发展提供了保障。由国务院牵头，针对我国的科技发展做出了中长期战略布局，并且对外公示了《国家中长期科学和技术发展规划纲要》，其中对我国的科技发展方向及重点项目做了指示。尤其在高端装备制造方面，政府部门制定了众多支持性政策，对我国的高铁技术创新给予了便捷性。2013 年铁道部再次修订《铁路主要技术政策》，进一步强调全面创新期高速列车技术创新的标准化、系列化、模块化和简统化。在政府干预经济的制度环境和自主创新的经济理念的共同建构下形成了中国高铁此阶段全面自主创新的产业政策范式。由于国家政策层面的支持，高铁技术创新水平持续提升，目前已经全面达到了标准化、系统化等，真正实现了自主创新。

3）知识产权保护行为

以中国中车青岛四方机车车辆股份有限公司（简称中车四方）为例，中车四方技术中心相关负责人表示，目前公司在知识产权方面相对比较完善，下属各部门对知识产权的重视程度越来越高。公司长期以来坚持防范产品出口风险，放眼全球市场，建立世界级专利体系，同时进一步升级组织架构，紧扣知识产权风险防范措施，坚持以创新为目标，制定了一系列规范化的机制，打造了全新的产学研综合模式。相关数据显示，我国的中车四方在 2017 年中期，国际性专利规模达到了 3.2 万件，其中包含 1.4 万件发明专利。另外还拥有授权专利 2.2 万件，目前有效专利 1.7 万件。中车四方打造的高端产品已经在世界其他国家使用。

4）市场开拓行为

目前，我国的高铁是一张靓丽的名片，代表着中国高端装备制造，同时为政治外交提供了有利的条件。中国早在 2009 年就正式提出了高铁“走出去”的经营战略，凭借技术先进、安全可靠、成本低廉，以及政府的大力支持，中国高铁得以在短时间内迅速地走出国门。自 2013 年开始，李克强总理便开始了自己的“高铁外交”，仅一年多的时间，总理就已分别向泰国、俄罗斯、印度尼西亚、印度、澳大利亚、英国、美国及中东欧、非洲等地推介过中国高铁，成效立竿见影，仅 2014 年上半年就斩获 1000 亿元订单。当下，中国先后在东南亚、西亚、中东欧、非洲和拉丁美洲市场进行全球市场布局，向全世界展示中国高端装备制造业的发展水平。

3. 市场绩效方面

高铁领域实际涉及的关键技术较多，主要包含铁路建造、火车制造、信息采集、调度控制等，以车体技术与制动装置为切入点，确定相关国际专利分类（international patent classification，IPC），分析专利布局现状。根据相关资料得出中国、英国、法国、日本、德国、美国六国相关专利排名前十的 IPC 小类基本相同，都涉及 B61D、B61F 及 B61L[①]。以“IPC：（B61D）”为例，将世界前列的高铁企业专利数量进行搜集、归纳，结果如表 3-2 所示。从表 3-2 中可清楚得知，中国中车四方在专利的数量上遥遥领先于其他高铁企业。

表 3-2　世界排名前列的高铁企业专利数量

高铁企业	国家	所处国家或地区专利数/条	世界范围内专利数/条
中车四方	中国	中国（CN）：4413	4746
西门子	德国	欧洲（EP）：723	3149

① B61D 指铁路车辆的种类或车体部件；B61F 指铁路车辆的悬架，如底架、转向架，或轮轴装置；B61L 指铁路交通管理。

续表

高铁企业	国家	所处国家或地区专利数/条	世界范围内专利数/条
阿尔斯通	法国	欧洲（EP）：339	1680
庞巴迪	加拿大	加拿大（CA）：7	231

以中车四方为例，中车四方的业务范围较为广泛，涉及机车车辆、工程机械、电子设备及零部件的研发、制造、销售和租赁等多个方面。中车四方在制造方面，具备了优势资源，包括生产基地及技术等，可以完全实现自主研发、制造，形成了强大的自主体系。

在创新上，中车四方积极主动地投入研发活动中，取得了卓越的创新绩效。如表 3-3 所示，在 2012 年到 2016 年的 5 年间，中车四方累计获得专利授权共 5440 件，其中发明专利授权 867 件，而在 2017 年，中车四方的专利获奖数量持续增加，国内的奖项中包括发明专利金奖 2 项、外观设计专利金奖 1 项等。《财富》杂志的世界 500 强企业排名信息显示，中车四方排在第 318 位，具备强大的品牌影响力。

表 3-3　中车四方 2012~2016 年专利情况　单位：件

年份	专利申请	发明申请	实用新型申请	外观设计申请	专利授权	发明授权	实用新型授权	外观设计授权
2012	1964	678	1217	69	1406	181	1148	77
2013	2111	874	1174	63	1550	180	1308	62
2014	2553	1219	1187	147	1710	271	1365	74
2015	846	515	315	16	573	188	292	93
2016	566	367	172	27	201	47	130	24

3.3.3　基于 SCP 理论框架的深圳南山区创新优势分析

2021 年，中国政府网发布了《国务院办公厅关于对 2020 年落实有关重大政策措施真抓实干成效明显地方予以督查激励的通报》，该文件提到广东省深圳市南山区在推动“双创”政策落地、促进创业带动就业、加强融通创新、扶持“双创”支撑平台、构建“双创”发展生态、打造“双创”升级版等方面大胆探索、勇于尝试、成效明显。

我国在全面落实“双创”政策的过程中，带动了整体创业氛围，并建立创新创业服务平台，以深圳南山区作为榜样，不断摸索前进，并取得了优秀的成绩。自 2016 年被确定为全国首批“双创”示范基地以来，南山区曾在 2018 年获得国务院办公厅通报表扬，建设成效显著。2020 年，南山区实现本地生产总值 6502 亿元，基地累计商事主体总量达 53 万户，上市企业数量达到 181 家，新增国高企业达 1463 家（总量超过 4100 家），“双创”活力稳步增强，成功构建了集政府引导、市场主导、模式创新于一体的全链条金融生态圈，实现了对创新与科技投入的有效整合与科学配置。

1. 结构方面

在政府政策资源的推动下，南山区的创新环境结构不断改善。深圳市南山区政府针对科技创新制定了多项资本支持政策，优化了创新企业的资金环境。在人才层面，南山区在 2016 年出台实施人才发展“领航计划”的基础上，继续推出“领航计划 2.0”，以更加积极、更加开放的态度拥抱人才、服务人才、留住人才。在科研要素平台层面，政府持续完善科研要素平台，进一步印发了《深圳市发展和改革委员会重大科研平台自主攻关领域专项资金扶持政策》等。南山区从完善双创空间评价体系、举办创新创业活动和优化科技金融服务等多个方面优化创新创业环境。

南山区从支撑创新网络结构方面，优化科技金融服务工作。通过对中小科技企业的融资环境、融资诉求、主要融资阶段和形式的摸底，引导合作金融机构大力服务南山区中小微科技企业。截至 2020 年，南山科技金融在线平台累计审核了 1061 家企业的评级资料，为 912 家企业出具放款确认书 1494 份，累计贷款金额 64.26 亿元；累计受理了 716 家企业的 988 笔贷款贴息申请，补贴金额共计超过 1.6 亿元。

南山区在企业集群培育行动中，充分发挥了创新企业的集聚效应。经过多年的发展，南山区规模不断壮大，先后培育了华为、腾讯、大疆、中兴等知名科技创新企业，共有 4000 多家国家级高新技术企业诞生于此。目前，南山已形成了以中兴、腾讯等重点骨干企业为核心的新一代信息技术、数字经济产业集群，以迈瑞医疗、大族激光、中集海工等行业领军企业为主力的高端装备产业集群，以大疆、优必选、奥比中光等高成长企业为支撑的新兴产业集群，在新一轮技术革命中开创新局。

在人才结构上，南山区始终坚持人才优先发展战略，做好科技人才服务工作。截至 2020 年，南山区“领航人才”达 2641 人，新认定“领航团队”6 个，有 12 000 多名博士，全区共有 9 个诺贝尔奖获得者实验室，全职院士达 37 名，新增市级高层人才和入选“孔雀计划”的人才数超 2000 人，占比接近深圳市的 50%，全年引进人才 3.5 万余人，留学生 2359 人。

2. 市场行为方面

1）知识产权保护行为

深圳市南山区开展了一系列知识产权保护工作。一是实现知识产权全过程保护。依托联席会议制度，联合公检法等部门，建立联动保护机制。线下建立知识产权服务编队，引导企业通过南山知识产权综合服务平台开展知识产权保护业务。线上依托南山知识产权综合服务平台建立知识产权网上办事大厅，实现知识产权“创造、运用、保护、管理、服务”业务一网通办，建立南山知识产权大数据库。二是推动知识产权创造量质同升。2020 年，南山区获批国家知识产权信用体系全国唯一区县级重点推进地区，获批广东省首个省市区三级共建商业秘密保护基地，发布中国（南山）海外知识产权协同服务平台。南山区科技创新局以三大平台为抓手，实现知识产权领先领跑。2020 年全年，国内专利授权量 46 269 件，同比增长 26.4%，占全市的 20.8%；发明专利授权量 12 901 件，同比增长 18.1%，占全市的 41.4%；国际专利申请量 8 217 件，同比增长 12.5%，占全市的 40.7%。

2）协同创新行为

南山区重视产学研协同创新，先后创建了包括深圳市信息安全产学研联盟、深圳市先进装备制造技术产学研联盟及深圳市研发服务产学研联盟在内的多家产学研联盟。为了解决高校和科研院所成果转化效率低下等问题，南山区充分发挥产学研协同创新优势，鼓励创新主体多方联动，其中包括大力支持中国科学院深圳先进技术研究院与各领域优秀企业开展合作，不断完善支撑服务体系，助力成果转化；大力赞同清华大学深圳研究生院以实验室为龙头带动学科组建，推进国际高端人才引进与培育；大力推进清华–伯克利深圳学院建设，打造“产学研”一体化的生态系统。

南山区在深圳建市四十年之际，抓住粤港澳大湾区建设的重大机遇，重点推进西丽湖国际科教城、深圳湾中央商务区（central business district，CBD）和西丽高铁城三大战略工程。在西丽湖国际科教城战略工程建设中，南山区不断推进产学研深度协同创新，促进高校、政府和企业三者深度合作，和清华大学合作，共建国际技术转移中心、海外创新中心，促进成果转化，打造企业孵化的一体化战略平台。截至 2019 年底，南山区共拥有工程实验室、企业技术中心等各类创新载体 1207 家，其中国家级 70 家、省部级 279 家、市级 858 家。

3）自主创新行为

南山区始终重视自主创新的主导战略地位，将自主创新作为经济社会发展的助推器，打造“自主创新—协同创新—开放创新”的创新形态链。深圳市南山区在创新层面始终坚持以企业为主导的技术创新思路，优化科技成果转化机制，鼓励高校、科研院所、企业之间开展原始创新，弥补产业发展短板，鼓励发展自主知识产权。在壮大创新型科技企业方面，南山区提出大孵化器战略。截至 2020 年 11 月，南山区共有孵化器和众创空间备案 286 家，孵化面积达 163 万平方米，在孵创业团队和初创企业达 9752 个，累计毕业团队和企业达 10 432 个。在推进科技成果产业化方面，南山区政府探索以企业为主体，政府、高校、科研机构协同推进的科技成果转化机制。

3. 市场绩效方面

深圳市经历了改革开放的全部过程，南山区在此期间通过不断摸索，结合自身区位优势，精准定位发展方向，由过去的轻污染工业区逐渐发展成为如今的深圳高新技术产业区，通过长期的摸索及坚持不懈的创新，实现了高质量、高水平发展。相关数据显示，20 世纪 90 年代初期，南山区的 GDP 只有 78 亿元。经过多年发展，南山区 2018 年的 GDP 达到了 5018 亿元，整体增长水平较高，目前区域的人均 GDP 达到 5 万美元；其中国际专利申请规模也在持续增长，截至 2018 年底整体规模达到了 7000 件，全社会研发投入占 GDP 比重达 4.71%；现有海内外上市企业 164 家、国家级高新技术企业 4000 多家，南山区也被新华社等中央媒体誉为“中国最具硅谷气质城区”。

第4章　聚合创新资源支撑高质量发展的方法和路径研究

4.1　我国聚合创新资源支撑高质量发展的现状

4.1.1　存在问题

近年来，全球经济发展的不确定性增加，新冠疫情蔓延，一些发达国家贸易保护主义倾向越发显现，严重冲击了全球产业链分工协作网络，大量产业面临供应链断供和产品滞销双重风险。我国制造业的产业优势与一些国家相比，已出现弱化苗头。虽然近些年来制造业一直是经济体系的第一支撑力，不过依然需要客观地认识到，包括纺织、机床在内的各种传统制造业的发展已经进入瓶颈阶段，如果不能在技术上有所突破，传统产业将会难以应对市场未来提出的要求。从新兴产业的角度说，当前许多高新技术产业虽然在短时间内取得了瞩目的发展成果，但是许多企业依然缺乏自主创新能力，在生产环节仍然需要依赖外国引入的零件和技术等，导致产业的独立性较低。另外包括腾讯在内的行业领军企业没能及时对区块链等先进技术进行跟进，无法抢占市场的先机，导致我国企业在国际市场之中不能实现可持续发展。

4.1.2　目标任务

我国创新资源集聚，必须精准定位发力点，依托价值转化全生命周期，严格把控各阶段，提高创新资源集聚效率。

1. 加大高质量创新成果研发效率

立足当下市场行情及需求，创造性地开展一系列的科研工作。从源头上提高创新资源集聚效率，更好地适应现实社会的淘汰和选择问题。所以，必要的研发投资、完善的人员奖励评价体系、规范化的专利技术保护法规，都是带动新时代科技成果转化的钥匙。

2. 加强企业创新主体的研发效用

发挥各区域企业的创新主体作用，提倡高校科研人员与企业职员全面近距离沟通交流，有助于高校了解企业真实的技术诉求与方向，同时大大提升科技成果价值转化中不断修正反馈的效率，缩短转化周期。

3. 识别科技成果未来价值的发展方向

现阶段科技成果的落地转化，需要高校专家依托当下高科技市场具体的行情动向，精准定位识别未来一段时间的科技市场价值及产业化前景。相关科技成果转化顶层政策文件主要以宏观大方向为导向，在具体落实细节上缺乏实际可操作性，影响科技成果转化的效率。高校科研工作者应结合理论与实践，从科技未来价值出发，不断修整科研目标与方向。

4. 加强产学研合作动力

加强科研产业链上下游的统筹合作，展开全方位的产学研合作，实现“1+1>2”的协同效应。加强专业的技术转化应用服务机构建设，积极引导规范相关科技转化工作，根据不同高校的专业特点，结合我国当下科研市场行情动向，引导高校实时跟进科技成果落地建设，形成上下游完整的产业链，提高科研的价值转化能力，为科研方向提供一定实际意义的参考。

4.2 聚合创新资源支撑高质量发展的方法

4.2.1 人才资源引领创新高质量发展的方法

人才资源引领我国创新高质量发展的本质含义为高质量人才资源有效供给和我国创新发展系统的协同发展。根据协同学理论，本书将人才资源引领我国创新高质量发展系统分为高质量人才供给子系统和我国创新发展子系统，并从宏观总体层面及系统内各要素间相互作用规则的微观层面开展分析，构建模型。理想的人才资源引领我国创新高质量发展系统应当是一个耦合的复合系统，如图 4-1 所示。

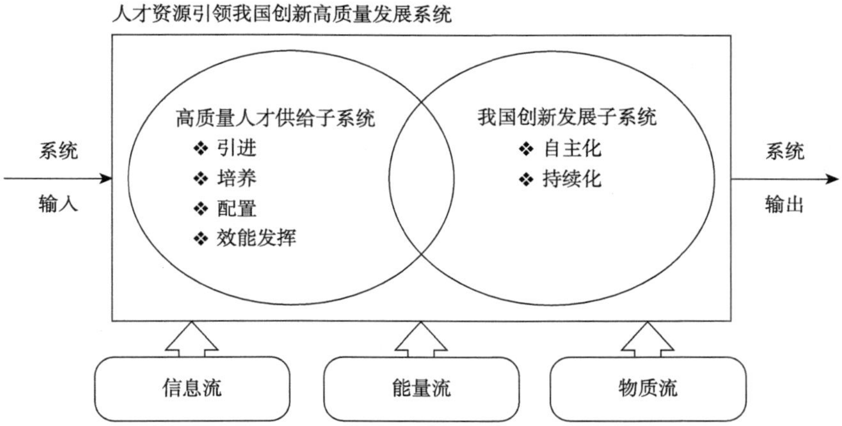

图 4-1　人才资源引领我国创新高质量发展系统概念模型

在人才资源引领我国创新高质量发展的复合系统结构中，分别包括高质量人才供给子系统的四个时序环节和我国创新发展子系统的两个导向维度。人才资源引领我国创新高质量发展最终会表现为高质量人才供给子系统四个时序环节与我国创新发展子系统两个导向维度的协同发展一致性。

高质量人才供给子系统的时序结构包括人才引进结构优化、人才培养结构优化、人才配置结构优化和人才效能发挥结构优化四个环节。其中，人才引进结构优化主要是指通过重新安排和调整结构性的投入，为培养满足未来区域创新发展所需的结构性人才奠定基础；人才培养结构优化主要是指通过重新安排和调整培养途径和手段，来培养满足未来区域创新发展所需的结构性人才；人才配置结构优化主要是指通过重新安排和调整生成的各类人才在创新组织间配置的结构，以便能够支撑区域创新的发展；人才效能发挥结构优化主要是指通过重新安排和调整区域人才效能发挥效果的类型和数量比例结构，从而显现出支撑区域创新发展的更大的人才结构效应。

我国创新发展子系统包括区域创新系统的自主化和持续化两大类。其中，我国创新系统自主化的具体任务包括创新规模由小变大、创新水平由低变高和创新联系由松变紧；我国创新系统持续化的具体任务包括创新组织间创新活动的持续性、创新增长速度分布的持续性和创新效率的持续性。

高质量人才供给子系统和我国创新发展子系统间的协同发展特点体现为复合系统的有序性、涨落及相变三个方面。复合系统的有序性是指，由于高质量人才供给子系统和我国创新发展子系统耦合的复合系统在与外界进行信息流、能量流及物质流的交换后，改变系统的无序状态，最终呈现出有序性的特点。复合系统的涨落是指，由于该系统在运转过程中其宏观量的瞬时值经常会偏离它的平均值而出现涨落。复合系统的相变是指，由于该复合系统在进入相变临界点前，高质量人才供给子系统和我国创新发展子系统之间的关联较弱，复合系统不能束缚两个子系统而产生的自发的无规则的独立运动，呈现无序状态；当控制参量不断变化达到阈值时，复合系统越过临界点，高质量人才供给子系统和我国创新发展子系统之间协同运动发挥主导作用。因此在持续协同运动中，复合系统发生相变，实现新的高度有序性，最终体现为我国自主创新水平不断提升，促进我国经济的可持续发展。

人才资源引领我国创新高质量发展系统耦合的必要条件为两个子系统功能目标的一致性。其中，高质量人才供给子系统的功能性目标为通过区域人才投入优化、培养优化、配置优化和效能发挥优化，更好适配区域产业结构的需求，最终实现支撑区域经济可持续发展的目标；我国创新发展子系统的功能性目标为，通过创新系统的自主化与持续化，最终实现支撑经济可持续发展。

4.2.2 资金投入支持创新高质量发展的方法

1. 了解资金投入的生态系统结构

2004 年周小川在《金融时报》中针对金融生态发展问题发表了相关文章，这是我国在理论领域首次将生态理念和金融行业相结合并且提出金融生态这一创新理念。时任中国人民银行行长的周小川，曾就金融生态这一概念接受采访，在采访中他对这一理念的内涵进行了界定，他提出金融生态是金融系统运行的外部环境，是金融系统运行的一些基础条件，而非金融机构的内部运作机制。徐诺金（2007）提出金融生态的概念是行业内不同金融机构为能够实现稳定持续发展而在彼此之间构成的一种动态平衡系统，在这一系统中，不同的主体各自承担相应的职能，同时主体之间也存在密切的合作关系，在合作与分工的过程中整个系统能够维持在稳定的状态。廖林等（2007）提出在对金融生态进行评判的过程中需要考量多个因素，比如说系统的开放水平、持续发展能力等。王秀芳（2006）提出，金融生态的基本组成部分包含三个层次，第一是立法，第二是征信，第三是金融行业发展状况。张韶辉（2007）提出，金融生态系统是一个高度复杂的系统，其受到政治环境、经济制度、法律法规健全度、文化传统等多种因素的共同影响。可以说一个区域的金融生态系统就是这一区域的社会和制度在金融行业内的微观特殊体现。

2. 熟悉投资网络架构

创业投资和普通股权投资相比存在一定的差异性，具体来说包括以下几点。

1）投资对象有所区别

创业投资的投资对象一般是那些刚刚成立的具有巨大发展潜力的中小型企业，并不投资于那些已经发展成熟或者已经成功上市的企业。与之相比，普通股权投资的对象大都是已经进入发展成熟阶段的大规模企业。

2）投资期限和风险不同

由于创业投资主要针对的是刚成立的初创型企业，其投资阶段相对要靠前一些，因而其投资期限较普通股权投资的要长一些，风险也更大。

3）参与程度有所区别

在创业投资模式下，投资者一方面需要为投资目标公司提供资金支持，另一方面也要充分调动自身所掌握的社会资本为企业的发展提供辅助。也就是说这一模式下的投资者对企业运营管理工作的参与度更高。但是在普通股权投资模式下，投资者唯一的工作就是提供资金，而企业其他的工作则不属于其职能范围。

4）退出渠道有所区别

在创业投资模式下，如果企业已经进入成熟阶段，那么投资者一般会采取上市、并购等多种渠道实现资本退出，对于成功项目来说，投资者的资本将会实现增值，此时这些资本在退出企业以后可以重新投到下一个投资项目中。但是在普通股权投资模式下，退出渠道以股权交易和转让为主，而且在大多数情况下投资者在退出企业以后不会在短时间内重新利用这些资金实施下一次投资活动。

4.2.3　科技成果赋能创新高质量发展的方法

科技成果要素要推进我国创新高质量发展，首先应具有创新动机，再通过技术的突破和技术扩散，在大环境的支持下，最终实现创新产品的提质增效。因此产业创新动机、产业创新活动、产业创新能力，成为科技成果要素推进我国创新高质量发展路径设计的总体思路，科技成果赋能创新高质量发展的方法设计遵循以下原则。

1. 遵循创新活动的机理和规律

在科技创新路径设计时，应遵循创新活动的机理和规律这一基本原则。创新发展本身具有固有的机理和范式，只有在此前提下深入研究创新路径，才能最终实现创新成果指数化增长

2. 遵循产业发展规律

遵循产业发展规律，关注不同产业多元化的发展特点，求同存异，尊重各自

差异化发展，设计更有针对性和专业性的产业创新路径，促进产业结构优化。

3. 实现经济性与实用性并存

创新活动的路径设计应兼具经济性、实用性、操作性等，以在合理范围内实现有限资源的最大产出。科技成果要素会直接影响到区域实现创新发展的渠道，中国不同地区在经济发展状况、优势产业等多个方面存在广泛的差异性，地区政府应当将优势性最显著、最具有地方特色的产业作为重点发展对象，并以此为基础进行集中创新和优化。具体而言，一是要以点促链。发挥“结构洞”企业的带动作用，深入实施科技企业“小升高”计划和中小企业创新工程。集中一批高质量的中小规模企业打造创业基地，培育出一系列拥有专业水平和创新能力的企业。二是以链结网。着力围绕产业链部署创新链，不断完善产业技术研发网络，加强一流产业科技创新载体建设，全面提升企业研发机构研发能力，逐步构建产学研协同创新网络，促进产学研深度合作和产业链上下游的资源整合。三是以网融网。首先对开放式产业进行创新，并以此为基础在世界范围内搭建研发创新网络，让产业创新活动能够实现全球化布局。对世界各国的创新资源进行采集和整合，积极与外国研发机构等建立合作关系，构建多元化的技术创新全球协作平台，激励企业提升自身的开放性，放眼全球，与外国企业和机构进行深度协作。不仅如此，为进一步促进企业在技术创新层面的国际化发展，还应当激励企业参与世界技术标准组织，加入世界级别的产业技术创新联盟中。在条件允许的情况下，我国一些新兴产业的领军企业也可以自发组建技术创新组织。

4.2.4 科研要素平台保障创新高质量发展的方法

优化科研条件要素配置需要全方位共同推动科研条件要素在价值范围、购买周期、产地、资金来源、仪器类型、区域集中、运营共享等各方面的优化配置。应当以层次化的方式对科研资源进行分配，不能只从单个或少数几个层面入手进行改良，应当建立大局观念并从整体的角度入手对所有的层面加以优化。首先，设立各类科研条件要素的中介服务平台，政府通过拨款等方式支持平台建设，并委托第三方监管，由此形成第一级的委托代理；其次，科研条件要素的需求者——高校、科研院所、企业等，通过与中介机构合作，形成第二级的委托代理，从而可以利用到平台的科研条件要素。通过二级委托代理，一是可以实现科研条件要素的共享；二是可以将资源集中到平台，避免资源过于分散和重复投资；三是通过资源集聚，方便高校、科研院所和企业方便地找到需要的条件资源；四是通过委托代理的模式，激励各级代理方提升效率，从而最大化地利用科研条件要素。可见，各个维度的结构之间有着较为复杂的内在关系和作用机理，需要进一步深入分析和研究，理清关系，从各个角度调整结构，通过整合促进区域整体科研能力的提高。资源整合是科学研究的基本条件，是一种资源配置形式。综上，提出促进科研条件要素市场配置的政策建议。

1. 构建以共享为导向的政策法规系统

科研条件因素是否能够有成效地进行市场配置，往往取决于是否能够建立有效的共享制度和机制。针对目前我国科研条件与共享中存在的种种问题，各政府部门应该进一步加强科研条件与共享的制度建设。应当对当前的法律法规加以完善，在立法中确定各种共享服务的法律属性及服务范围等，提升共享服务的规范性，让这一模式在实践领域中能够得到顺利的应用，在出现冲突时也能够依照法律法规对纠纷加以解决。另外还应当依据科研条件的实际情况建立具有指向性和适应性的共享方案，建设更为科学的管理制度。

2. 强化科研条件要素产权的有效配置

科研条件要素的经济价值强调根据“私有物品”的竞争性和排他性等性质来配置资源，而它的社会价值又强调根据“公共品”的共享性和非排他性等性质来配置资源。产权与社会权利的冲突极大地影响了科研条件的利用效率，这是目前我国共享科研条件要素程度不足的根本原因。可以将政府引导作为媒介，让科研条件要素充分发挥对社会的积极作用，要使科研条件要素经济价值最大化，需要市场机制来优化资源配置，市场机制调节作用的有效发挥必须建立在明确科研产权条件的基础上，如果不能建立健全产权机制，那么市场就无法充分发挥出对经济主体的激励作用。相反如果政府能够面向企业提供成熟的产权机制，那么资源所有主体将会积极加入资源共享中，资源利用主体将会明晰自身拥有的权益及需要承担的义务，此时共享服务也会创造出最大化的价值。

3. 打造社会化、网络化的科技中介服务体系

科技中介服务组织在科研条件要素配置过程中表现得最活跃、最具创造性，往往是提高资源要素配置效率的关键环节。以技术转移与孵化中心、高科技技术创业研究要素平台、技术创新联盟为代表的科研条件中介组织有利于促进科研条件配置要素成功市场化，是中介服务系统的功能载体和加速器。中介机构在推动研发、技术转让和保护中扮演了重要角色，协调技术创新的各种因素，创造市场机会，协调和规范市场行为，充分发挥各方的努力，建立一个社会化和网络化合

作的科技中介服务体系。

4. 完善科研条件要素信息服务体系

当前不同机构和院校之间经常出现信息孤岛的情况，不同研发主体之间缺乏完善的信息交流机制。针对这一问题，应当在不同地区之间搭建信息传递与沟通系统，实现跨系统和跨地区的信息沟通；重点加强科研条件要素共建与共享的绩效评估的机制研究，探索科研条件要素共享评价准则，打造拥有高度规范性的评估系统。建立动态的重点研发机构库、企业研发中心库、平台设备库等，使科研条件和元素的信息被搭载进一个统一的信息平台，和科技资源要素的整体布局及科研条件要素的研究现状一起向公众公开，从而实现资源要素间的互联和信息的内部连通。

4.2.5 数据信息支撑创新高质量发展的方法

1. 加强顶层设计，促进信息流通

根据我国的具体国情，在科技信息资源市场化配置过程中应从国家创新驱动发展和创新体系建设的高度，在国家层面统筹考虑包含国家和政府部门、高校院所和企业等众多科技信息资源发布者和接收者在内的，以科研数据、学术期刊、专利技术、学术专著为代表的学术交流体系建设和知识产权体系建设，无论是基础研究领域的开放还是科研信息资源的共享，都需要强化顶层设计，建立政府科技部门间的协调联动机制，保证科技信息资源的传播和使用有利于国家创新体系的建设，促进社会经济发展。

2. 积极构建平台，加强交流合作

作为科技信息资源发布者，国家和政府部门、高校院所和企业，应进一步加强协同合作、数据共享和平台建设。通过建立健全科技信息流通的协同服务平台体系，加强企业和学术界的创新合作交流，建立科技信息资源的互换交流机制。信息发布主体需要对制度、经济等多方面的要素实施考量，并对信息进行整理和统筹管理，加强顶层设计，推动优质的科技信息资源的加速流动与传播，实现科技信息资源的有效共享与实质创新。

3. 优化供给机构，提升信息质量

国家和政府部门、高校院所和企业等科技信息资源发布者应尽量避免科技信息资源的重复低效低价值开发、利用和传播，通过优化科技信息资源的供给结构，降低科技信息资源的传播成本，提升高质量科技信息资源在总体资源中的占比，降低科技信息资源使用者的误判率，从而实现科技信息资源的有效应用。

4. 构筑沟通桥梁，增强交流合作

不同信息资源分配者之间应当建立更为高效的沟通机制，分配者包含两个组成部分，即发布信息的主体和接收信息的主体。那么沟通机制也应当在发布主体之间、发布主体和接收主体之间及接收主体之间实现全面覆盖，实现跨系统跨单位科技信息资源协同配置合作。建立多渠道的沟通机制和上下一致、统筹协调分配机制，让不同分配者能够实现更顺畅的信息交流，提升信息传递环节的效率。

5. 强化信息监测，倒逼质量提升

企业和高等院校是接收信息的主体，在获取信息以后应当尽可能利用这些资源创造出更多的价值。为达到这一目的，必须有选择地对信息进行利用，这就要求信息的接收者要首先对信息价值创造能力作出预测，加强科技信息资源的评估职能，充分结合自身创新的实际需求和未来发展方向，评价科技信息资源质量，进行收益预估和风险评估，在规避风险的同时倒逼科技信息资源发布者提供更多更高质量的科技信息资源。

4.3　聚合创新资源支撑高质量发展的路径

4.3.1　人才资源引领创新高质量发展路径分析

1. 基于导向维度的发展路径

在人才资源引领的我国创新高质量发展系统中，高质量人才供给子系统的四环节与我国创新发展子系统的创新系统自主化所追求的创新规模扩大和创新水平提升两个方面有较强的耦合互动关系，与我国创新发展子系统的创新持续化所追求的创新活动的持续性和创新效率的持续性两个方面也有较强的耦合互动关系。因此，在推动人才资源引领我国创新高质量发展工作过程中，应当在明确高质量人才供给子系统各环节与创新发展子系统功能性目标之间相互作用的基础上，不断扩大创新规模，提升区域创新水平，进一步协调高质量人才资源供给和我国创新发展效率，如图 4-2 所示。

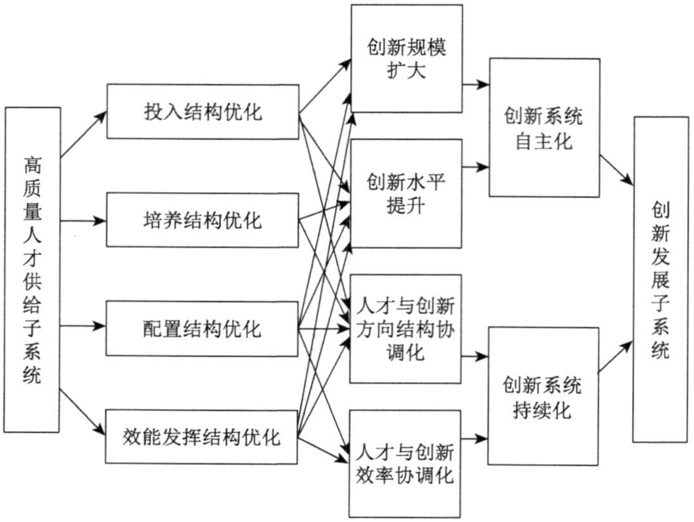

图 4-2　基于导向维度的人才资源引领我国创新发展路径

2. 基于时间维度的发展路径

高质量人才供给子系统的投入、培养、配置和效能发挥四个环节，具有时间交替且环环紧扣的特点。要实现时间维度上的协同，必须满足两个方面的要求：一是四个环节衔接紧密，过渡顺畅，不存在时间上的空隙；二是在一个周期内，从起始时间点到预期时间点，各个环节工作均已充分完成，并实现与两个导向目标（创新系统的自主化和持续化）相互协调适配的预期目标。因此，我国在开展人才资源引领我国创新发展的工作过程中，应当根据先进制造业发展的现状和趋势，明确一个时期内的人才需求，通过在投入、培养和配置环节精准施策，做好提前谋划布局，同时加强平台建设和环境优化，从而保障充分发挥人才效能，实现人才资源引领我国创新发展全流程的深度融合发展。基于时间维度的人才资源引领我国创新发展路径如图 4-3 所示。

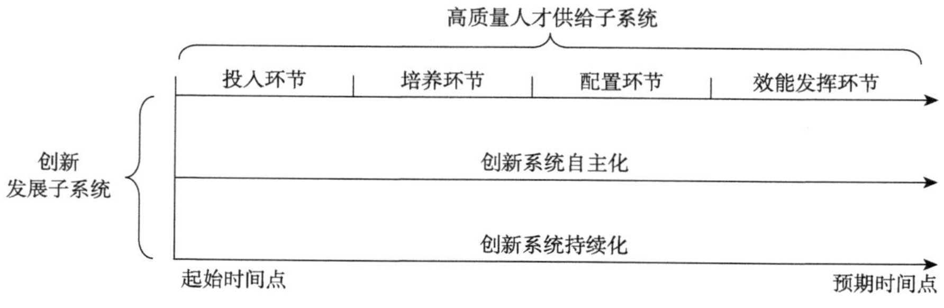

图 4-3　基于时间维度的人才资源引领我国创新发展路径

3. 基于空间维度的发展路径

本节所指的空间为区域空间，即现实经济生活中的行政经济区域。我国人才资源引领区域创新发展，需实现省级、设区市级、区县级层面的协同发展，才能进一步实现高质量人才供给子系统四个环节与我国创新发展子系统两个导向维度的融合发展，应当提升空间维度上三个层面之间的协调性，让三个维度能够实现共同发展。其中，省级层面主要开展整体的战略规划布局、要素资源统筹、基础平台建设等顶层工作；设区市级层面主要开展具体方案制订、优势产业链打造等协调工作；区县级层面主要开展行动计划落实、产业园区建设、龙头企业帮扶等执行工作。构建区县级层面协同发展支撑设区市级层面协同发展、设区市级层面协同发展支撑省级协同发展的空间协同发展体系，可进一步拓宽渠道，增强高质量人才供给子系统和我国创新发展子系统的关联互动，从而实现人才资源引领的我国创新发展。基于空间维度的人才资源引领我国创新发展路径如图 4-4 所示。

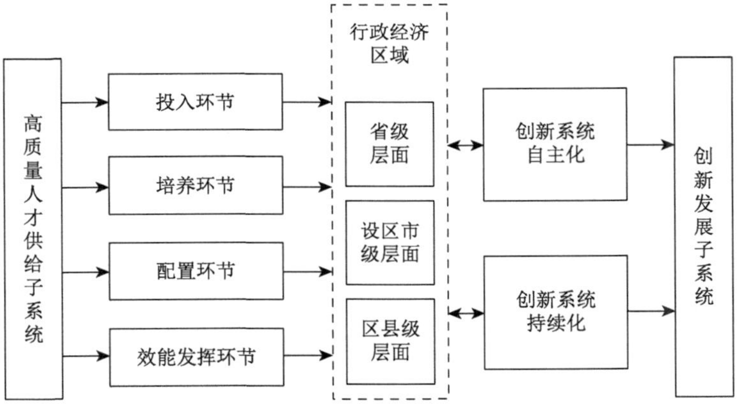

图 4-4　基于空间维度的人才资源引领我国创新发展路径

4.3.2　资金投入支持创新高质量发展的路径建设

1. 以最优金融结构推进我国创新高质量发展路径建设

1）优化金融市场运作机制

首先应当促进地方性证券交易市场的规范化发展，同时还要让保险机构成为企业融资新渠道，应当降低企业通过证券市场实现融资的门槛，让企业能够通过多种不同路径获取发展所需的资金。其次是进一步创新金融工具和我国金融发展模式，以实际需求为导向，开发创新型金融服务，优化直接融资市场的发展，降低民营资本的进入门槛。

2）加快调整银行发展结构

首先，广大中小规模企业在发展的过程中普遍面临着资金难题，所以应当促进金融领域内不同行业的均衡发展，让企业能够在信贷业务的基础上通过证券市场、风投、保险等多种路径实现融资，只有这样才能够打造出与市场需求方向相统一的金融行业架构，让这一行业能够全面展现出自身对中小规模企业的支持效用。其次，应当对传统银行的运作模式进行改良，具体来说应当对现有的银行治理模式和评估程序等进行改革，提升对中小规模企业客户的重视水平。同时还应当积极将互联网技术融入传统服务项目中，提升金融资源的分配效率。最后，应当扩大金融行业规模，将更多主体引入这一行业进行融资。构建具有高度科学性的服务理念和系统，让不同需求类型的企业都能够通过金融市场获取自身发展所需的资金。

3）彰显政府引导作用

首先应当对现有的金融生态发展状况加以优化，具体来说应当从立法和征信两个层面入手进行强化，同时还应当建立科技金融服务平台，不同企业和机构之间能够以平台为依托实施沟通。其次应当打造更为完善的金融创新制度环境，一方面要加强制度建设，另一方面也要打造完善的监管机制，让创新活动能够在监管工作的约束作用下实现规范发展。最后应当对金融行业建立更为严密的监管机制，让行业架构能够大体维持在帕累托最优水平。

2. 以科技金融耦合科技创新促进我国创新高质量发展的路径建设

1）以政策引导实现技术和金融的协同发展

虽然市场在经济发展过程中占据主导地位，但是并不代表市场可以在所有情况下实现资源的调节，在市场无法完全发挥调节作用的情况下，政府就应当利用政策来对市场失灵的状况加以弥补。与此同时还应当认识到政策在经济发展中所发挥的风向标作用，用政策来对产业和市场进行引导。以科技金融耦合科技创新促进我国创新高质量发展的具体路径如图 4-5 所示。首先应当依据我国当前技术和金融的发展情况打造相对应的监督模式。当前创业风投行业在监管方面依然存在大量的空白，税收等问题长期处于监管盲区之中。为能够促进行业的规范化发展，必须要打造健全的监管机制。政府一方面要加快转变职能，推进简政放权与放管结合；另一方面要加强顶层设计与精准监管，让社会组织、第三方机构等都能够以主体的身份参与到监管工作之中。其次应当打造出更为完善的信用制度，提升征信体系和基础创新事业之间的匹配度。应当面向科技企业搭建信用信息系统，让市场中信用信息需求者能够通过系统了解到企业的信用状况；融合采取包括大数据技术在内的一系列高新科技，对融资审批程序与跟进管理流程加以优化，应当针对信用信息建立披露制度。对于一些发展较为成熟的高新园区，应当优先实施企业信用系统建设工作，在试点范围内探究与科技企业实际情况相匹配的征信制度。最后应当对知识产权进行强化管理。应当促进知识产权交易市场的完善化发展，从立法层面着手加以健全，提升交易活动的规范性，确保交易活动相关权益主体的法益不会受到侵害。构建知识产权应用与配置制度，让知识产权能够高效变现，为企业创造价值。

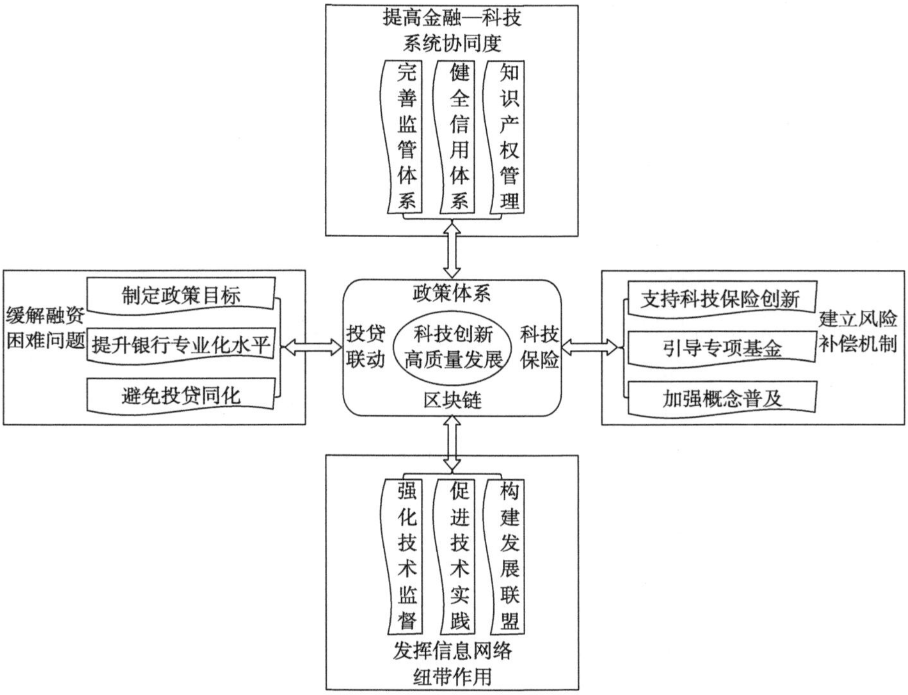

图 4-5　以科技金融耦合科技创新促进我国创新高质量发展的具体路径

2）激励投贷联动发展

首先，应当从宏观视角着眼，打造完善的总体发展架构。政府应当先明晰整体性的发展方向和目的，并且以此为基础建立监管制度。在制度设计的过程中，一方面要关注到不同政策的边界，另一方面也必须考量到企业对融资的需要，只有这样才能发挥对企业创新活动的激励作用。应当针对投资和贷款两项活动建立相互独立的风险分离措施，分别对两种活动所伴随的风险进行审核与管控。其次，应当强化银行机构的专业水准，打造层次化的投贷联动机制，一方面银行要建立投资基金，另一方面各地区分支机构也应当对各种资源加以采集和整合，选取其中的优质资源建立投资基金。应当选取技术水准高、创新能力强、投资活动多的区域作为试点，探索投贷联动发展模式的实践方法。最后，银行应当立足自身的现实状况进行业务设计，特别是在规划投贷业务的过程中，必须体现出产品的新颖性和创新性，尽可能避免同质产品之间的竞争。应当认识到理念创新的重要性，并从发展思想、风控工作、业务规划、考核机制等多个层面着手进行反思和改良，只有这样才能打造出市场中拥有优势的投贷运作系统。在这一过程中，科技研发部门应当认识到自身的重要作用，对银行的工作予以积极配合。

3）促进科技保险的完善

首先应当通过一系列政策来促进科技保险业务的多样化发展，开发出更多更丰富的产品。应当将风投思想引入业务规划之中，以此来处理风险定价的问题。可以采取直接融资的模式来对业务进行创新，可以实施的方法有可转换保费等，通过这些方式可以让广大社会资本积极参与保险业务。与一般的金融机构相比，保险行业最显著的优势是擅于实施风险管控，所以机构在开展业务的过程中应当充分发挥自身这一长处，以高专业化技术对投保企业实施管控。除此之外金融机构也要注意和其他机构之间建立良好的协作关系，只有这样才能让企业降低融资过程中存在的风险，此时机构之间会搭建起共赢的良好关系。其次应当根据我国有关部门对改革所提出的要求来建立专项基金，以此为基础对技术创新进行引导和激励。应当针对国家选定的重点研发项目设计出专门的产品方案，并且还要提升补贴模式的多样性，一方面要融入保费补贴措施，另一方面也要引导机构对保险产品进行创新。最后应当对科技保险这一概念进行强化宣传，让企业建立更强的风险观念，积极通过保险产品来提升风险应对水平。应当引入全生命周期管理的思想，面向企业不同的发展阶段分析其风险的特点，把握风险演变的客观规律，并以此为基础探究具有适应性的风险应对方法，引导企业建立起系统性的风险管控方案。

4）重视区块链技术的实践

首先，在资本市场应用过程中强化对技术应用的监督。金融机构在依托区块链技术对自身业务进行创新时可能会出现应用不规范等问题，为了避免监管空白导致技术风险增大，监管机构需要以业务实际演进情况为基础对监管活动的目标和方法进行动态调整。另外还应当引导有关产业将这一技术运用到资本市场中。其次应当促进这一技术在证券市场的实践。将这一技术融入证券市场中能够产生预料之外的成效，尤其在互联网股权融资、场外融资等领域更应当探索这一技术的实践路径，以这一技术为基础重塑股票登记、交易等环节。应当以中国各个地区现实状况为基础，结合监管规定，尽可能让技术创造出最大的价值。最后是要构建区块链发展联盟，让金融领域内不同的机构联合起来对技术进行开发，此时对区块链技术进行维护的成本就会被分摊给不同的机构，提升了技术应用的经济性。不仅如此，多机构共同实施技术开发和维护也能够提升技术的安全性和功能性，让技术能够为机构提供更全面和稳定的服务。

3. 以绿色金融系统推进我国创新高质量发展的路径研究

1）打造依托技术创新引导绿色金融发展的战略性理念

如果能够在环保领域内进行技术创新，那么就能够有效促进我国经济结构优化，提升企业污染预防和治理的水准。当前我国正处于动能转换的关键阶段，而技术创新能够帮助我国突破瓶颈，成功实现绿色化发展。政府应当打造绿色技术研发平台，让企业在研发环节消耗的成本得以降低，另外还要促进研发结果的运用和变现，让技术能够切实为企业的环保管理提供支持。另外，加快建立绿色生产的政策导向，加大对通过技术创新开展绿色化生产的金融支持力度，对积极开展绿色金融业务、支持环保企业的商业银行等金融机构给予相应的奖励补助。

2）建立以市场为主导的绿色创新系统

如果企业开启了绿色化改革，那么即便政府可以提供一定的补贴，从整体来看企业在生产环节、污染处理环节、回收环节等依然会耗费更多的成本，进而会影响到企业的利润。因此企业应当以市场需求为基础调整绿色技术研发投资规模，同时要积极与科研机构建立合作关系，通过技术来提升生产等环节的环保水平，对企业的流程进行整体性的优化，进而达到降低成本、强化竞争优势的效用。

3）提升机构绿色金融开发速率

金融机构应当认识到绿色金融已经成为未来的必然发展趋势，应当积极开发和循环经济相关的风投基金，并打造持续性的业务机制，让绿色金融成为机构的长期发展策略。在绿色金融策略的指引下，银行将会扩大对环保产业的资金支持，从资本市场的角度入手让产业能够得到更高效的发展。

4）将绿色金融演绎成一种文化环境

事实上，企业在对绿色发展项目进行建设的过程中往往要投入大量的资金，但是资金回流的速度较慢，同时收益也具有不稳定、无法预期的特点，所以企业在这样的项目中面临较高的财务风险，这也是许多金融机构与企业不愿意开发绿色项目的原因。对此，政府应当在市场失灵的情况下积极介入，通过宣传的手段让机构和企业认识到绿色金融的重要性，从文化的角度入手将绿色理念打造成一种市场文化，让机构、企业和市场都能够建立起集约化发展的理念。在这一过程中，更多机构、社会人士和企业都将会加入绿色项目中，绿色产业将会获得更大规模的投资，此时机构和企业的积极性也必然会随之得到强化。

4.3.3 科技成果赋能创新高质量发展的路径选择

应当依据不同地区自身的特色产业和优势产业打造高质量发展方案，设计最具特色性和优越性的产业方案。

战略性新兴产业在我国乃至全世界均属于新生事物，从全球范围来看，新兴产业日趋规模化、效益化，并有望成为带动全球经济复苏的重要引擎。战略性新兴产业对我国经济有层次性、持续性和深远性的影响，在未来，只有那些拥有高技术水平和高附加值的产业才能够与市场的需求相匹配，这些企业将会成功应对产能过剩的挑战，从而对中国当前经济发展过程中出现的问题加以弥补。国家将发展战略性新兴产业作为重要抓手，2012 年，我国确定重点发展新能源、新材料、生物技术和新医药、节能环保、新一代信息技术和软件、物联网和云计算、高端装备制造、新能源汽车、智能电网和海洋工程装备等十大战略性新兴产业。我国战略性新兴产业有可能抢占未来竞争的有利地位，要进一步完善产业政策环境，提高供给体系质量和效率，推动新兴产业供给和需求的有效衔接。

提出以点促链、以链结网、以网融网的发展路径（图 4-6），不断构建开放式产业创新网络，推进产业转型升级。

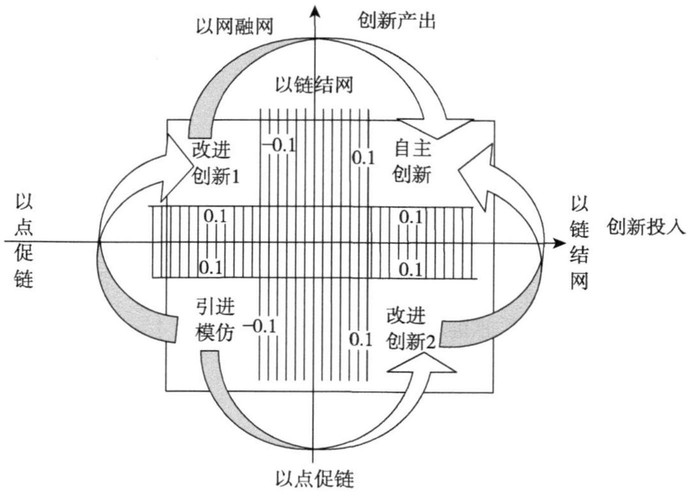

图 4-6 科技成果赋能创新高质量发展的路径

一是以点促链。结构洞企业的发展能够拉动区域创新，所以应当充分发挥出这部分企业的功能，并建立领军企业培育方案，打造出世界范围内拥有影响力和竞争力的企业。以增强创新能力为重点，着力强化企业创新主体地位，不断部署和完善产业链，形成上中下游配套完整的产业链条。从产业创新阶段来看，处于引进模仿阶段的高端装备制造业需要着力发挥骨干企业的带动作用，将目光对准高端制造业，以打造全球一流企业为目标，着力打造集研发、生产、集成、应用等为一体的较为完整的产业链条，并不断向附加值高的产业链的中高端环节跃进，让企业能够从模仿阶段进入自主研发阶段，此时企业才能真正在国际市场中占据优势地位。

二是以链结网。着力围绕产业链部署创新链，不断完善产业技术研发网络，加强一流产业科技创新载体建设，全面提升企业研发机构研发能力，逐步构建产学研协同创新网络，促进产学研深度合作和产业链上下游资源的整合。面向高等院校和机构建立研发结果收益分配激励措施，实现科技和产业的协同发展。突出“高精尖”导向，大力加强科技型企业家、复合型创新创业人才、高科技领军人才、战略性新兴产业高端人才和高技能人才队伍建设，充分释放人才驱动创新发展的红利；着力围绕创新链完善资金链，鼓励银行业金融机构创新金融产品，通过提升资本市场层次性的方式来对产业提供支持，可以建立更多的天使投资项目，扩大项目资金规模。另外政府还应当认识到，仅仅依靠自身的力量不足以支持企业获取研发创新过程中耗费的资金，所以还应当积极调动金融行业和社会资本的积极性，让这些主体都加入创新活动中。打造出一系列世界级别的创投公司，并培育风险创业投资合作网。要关注人才金融的重要性，并以人才为基础进行贷款、投资和保险的开发，使产业链、创新链和价值链加以结合，构建开放式产业创新网络，发挥好市场的“无形的手”的优势，加快构建科学规范、富有效率、充满活力的创新创业生态。从产业创新阶段看，处于改进创新的节能环保产业、新一代信息技术与软件产业、生物技术与新医药产业的创新投入相对薄弱，需要大力完善资金链条，增强产业链和创新链的资金供给。新能源产业需要加大部署创新链，不断推进产业的协同创新和企业的合作创新，提升网络派系的数量和等级，加强网络间信息和资源共享程度，逐步强化产业创新网络。

三是以网融网。要将我国创新活动融入世界研发创新网络之中，引入更多世界创新资源，强化世界创新型国家和地区的全方位科技合作，巩固提升与以色列、芬兰、英国、美国、德国等国家和地区的产业研发合作交流，构建具有多元性的世界性产业技术创新协作平台，激励企业积极与世界科技创新组织建立合作关系，自主参与到世界技术标准组织之中，一些发展状况良好且拥有充沛条件的企业也可以选择自主建立组织。应当建立高质量外资研发机构集聚方案，通过一系列激励引导政策来吸引外国著名院校、机构等在中国建立研究所。另外，应当从国际化的视角进行产权保护，打造世界知识产权维权联盟。从产业创新阶段来看，处于自主创新阶段的新材料产业需要加快以网融网的步伐，牵头或参与建立国际性产业技术创新联盟，主动参与承担国际科技合作项目，加强国际合作与交流，成为全球创新网络中的重要节点。

4.3.4 科研要素平台保障创新高质量发展的路径建设

1. 构建路径

统筹我国科研要素，搭建共享服务平台。中国科研要素平台应当对多种不同的要素加以统筹管理并构建资源平台。严格遵循“统筹集成、专业运作、竞争联合、共建共享”的方针，按照“建设与运行同步、改革与推进并举、服务与研究共进、业绩与影响双赢”的思路，聚焦“五个一”重点目标任务，推动各基础资源平台开放服务。建设科研要素大数据中心，推动科研要素数据交汇与共享服务平台建设，及时与政务平台、科技文献平台、知识产权平台等的数据进行交互，并利用大数据和区块链等新兴信息技术，保证资源数据的真实性、准确性和权威性。

畅通资源信息渠道，实现供需有效对接。各方科研要素存量信息不明，创新主体有需求却无法获取科研要素，供给双方的信息不对称极大地阻碍了全国科研要素的共用共享。首先，针对科研要素统筹，有关部门应该构建一个有偿的科研要素服务平台，加强信息公开，资源提供方获取租赁费或年费，资源使用方缴纳费用，推动科研要素市场化。其次，对于不同行业部门的科研要素，国内有关部门应当充分发挥组织管理职能，建立国内科研要素配置与研发协作平台，将全国各行业的科研项目、科技经费、科技人才进行统筹公示，由省级科技主管部门合理安排，提高利用效率。最后，对于军工技术转化民用的问题，有关部门应该完善军民融合管理体制，促进军工和民用领域之间的资源重组。如果技术的安全级别较高，应当根据有关规定对其进行处置，简化军方审批流程，尽快转为民用；对可军可民及部分涉密的，在全面评估后，尽快促进可转让的技术成果资源转为民用。

应当打造更为健全的经费投资制度，让创新投入能够创造更多价值。如果要推进科技研发，必不可少的投入就是资金，可以说资金在整个研发工作中发挥的是基础性作用。当前研发主体获取经费支持的渠道越来越多，不过在所有渠道中财政补贴依然占据着主要地位，发挥引导和调节的效用，是优化科技经费投入的关键，省内财政尤其要充分发挥对全社会科研要素投入的优化与引导作用，让各种不同的科研要素能够实现均衡发展职能，让财政资金能够切实发挥出支持作用。应当对经费投资架构予以优化，适当将一定比例的经费投入基本科研中，提高基础研究水平；对于高等院校和重要的高水平科研院所，应当对其基础研究工作予以重点支持，加强对基础性的、应用面广泛的研究项目的支持，促进其技术研发与推广。此外，要完善科技项目的评价体系，改进科技经费管理制度，根据科学研究规律和科研工作的特性管理经费，让经费利用活动能够更规范，同时也要尽可能提升资金的利用率。应当构建完善的评估监管制度，让经费能够得到最高效的利用。

完善激励创新体系，提高成果转化水平。利用金融服务手段分阶段推动创新。在原始基础创新阶段，如高校科研院所的创新、企业研发中心等阶段，科研要素平台可引入国家科研经费、种子基金给予扶持；在技术转化创新阶段，如进行某项新技术的小试、中试时，可利用科研要素平台通过技术转化创新服务引入资深创业人才建立小微企业，构成具体的产品制造流程；在产品推广的过程中可以采取收购投资等手段帮助小微企业进行大规模生产。完善专利股权分配体系，登记在科研要素平台的科研成果，可参照美国《拜杜法案》，技术转化收益的 1/3 归学校或公司，1/3 由研发机构所有，余下的 1/3 则分配给创新公司。在这一配置方案下，无论是机构还是企业都能够受到激励，此时技术就能切实转化为生产力。

打造更健全的科技服务模式，让科研工作人员能够更积极地投入工作中。建立科技成果定期发布机制，定期开展线上、线下科技成果对接推介活动，为推动更多科技成果落地转化提供良好的平台。具体来看，建立“线下实体服务大厅+线上网络服务平台+专业市场服务体系”的服务模式。线上服务方面，将全国科研要素数字化，利用大数据手段分析科研要素供需情况，分析科研要素统筹服务中的热点与难点问题，为双方提供科研要素对接、科技成果转化等服务，促进科研要素的高效利用。线下服务方面，建设线下实体服务大厅，为科技工作者提供咨询、交易服务；在行业领军企业构建服务基地，在一些重点区域建立实体工作站，构成服务网络，供给高便捷性、高开放性、高经济性的服务。引入专业市场服务中介，减轻科研要素平台工作负担，也为科研要素供需双方提供更专业、舒适的服务。

2. 运行机制

系统演化的内在原因之一是机制，而相应机制的设计，必须遵循系统运行的内在机理。科研要素平台的目标在于通过交流开发研究过程、共享科技信息资源、科技成果有效等综合服务，实现资源共享服务的社会化，打破科研要素条块分割壁垒，推动产学研用一体化发展，促进科研要素综合利用。本节对我国科研要素平台机制的基本架构进行研究，构建我国科研要素平台的管理、协调、整合对接、投入、激励、评价、传导反馈和安全保障、监管等运行机制，如图 4-7 所示。

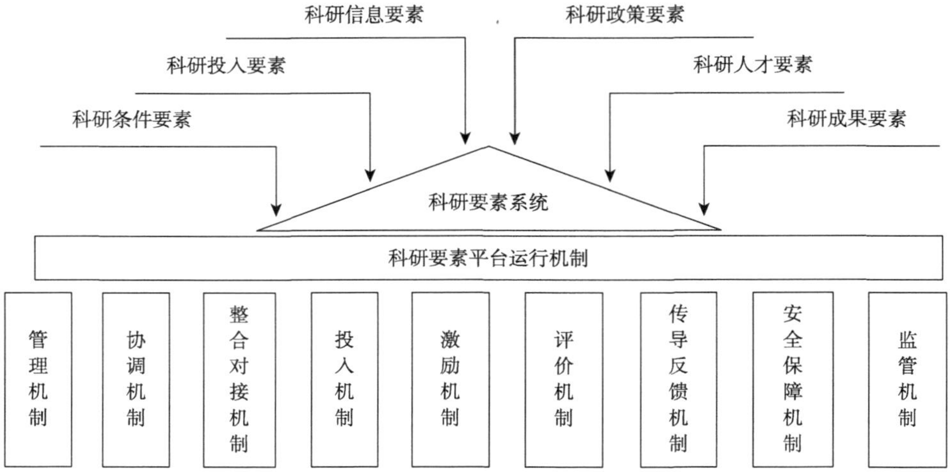

图 4-7　我国科研要素平台运行机制基本构架

1）管理机制

科研要素平台的管理机制是指通过设计相关组织结构，对要素统筹服务进行创新，开展维持中心正常运转、保障平台运行等的管理活动。建立平台工作体系和信息开放服务体系，解决科研要素的分散和科学仪器设备的重复购置问题；聚合创新要素的载体，集聚要素平台，构建多元化的针对创新主体需求的相应运行机制。设计并建立科研要素平台管理运行机制，建立科研要素平台运行管理体系，可以考虑重点通过制度、人才、经费等多个角度，推动市场运行机制和政府调控机制有效互补。在管理机制创新方面以创新结果和实绩为导向，探索突破传统科研经费分配机制，建立全新科研绩效评价体系，发挥市场在创新要素统筹服务中的关键作用，推动以绩效为导向的要素统筹服务机制。

2）协调机制

科研要素平台是一个大型组织，聚集高校、科研院所、科技型企业、专业服务机构人才、设备、技术、成果等方面的科研要素，需要统筹和利用好各类资源。科研要素平台需要建立合理互补的组织协调机制来维护运行，实现各主体之间的协作沟通，解决政府科技经费投入中的信息偏差和道德风险。科研要素平台可以成立跨部门、跨领域的协同推进机制，解决行政区域内各自为政的固有管理体制弊端，成立由各个部门和单位共同参与的省科研要素统筹服务平台理事会，不断地向系统化、规模化方向发展，形成科研要素的合作平台网络，由技术研发基地、创新企业、服务商等，组成平台网络的“点”，通过加强同其他科研要素平台的对接沟通，建设平台区域合作站，彼此互联互通，形成全国“一盘棋”。通过制定法规标准，对各主体的权利和责任进行明确规定，合理分配工作任务，确保在出现矛盾纠纷时有法可依。建立完善与管理相关的规章制度、制定科研要素数据标准、提供软硬件的技术支撑及配备一定规模管理团队进行平台的组织协调管理。

3）整合对接机制

作为负责实施全国统筹科研要素发展规划的科研要素平台，首先应该加快科研要素数据交汇，防止科研要素流失；其次要做好资源供需对接，及时公布针对创新主体的需求信息和资源主体的供给信息，解决创新主体与资源主体相错位及资源供给与需求相脱节等问题。科研要素平台应规范推进信息系统整合共享，使科研要素得以有效整合和高效共享。首先，要确定科研要素平台整合配置资源的范围、种类和性质；其次，要理清科研要素的基本情况，拥有真实有效的一手资料；再次，制定科研要素平台资源的规范化标准，如资源的重要性和需求的紧迫性，把零散、碎片的科研要素进行分类，判断是否纳入中心共享范畴；最后，通过组织规定等形式对中心包括政策体制、经费使用等进行规范。

4）投入机制

政府需要充分发挥市场在引导技术研究的发展方向、路径选择、各种创新要素配置、要素价格等方面的引导作用，制定资金管理措施，以便进一步集中资金投入和提高其使用效率。我国科研要素平台应以项目资助为主，引导科技金融支持，建立风险投资基金等支持研发和产业化的金融支持机制，完善以市场手段为主的科研投入机制，促进构建可持续的政府资助和平台建设，构建社会资本资源主体利益交叉与权力并行的投入机制。合理统筹科学资源要素投入，以确保在包括初始阶段、运营阶段、维护阶段和更新阶段在内的整个过程中通过各种渠道吸引的资源投资到位。构建稳定增长的财政创新投入机制，将科技投入列为重要的公共战略投资，并且通过包括政策引导、评估和监管等在内的措施，加快构建长效的多元化创新融资机制。激励外国资本与社会资本建立科研风投资本，让更多主体参与到创新投资事业中。

5）激励机制

激励机制分为我国科研要素市场统筹配置的激励机制和科研要素平台内部工作人员的激励机制。科研要素平台应确立以经济利益为核心的竞争激励机制，把离散的科学仪器、文献、数据等科研要素聚集起来，在全社会形成一种“共享使自己受益”的良好氛围。同时建立针对科研要素的有偿共享使用机制和补偿机制，通过分配制度、奖励制度等改革，推进科研要素共享的利益和风险共担，吸引一批科研要素拥有者加入科研要素平台。完善我国科研要素平台内部激励机制，保证科研要素平台的高效运行。科研要素平台应建立合理的激励机制，根据科研要素市场配置服务业绩与专业人员评价结果，对优秀的专业人才进行表彰，充分调动人才的积极性和创造性，进而使市场配置服务的运行得以高效化。

6）评价机制

科研要素平台作为一种新兴的社会组织形式，是政府高效统筹利用区域科研要素以促进经济和产业可持续发展的重要载体，对提升区域科技实力和创新能力有重要的现实和战略意义。长期以来，尽管各地政府设立了各种资源共享平台，但由于服务模式单一、运行机制不合理、运行效率低下等，无法真正使科研要素平台起到作用，严重阻碍了区域科研要素平台的统筹服务。因此应当打造具有高度科学性的科研要素服务平台业绩评估系统。

7）传导反馈机制

只有构建了完善的反馈机制，科研要素平台才能够及时有效地对服务进行统筹，保持系统的正常运作。信息传递机制是指在信源和信源之间建立某种形式的相互作用，以保持自身发展的主动接收机制。科研要素市场配置的信息传导实际是由主体间存在信息差异，同时创新主体的整体规模、所具备的能力和地位不同，获取信息的手段和途径不同，系统中信息在时间和空间上的分布不均衡导致的。所以，科研要素平台能够加快内外部信息的监测、整合与扩散，因此，为了信息的有效传递，建立及时反馈机制是必需的。信息传递流程具体覆盖五个环节，包括信息接收、信息传递、信息贮存、信息转化和信息处置。科研要素平台信息传导反馈机制的功能如图 4-8 所示。

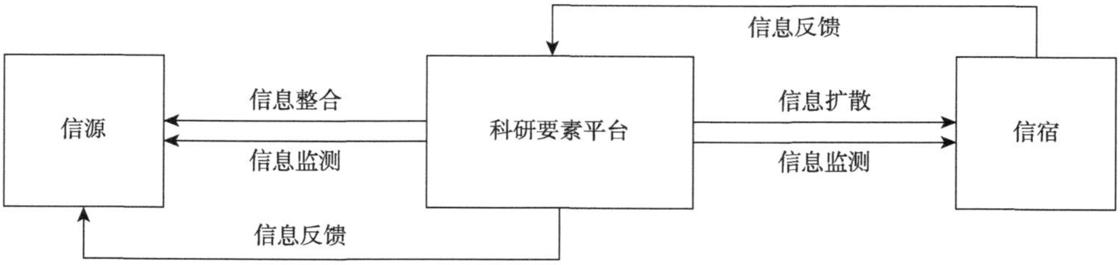

图 4-8 科研要素平台信息传导反馈机制

8）安全保障机制

这一制度的建设水准会直接影响到平台运作的安全性和稳定性。科研要素平台应采取风险管控措施，对可能发生的风险进行预防和控制，加强对文献数据、信息、科学仪器设备、农业种质资源等科研要素共享过程的监督，通过制定相关规定，有效降低资源流失风险；强化监督平台监管力度，通过防火墙、病毒清理等安全技术加强网络平台数据的安全性，实行实名认证、权限限定等方法加强用户信息的安全性，为用户共享科研要素营造安全的环境。科研要素平台应根据自身的发展现状和发展目标，对标国内外优秀要素统筹平台，不断改革优化自身，积极引入先进安全保障技术和管理办法，加强对要素统筹配置模式的深入研究，逐步提高科研要素统筹服务效率。

9）监管机制

科研要素平台作为独立的科研要素统筹服务监管主体，可以更加灵活地对科研要素进行有效共享和统筹服务。科研要素平台应该发挥其权威性、全面性，对参与科研要素共享的主体进行行业准入监管，有效地规范科研要素市场共享主体行为和统一调配资源市场统筹服务过程中所需人力、物力、财力资源等，明确各方的权利和义务，避免资源浪费、挪作他用等问题，以最大化科研要素市场服务的效率。监督是一个长期动态持续有效优化的过程，新的方法和手段不断涌现，如图 4-9 所示。我国科研要素平台应加快监管手段的信息化建设，实现信息的快速传递，使监管反馈得到快速响应，从而让信息沟通在监管主体与监管机构之间畅通无阻，加强监督的有效性。

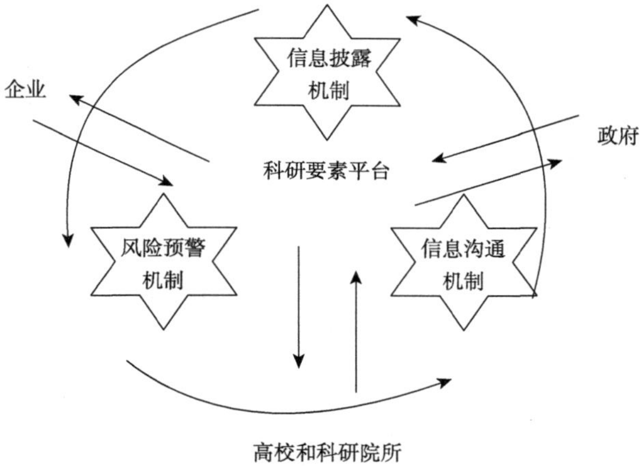

图 4-9　科研要素平台统筹服务监管机制

第5章　聚焦创新方向支持高质量发展的方法和路径研究

5.1　我国聚焦创新方向支持高质量发展的现状

5.1.1　存在问题

目前我国在创新绩效上取得了一系列的成就，创新指数有了很大提升，排名全球第14位，在一些重点领域也取得了不少原创性的成果。但近年来随着中美关系不确定性的增大，我国在产业链中依赖技术引进及合作开发的部分模式受到了很大的影响。其中，包括互联网技术在内的各种先进的信息技术是世界范围内研发投入的重点，同时也是技术创新的集中领域，芯片及集成电路更是信息领域尖端技术最密集、最鲜明的体现。2020年全球半导体总收入达到4498亿美元，以美国为主的前十大半导体巨头就占据了56%的份额，而由于美国打压，我国华为旗下海思半导体已经跌出前15名。此外，大疆、中兴等诸多案例都表明，国际化市场的竞争已经显现出高度的不确定性。而我国目前在一些关键产业，如信息通信、新材料等上的自主创新能力较弱，对国外技术的依存度太高，加上逆全球化形势的加剧，使得如何通过科技治理体系制度设计实现“卡脖子”技术的自主可控，以保证在竞争中占领主动地位成为我国创新方向的聚焦点。

2020年，习近平总书记在科学家座谈会上强调：“要发挥我国社会主义制度能够集中力量办大事的优势，整合优化科技资源配置”，“推动重要领域关键核心技术攻关”①。习近平总书记在会上的讲话为加快解决“卡脖子”技术问题提供了宏观指导，同时表明了国家对于创新方向转变的重视。具体而言，为进一步加强科技自立自强的步伐，需要认清我国在“卡脖子”技术问题上面临的困境。

① https://politics.gmw.cn/2020-09/11/content_34179898.htm[2020-01-30]。

从宏观政策层面来看，一方面，目前我国在创新领域的投入偏重应用研究，对于基础研究的投入不足，应用研究和基础研究的协同度也较差，可能造成创新链节点的断裂，影响产品的商业化进程；另一方面，我国创新方向政策顶层设计的系统性、精准性及动态性不足，科技决策体系及领导体系的多部门协调能力有待加强，并且在应对外部环境变化时的研判与布局能力不足以应对全球差异化技术竞争的时代需求。

从产业层面来讲，我国大多数领域，尤其在传统产业领域，核心关键技术仍然受制于人，总体技术处于跟跑阶段；此外，我国产业共性支撑体系缺失，导致产业链存在部分产业产能严重过剩、部分产业创新资源供给不足的问题。

对于企业而言，随着开放式创新的兴起，企业呈现出过度开放化的趋势，使得企业对于技术引进的依赖性提高，同时也因开放红利导致企业自主创新的积极性降低，加上商业化导向下的企业战略逐渐显现出对基础研发的忽视，企业选择利益更高的方式以赢得市场竞争优势，从而形成恶性循环，最终导致我国企业在国际竞争中处于被动地位。

面对这些亟待解决的问题，我国应当从政治、战略、组织等各个方面转变方向，加快实现“卡脖子”技术的自主可控，从而增强产业链安全性，在竞争中占领战略主动地位。

5.1.2　目标任务

对于我国面临的核心技术“卡脖子”问题，可以从制度优化、产业生态及创新主体三个方面制定我国在聚焦创新方向上的发展目标。

1. 优化科技创新顶层制度设计

我国创新方向政策的主要问题在于顶层设计的系统性、精准性及动态性不足。对此，目前我国需要进一步发挥举国体制的优势，完善国家科技安全战略、预警监测体系及创新领导体系建设；逐步对资源分配方案进行改良，让市场的主导效用能够得到充分的发挥，同时也要确保创新方向与国家引导的路径相统一。政府应当对重点市场实施管控和适当的干预，比如说为企业的生产成本提供补贴政策，通过这种方式来强化对关键产业的引导。

2. 打造产业共性技术支撑体系

从产业层面来讲，主要解决我国产业共性支撑体系缺失的问题。在产业层面突破“卡脖子”技术，需要不断为产业提供公共知识和共性技术支持，对能源、信息等领域的技术研发结果加以整合，通过顶层设计在不同行业之间搭建桥梁，让不同行业能够形成相互促进、共同进步的架构。同时应当聚焦提升供给体系质量，促进产业结构优化升级，在逐步缩短“卡脖子”技术的研发周期的同时降低成本。

应当从科技制度改革方向着手，要以科学的方式对科技资源加以分配，使创新、产业、政策、人才和资金等链条进行深度结合，应当以企业为导向打造基础创新系统，推进技术和产业的协同共进。

3. 推动企业主体融通创新

在微观企业层面，创新方向首先应当聚焦于明确国有企业的功能定位，建立合理的国有企业和民营企业创新共同体，国有企业相比民营企业有明显的创新优势，应当进一步加强国有企业创新的引领能力；应当进一步加强民营企业的自主创新能力，降低技术的外部依赖性。

其次，应加强大小企业的融通发展，健全完善基于风险分担的利益共享分配机制，创造共赢价值，逐步实现大中小企业及不同所有制企业之间创新要素的融通；强调各类创新主体之间的协同创新，实现不同产学研主体之间的创新要素协同互补，强化创新链的稳定性和融通性。

5.2　聚焦创新方向支持高质量发展的方法

5.2.1　树立科技自主创新发展的时代标杆

1. 加快高水平科技自立自强

2021 年 3 月 15 日，习近平在《努力成为世界主要科学中心和创新高地》里指出：要充分认识创新是第一动力，提供高质量科技供给，着力支撑现代化经济体系建设。要矢志不移自主创新，坚定创新信心，着力增强自主创新能力[①]。

21 世纪是一扇全新的大门，门后是技术飞速发展的新世界。进入这一新时代的世界各国已经充分认识到，只有不断推进技术的发展才能够保持国家的竞争力，特别是在核心技术方面，如果国家缺乏自主研发能力，那么就只能依靠他国的技术实现生产，这种对别国的依赖必然会降低本国制造的产品在国际市场的竞争力，甚至还会影响到一个国家的综合国力。出于对经济、国防等多方面的考虑，我国必须要以核心技术为中心，全面提高自主研发能力，要勇于探索、敢于突破，积极实现技术攻关，只有这样才能在国际上把握优势地位。只

① http://politics.people.com.cn/n1/2021/0316/c1024-32052054.html[2021-01-31]。

有拥有自己的核心技术和知识产权，才能使我国的产业突破发达国家的技术垄断，获得有利的贸易和国际地位，为我国经济社会发展和国防现代化建设提供强大的科技支撑。

从“十四五”开始，中国对技术创新的需求越来越迫切，这就意味着我国的科研人员应当积极担负自身在技术研发方面不可替代的责任，尽可能推出更多高质量的研发成果，以技术为驱动力促进经济的发展，让我国尽快并入创新型国家的队伍。

在当前的时代下我们已经不可否认，一个国家是否强大关键在于技术水平，而一个国家的未来是否强大则取决于其创新能力。技术研发和创新的实施主体就在于科研人员，在众多优质科研队伍的共同努力下，我国从新中国成立之后就一直穷追不舍，不断跟进发达国家在技术方面的脚步，甚至在许多方面取得了超越发达国家的成就。四通八达的高铁、横跨大洋的港珠澳大桥、蓄势腾飞的北京大兴机场……一个个奇迹般的工程，彰显着我国的技术水平。无论是神舟还是天眼，这些举世瞩目的科技体现的是中国科技创新的勇气和实力。在不断创新的过程中，中国在世界上的地位已经悄然发生了改变，这是从“追赶”到“并跑”甚至“领跑”的转变。2020 年新冠疫情的暴发对世界各国来说无疑是巨大的冲击，而面对这一挑战，中国的科研人员展现出了积极的担当精神，他们不逃避、不推卸，在关键时期把握主要矛盾，积极开展技术研发，在极短的时间内推出了优质的疫苗，顺利助力疫情进入平稳阶段。科技创新为我国发展注入强劲动力，为人民健康保驾护航，科技工作者功不可没。

2. 激发创新创造活力

中国当前的发展架构可以概括为两个循环，其一是国内的大循环，其二是国内国际双循环，这两个循环之间构成一种相互推进的关系。在二者的共同作用下，整个产业链得以朝现代化的方向发展。目前国际市场的竞争强度已经上升到了空前的水平，在这一背景下我国首先要对科技创新链条进行部署，让我国能够提升总体的风险管控水准。创新链条的起始节点在于研究机构，而终止节点则在于市场，两个节点之间连接的过程就是技术从开发到应用的过程。在这一进程中，研发机构无疑占据着基础性、源头性的位置，重要性不言而喻。对于科研机构来说，其应当以需求为导向建立研发方案。一方面要关注国家当前对技术的需求，另一方面还应当对未来的需求进行预测，并以分析结果为基础选择合适的研发方向和内容，进而研发出对我国真正有益的技术。应当对基础研究加以强化，让我国能够拥有更强的原始创新能力。对那些关键性的技术难关则更应当集中科研资源，通过攻克关键问题来实现技术突破。其次应当对产业创新链条进行布局，让我国能够在国际上拥有更强的竞争优势，此时企业将会拥有更高的专业水平，产出高质量、高差异性的产品。最后应当建立市场创新链条，从内循环的层面入手强化生命力，让链条内各个节点都能实现均衡发展。

3. 加快科技现代化改革步伐

应当以经济主战场作为发展重点，着重实施科技创新。当前经济的发展重点已经从速度转为质量，只有高质量的经济环境才能够为人民对幸福生活的追求提供良好的外部条件，所以要解决当前我国社会的主要矛盾，提升经济质量是必不可少的。而要达到这一目的，就必须着重针对经济主战场进行技术攻关，提升科技创新水准，以科技创新为途径打造全新的发展动能，为经济的高质量发展创造驱动力。不仅如此，还应当充分认识到人才对于创新活动的关键意义，只有优质的人才队伍才能够研发出高质量的技术。所以一方面应当为研发人才提供良好的工作环境，另一方面也应当通过各种激励措施来调动人员对研发工作的积极性，提升科技产出。

通过前面的阐述能够得出，要实现我国的现代化发展，科研创新已经成为一条必经之路，特别是在发达国家保护主义抬头的背景下，我国能否培养起自主研发能力、能否在不同领域掌握核心技术，将会直接决定我国在国际上的地位。此时我国的需求已经十分明确，就是对关键技术，进行自主创新。同时还要针对当前的实际情况，将资源集中在重点领域、重点技术项目上进行创新。事实上，中国的人口基数巨大，人才数量必然十分可观。另外我国的市场容量也是其他国家难以达到的水平，这为我国创造了良好的规模基础，有助于我国实现技术创新。所以研发人员更应当对这些优势予以充分的发挥，让各种创新资源能够得到高效的利用，让技术成为我国经济发展的支柱。

技术的发展不仅仅关乎一个国家的经济，还会直接关系到民生问题。比如说技术进步对民生最直接的影响就是国民的生命健康，而生命健康就是最重要的一环，如果人民的健康无法得到保障，那么就更无法实现对美好生活的追求。2020年暴发的新冠疫情就对国民的生命健康造成了极大的威胁，在这一危急关头，党中央没有忘记人民的首要地位，将人本主义精神发挥到了极致。在发现疫情的第一时间，中央就及时采取了一系列解决方案，将隔离、预防、治疗等多种手段有效结合，实现了对疫情的控制。可以说中国在疫情控制方面所取得的成就是为整个世界所惊叹和瞩目的。习近平总书记提出，我们注重科研攻关和临床救治、防控实践相协同……充分发挥科技对疫情防控的支撑作用①。我国的科研人员都做出了不容忽视的巨大贡献，正是因为有科研人员的不懈付出，我国才能够在极短的时间内实现对疫情的控制和预防。在实现疫苗自主研发后，疫情彻底处于控制范

① http://cpc.people.com.cn/n1/2020/1015/c64094-31893514.html[2021-12-12]。

围内，人们的生命安全得到了保障，生活也重新恢复到了疫情以前的平稳状态。由此可见，科技的发展水平是人们生命健康的决定性因素。

4. 优化知识产权管理机制

科技的广度和深度，决定着创新发展的高度和厚度。近年来，美国对我国高科技企业进行持续打压，核心技术受制于人的痛点和原始创新能力不足的短板开始凸显。我国只有掌握核心技术，才能够在国际市场之中把握主动权，不仅如此，核心技术还影响着一个国家的经济安全与国防安全，所以其作用更不容小觑。但是研发核心技术是一个复杂而漫长的过程，需要研发人员长期付出大量的努力，所以应当将核心技术攻关作为长期发展战略。

经济发展进入新常态以来，过去那种要素投入和规模扩张的粗放型发展方式已不可持续，以创新驱动经济由高速发展向高质量发展的转型要求知识产权层面完成从知识产权大国向知识产权强国的战略升级。十八大以来，我国知识产权法规制度体系逐步完善，核心专利、知名品牌、精品版权、优良植物新品种、优质地理标志、高水平集成电路布图设计等高价值知识产权拥有量大幅增加，商业秘密保护不断加强，遗传资源、传统知识和民间文艺的利用水平稳步提升，知识产权保护效果、运用效益和国际影响力显著提升，整个社会对知识产权的关注度也不断提升，知识产权成了市场共同关注的问题，这些建设成果使我国离知识产权强国的建设目标又近了一步。

新时代背景下，提高经济发展质量是全国共同关注的重点，而经济质量的第一影响因素就是技术创新。此时知识产权作为战略性资源，是一个国家技术创新能力的直接体现，是国家创新的宝贵成果。落实产权抢购战略，提升知识产权改革政策落实速率，协调好政府与市场、国内与国际，以及知识产权数量与质量、需求与供给的联动关系，全面提升我国知识产权综合实力，大力激发全社会创新活力，建设中国特色、世界一流水平的知识产权强国，对于提升国家核心竞争力，扩大高水平对外开放，实现更高质量、更有效率、更加公平、更可持续、更安全的发展，满足人民日益增长的美好生活需要具有重要意义。

5.2.2　推进产业链和创新链深度融合

1. 产业链和创新链深度融合的时代背景

目前中国主要从产业链和创新链两个角度推动产业层面高质量发展。从“十四五”开始，我国就一直致力于打造国内大循环和国内国际双循环并存的发展格局，而想要达到这一目的，就必须要推进产业和创新两个链条的相互融合。

习近平总书记提出，要围绕产业链部署创新链，围绕创新链布局产业链……强化企业技术创新主体地位，完善成果转化和激励机制，提升自主创新能力[①]。目前无论是中国还是世界其他国家都处于发展的节点时期，对于我国来说，我国在国际产业链条中的地位正在从下游朝向上游的方向转变。在这一背景下，链条上处于不同节点的国家将会构成利益共同体，通过相互合作搭建共赢的良性关系。与此同时也要认识到，从根本上来看产业链上的不同国家所处的利益立场存在根本性的差异，所以彼此之间依然是竞争和制约关系，所有国家在相互协作的同时也在相互博弈，力图能够在链条中占据主导地位。由此可见，世界各国正在形成一种全新的合作模式，在这一模式中哪个国家能够拥有核心技术和自主创新能力，哪个国家就能建立更稳固的合作关系，在博弈中也能够占领优势地位，这进一步彰显了技术创新的重要性。

2. 产业链和创新链深度融合的积极意义

如果能够将产业链和创新链加以融合，那么将会在如下三个层面发挥出积极作用。

首先，能够推进供给侧结构性改革。只有对产业链进行全方位的升级，才能够实现供给侧结构性改革。产业链的升级则需要以创新链为依托，创新链的转型成果只有通过产业链才能投入实践。从这个角度看，如果能够将产业链和创新链两个链条加以结合，充分发挥出两个链条之间的协同性，就能够对供给侧结构性改革起到促进作用。当前我国在供给侧结构性改革方面制定的措施已经取得了一定的发展成效，在现有政策的支持作用下，供给侧的灵活性显著提升，供给质量和效率都有所提高。不过从整体上来看，产能过剩的问题依然没有从根本上得到解决，杠杆依然维持在较高的水平，企业成本居高不下。此时如果能够提升产业链和创新链两个链条的协同性，就能让资源得到更高效的分配，对供给架构做出总体性的优化。此时现有的政策也会得到稳步落实，发挥出的作用也会更显著。

其次是有助于打造现代化经济系统。经济现代化的第一要求就是打造创新引领、协同发展的产业系统，而产业系统的关键就在于是否拥有自主性、效率性和先进性的产业链系统。我国在对经济系统进行优化的过程中面临的主要问题就是基础能力不足，而要想提升基础能力，就要将产业链和创新链两个链条进行融合，进而提升产业链水平，推进整个经济系统朝向现代化的方向进步。

最后是避免掉入中等收入的陷阱。中等收入陷阱就是说如果一个国家在经济实力上处于中等水平，那么经济发展更发达的国家就会以技术为工具对其进行压迫，相反经济落后的国家则会产出更低成本的产品，进一步挤压中等收入

① https://news.gmw.cn/2020-10/20/content_34284958.htm[2021-12-31]。

国家在国际市场中的生存空间。在双方共同的夹击之下，没有核心技术优势和成本优势的中等收入国家只能陷入发展的困境。纵观历史能够得出，中等收入国家之所以会陷入两难的境地，一方面是因为受到外部经济环境的影响，另一方面则是因为这些国家缺乏根本性的内生驱动力。习近平总书记提出，抓住牵动经济社会发展全局的“牛鼻子”①。当前经济一体化的进程不断推进，如果想要提升我国在国际价值链中的地位，就应当先将产业链和创新链两个链条进行融合，使两条链条相互促进，从而实现螺旋上升。如果我国能够提升自身的技术水平，就能够摆脱当前的处境，跻身于高收入国家行列，此时我国在国际市场中也将拥有更强的话语权。

在经济全球化发展早期，我国主要是通过产业链下游加工等产业维持在国际市场中的地位。随着我国生产力的提升，中国制造已经逐步摆脱了低端的象征，逐渐成为高质量、高科技的代名词。当前的中国已经在世界范围内把握了许多个第一，制造业发展方面是第一、出口规模当量是第一等。这些宝贵的发展成果让我国在国际范围内拥有更多话语权。不过从创新的层面看，西方发达国家的技术水平和创新能力依然优于我国，由于我国技术创新能力长期维持在较低的水平，我国的技术出现了扁平化的情况，导致技术层面的落后和高技术水平之间的矛盾越来越尖锐。如果要解决当前存在的这些问题，让经济开放性和技术水平实现均衡发展，我国必须将自主创新作为抓手进行着重强化。我国应当在积极引入外来技术、吸取发达国家先进经验的同时，不断提升自主研发水平，逐步掌握主导权。将产业和创新两个链条进行融合，就是要以整体产业链为核心打造创新链，提升产业链条的自主性和附加值。通过这种方式可以解决创新缺乏系统性的问题，把我国从产业链低端问题的处境之中解救出来，让中国得以实现经济高质量发展的目标。

3. 产业链和创新链深度融合的路径

产业链和创新链联动的核心在于创新型集群的构建，从产业链建设出发，根据知识链和价值链的协同化，最终助力高新技术产业的飞速发展。产业链与创新链的联动机制如图 5-1 所示，其中根本动力是多链耦合。一方面，基本内生动力由内部驱动力形成，即对话交流、合作共享、需求匹配、文化驱动等；另一方面，市场导向、资源整合、政策激励、平台对接等外部驱动力形成了外生动力，以促进网络间的互动。同时，内生动力与外生动力相互配合形成双循环模式，以促进产业创新链不断循环发展。最后通过政府和市场的深化改革，以政府为主体导向、市场为创新力量，不断激发创新链的活力。

① http://politics.people.com.cn/n1/2016/0412/c1001-28270255.html[2021-12-31]。

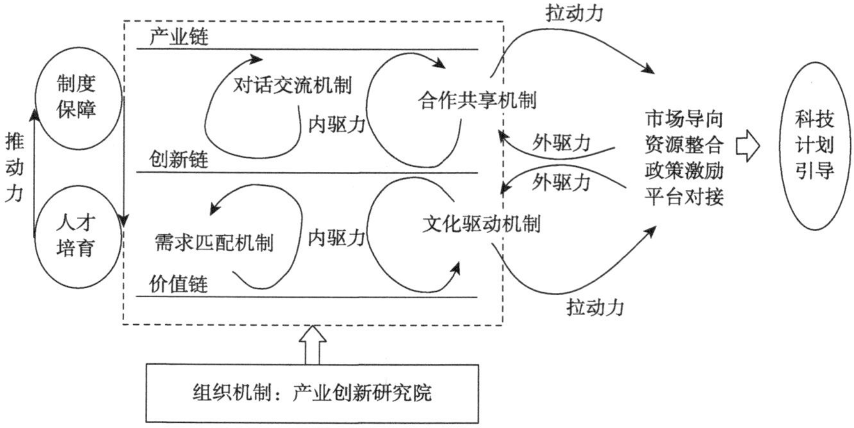

图 5-1　产业链与创新链的联动机制

5.2.3　突破关键核心技术关卡

在国际形势错综复杂的环境下，开放创新的意义更加凸显。在我国多层次的资本市场体系下，由于主板、创业板及科创板的上市条件不同，对拟上市公司的行业属性要求不同，我国的科技公司大多在创业板和科创板上市。2020 年，市值排在前 10 的创业板和科创板上市公司中有 8 家科技公司。截至 2021 年 6 月 30 日，市值在 1000 亿元以上的中国公司共有 150 家，其中 90 家为科技公司，占比 60%，这些科技公司主要分布在医疗保健、信息技术、可选消费、工业、电信服务和材料等行业。除此之外，大规模企业纷纷在研发方面投入大量的资金。根据上市公司年报等相关数据，市值超过 1000 亿元的 150 家上市公司 2020 年的平均营业收入为 1547.6 亿元，研发收入平均增速为 44%，研发支出占营收的平均值为 15.5%。在一众高科技企业的带动作用下，中国数字经济迎来了空前的发展高峰。2020 年，中国数字经济依然保持蓬勃发展态势，规模达到 39.2 万亿元，较 2019 年增加 3.3 万亿元，占 GDP 比重为 38.6%，同比提升 2.4 个百分点。数字经济的规模从 2016 年的 22.7 万亿元增加到 2020 年的 39.2 万亿元，平均每年增长 14.7%，大大高于同期 GDP 的 8%的名义增速，成为疫情下稳定经济增长的关键动力，数字化技术的发展给企业的创新带来了新的思路，也对企业提出了新的要求。

1. 建立企业改革创新体系

从创意到产品再到终端客户的距离缩短，这就要求企业的组织更加扁平化；产品端，需要产品更能适应消费者的智能化要求；在管理上，要更加精细化。从外部来说，数字化技术加速与其他行业融合，传统企业加速数字化转型的进程，企业之间的跨界融合更加容易。总体来说，随着社会和技术的不断进步，大企业的创新模式也随之发生变化，从起初的内部创新进入目前生态竞争阶段。企业创新系统的发展是一个演化过程，经历了以内部研发为中心的创新体系、基于投资并购产生协同整合效应的创新体系、与大学科研机构合作建立创新加速器等的开放式创新和构建技术平台的生态创新四个发展阶段。

在第一代企业创新系统中，内部研发占据核心地位，此时内部研发被看作最具价值性和可靠性的资产。这种封闭式的自主创新模式产生于工业社会和后工业社会，典型案例为爱迪生门罗公园实验室、施乐帕罗奥多研究中心、微软亚洲研究院。

第二代创新体系为通过投资并购产生协同整合效应的创新体系，这一体系相对完善和开放，“互动”是这个阶段的关键词，覆盖企业研发机构内部之间、研发机构与其他机构之间、企业与产业链其他节点之间的互动作用等，是一种内部整合、外部开放的创新体系。这一体系产生于后工业社会和信息社会，典型案例为英特尔及素有“并购发动机”美誉的思科。

第三代企业创新体系是与大学科研机构合作、建立创新加速器及内外部孵化等方式的开放式创新。在这一阶段，公司管理层及公司的治理结构对创新发挥核心作用。这一体系产生的背景是信息社会和新经济社会，典型案例为微软云加速器（2012 年正式启动）、奥迪创新实验室创新大赛（2013 年正式设立）。

第四代创新体系是构建技术平台，建立自己的生态企业，通过平台上的企业共同服务用户的生态创新。这一系统侧重生态性和进化性，目标是为企业营造出发展的良性环境，让企业能够在这一环境中实现技术创新。在构建生态系统的过程中，要进一步强化企业内部核心能力的建设，重视基础性研发和关键核心技术的积累及获取，使创新资源的整合具有明确的方向，体现大企业创新的战略性、基础性等特色。这一体系产生的背景是新经济社会和智慧社会。典型案例为小米搭建的人生智能物联网（artificial intelligence&internet of things，AIoT）生态、SAP 公司提出的乘云而上—SAP Rise with SAP 数字化转型战略、联想的智能生态、施耐德电气通过创赢计划链接各类生态伙伴等。

2. 运用数字化技术改变企业组织模式

当前，数字化技术、人工智能技术、物联网技术等在各行各业被广泛运用，如数字化技术在智能制造领域的应用，人工智能与制药行业的跨界融合等。数字化技术与各个行业交叉产生的跨界创新是未来大企业创新的主要焦点。未来，大企业会加大数字化的研发投入、加强数字化的基础设施建设。在数字化浪潮下，企业需要重新审视原有的战略、业务、运营及管理等各个方面。在互联网技术的支持作用下，企业已经基本实现了线上线下双布局，此时渠道内所有的要素也得到了重新统筹和配置，从而推动实体业态多元化发展。

数字技术的出现让信息的透明度得以提升，此时企业和下游客户在信息掌握水平方面趋于平等，信息不对等的情况有效减弱，此时客户也能参与到企业的运作活动中，以往零散的客户成了企业的价值资源，此时就出现了客户增权的情况。在这一背景下，企业和客户之间的关系也随之改变，双方之间的商业模式开始朝着多样化的方向发展，双方之间能否实现协同发展就成了商业模式运作过程中的关键问题。

此外，数字化技术的发展还对企业的产品和服务产生了广泛的影响，在当前的市场环境中只有智能服务、个性服务才能够得到消费者的青睐。因此企业应当积极引入各种数字技术，并以此为基础来对客户的行为信息、基础信息等进行采集和分析，对下游客户作出明晰而准确的画像，让企业能够完整地了解客户的需求。另外客户需求也不再局限于以往的定价、品质、功能等，许多客户还希望能够在交易过程中获得良好的体验。这就意味着企业应当提升自身的信息处理和分析能力，准确获取客户的倾向，进而针对客户的需求为其提供个性化的业务。

在进入数字时代后，组织架构开始呈现扁平化的特征，这是由市场环境的变动决定的。在扁平化的组织架构下，不同部门各自承担相应的职能，纵向的层级壁垒被打破，此时部门之间的信息交流效率将会得到有效提升。当前包括小米、腾讯在内的一些高科技企业之所以能够取得成功，就是因为这种扁平化的组织架构提升了企业总体的运作效率。

小米公司的组织架构呈现出十分典型的扁平化的特征：只有七个创始人拥有职务，其余所有的职工都是不分层级的工程师。小米负责人认为只有缩短与客户的距离才能了解客户的所思所想，才能设计和生产出客户需求的产品，如此才能把消费者变为小米的“员工”，让消费者参与小米的产品设计研发、传播和推动。而要实现这些，组织就要尽量扁平、简约。小米的做法反映出互联网时代组织架构设计很重要的理念：扁平化、柔性化、极简化。腾讯在这几年也一直在做组织变革，变革的方向基本也是组织扁平化、极简化。腾讯管理层曾提出，企业大了以后最大的问题是消除内部的敌人，要破除大企业病，保持小企业的灵活性和创新精神。因此从 2012 年开始，腾讯就在内部进行组织结构的调整，不再以业务模块为中心或者以合伙人为中心，而是强调必须以客户为中心建立事业群。

综上，在当前数字化技术对企业的渗透下，组织结构的扁平化或成为未来趋势。大企业可以在深入剖析外部政治经济环境、市场动向的基础上，研究诊断企业在创新的战略、决策机制、激励机制、组织结构、文化等内在能力方面的不足，依据企业所处的不同时期制定出差异化的解决方法。企业也可以通过强化与创新生态服务机构的合作来共建和强化生态圈。当然，每个企业都有自身固有的特点，企业要根据自己的发展周期和企业规模来设定自己具体的创新策略。

3. 推动企业构建伙伴关系

未来的企业竞争力不再是企业之间的单独较量，而是企业联合体之间的碰撞，这是一种新型伙伴关系。依附在平台上的中小企业，正在汇聚成为一股不容忽视的生态力量。这一现象在消费互联网时代，已经被充分证明，如我们见到的小米系、阿里系、腾讯系、苹果的 iOS 系统、谷歌的安卓系统及腾讯应用宝的开放平台等。

目前，互联网已由消费互联网发展到产业互联网时代，企业搭建生态体系的必要性越发凸显。传统的“供应商—企业—客户”的线性垂直价值链思维被价值网模型取而代之。价值网指的是由企业、上游供给企业、下游客户等主体的价值、资源与信息联通所构成的具有动态性的网络。未来，企业在搭建生态的过程中，将连接并整合内外部各类资源，并将自身的资源和能力向生态伙伴开放，与供应商、客户等共创价值，从而重塑新的竞争优势。目前，亚马逊云、阿里云、腾讯云，以及 SAP 正在搭建的行业云、小米的 AIoT 生态等，都是大型企业把自己变成基础设施的具体体现。数字化背景下的大企业创新生态构建，不仅需要依靠企业单个个体的努力，还需要用户、创客、创新生态服务机构、政府部门，以及大企业的竞争者共同参与，共同构建强耦合的新型伙伴关系，通过跨界融合，实现多样化的场景突破。在大企业的整个生态系统中，客户价值属于核心驱动力，像 SAP、施耐德电气等大企业的创新生态构建，均是从客户出发，与客户共同成长，实现多样化场景的突破。

面对增长困境时，有些企业选择从内部寻找业务创新机会从而实现内生性增长，而有些企业选择通过战略投资或搭建孵化平台培育外部企业进行战略合作以实现外生性增长，这就衍生出大企业的创新路径，即通过内部创新和外部投资的方式实现双轮创新驱动。联想、小米等是采用这一路径的典型代表：联想不仅在内部有三级研发体系，而且设立了企业风险投资（corporate venture capital，CVC）——联想创投，通过对外投资的方式来捕捉前沿技术。小米除了集团内部的研发外，还设有 CVC 机构——小米创投，通过投资的方式来为小米的供应链安全提供一定程度的保障等。

在大型企业中，大部分企业设有专门的创新组织架构，有些隶属于战略部，有些隶属于研究院。这些组织对内进行内部创新产品和服务的孵化，对外与创业生态建立连接，通过联合创新中心或者创新孵化器或加速器的方式，与创业企业建立连接，开放自己的客户资源和技术平台，与小企业共同针对客户需求进行研发。在企业进行研发的过程中，大部分企业都会和外部的高校进行联合研发，如小米联合武汉大学、北京大学等共同进行芯片技术方面的研发等。

5.3 聚焦创新方向支持高质量发展的路径

5.3.1 构建政策制度导向下的创新路径

党的十九届五中全会提出，“坚持创新在我国现代化建设全局中的核心地位，把科技自立自强作为国家发展的战略支撑”①。把“坚持创新驱动发展”放在最显著位置，凸显了对国家科技创新能力的高度重视。围绕创新实践路径这一问题进行研讨，能够在理论和实践两个层面发挥积极作用。

早在2016年，中国就针对科技创新推出了一系列扶持政策，在深化科技体制改革、科技成果转化、科技奖励机制、科技人才激励、科技创新支持到科技人才发展和科技组织提升等各方面均有涵盖。国务院于2016年出台了《促进科技成果转移转化行动方案》，2017年我国针对科技创新问题出台了一系列指导文件，对激励措施、双创问题、创新改革等问题作出了明晰的规定。2018年我国从基础科研、评估机制、业绩考核等层面入手出台了一系列文件，2019年我国在文件中进一步提出要扩大科研机构与研究人员的自主权。至此，国家在企业科技成果的转化、科学人才培养与评价、科技创新激励及科技金融与税收等方面，均有明确政策指导，具体如表5-1所示。

表5-1 国家相关科技政策

科技成果转化类	科技人才培养与评价类
2015年《中华人民共和国促进科技成果转化法（2015年修订）》 2016年《关于加强高等学校科技成果转移转化工作的若干意见》	2016年《关于深化人才发展体制机制改革的意见》 2016年《关于实行以增加知识价值为导向分配政策的若干意见》 2019年《抓好赋予科研机构和人员更大自主权有关文件贯彻落实工作》
科技激励类	**科技金融与税收类**
2016年《国资委关于做好中央科技型企业股权和分红激励工作的通知》 2016年《国有科技型企业股权和分红激励暂行办法》 2017年《关于深化科技奖励制度改革的方案》 2018年《扩大国有科技型企业股权和分红激励暂行办法实施范围等有关事项》	2015年《关于完善研究开发费用税前加计扣除政策的通知》 2015年《关于高新技术企业职工教育经费税前扣除政策的通知》 2016年《关于完善股权激励和技术入股有关所得税政策的通知》 2017年《关于提高科技型中小企业研究开发费用税前加计扣除比例的通知》

可以看出，科技创新备受重视，国家政策密集出台，科技创新的地位进一步

① http://www.sx-dj.gov.cn/a/dcyj/20201210/38613.shtml[2020-01-31]。

提高，开始从跟踪模仿向自主创新转变，并从以下三个方面加强制度规划。

1. 强化制度保护建设

近些年我国为提升技术创新水平，一直在不断完善自身的制度规划，现有的制度已经在一定程度上为技术创新创造了良好的条件。但是从整体来看，我国在制度建设方面依然存在一定的不足，如现有的科创保护制度呈现出显著的外生性特质，所以我国应当改变自身的姿态，以主动的态度进行制度建设，一方面要继续将自主研发作为发展核心，另一方面则应当面向关键高难技术进行攻关，让我国能够在不利处境中实现反超。比如说虽然我国已经建立了知识产权保护制度，不过由于没有配套的侵权惩处制度，保护制度在实践中发挥的效应并不显著。我国应当从知识产权的角度入手打造更具系统性的制度，解决当前制度建设过程中存在的短板。另外我国还应当为新兴产业提供更多样的税收优惠政策，以政策为支撑让企业拥有更积极的研发动力。

2. 提高创新主体活力

企业一方面是经济活动的参与主体，另一方面也是经济的驱动力。在当前的时代下，国际经济环境和我国内部经济走势已经对传统企业提出了更高的要求，此时这些传统企业应当积极响应国家的主张，及时对自身的结构进行转型升级。同时创新型企业是我国经济的重要推动力，这些企业应当建立大局观念，放眼国际，以跻身世界一流企业为目标进行战略规划，充分利用国家为其提供的政策支持，积极实施自主研发，降低对外国原件、外国技术的依赖度，提升企业研发生产的独立性。同时还需要注意到，如果要实现我国企业的总体发展，各个企业应当认识到彼此之间是利益共同体，只有建立完善的技术信息交流渠道，才能够提升资源的利用率，让我国技术水平得到整体性的提升。另外，一些已经实现了技术创新并且在自身所处领域中占据领军地位的企业也应当充分发挥出拉动作用，带动领域内其他企业实现共同发展。比如说互联网行业已经出现了一些龙头企业，这些企业无论是在技术水平、人才储备还是在经济实力、组织架构上都已经基本趋于完善，其中相当一部分企业已经拥有世界性的竞争力。此时这些企业不应当独善其身，应当积极承担自身的社会责任，利用自身在技术等方面的优势来帮助中小规模企业发展。这些大型公司可以通过对外培训等多种方式将自身的技术分享给中小规模公司，此时创新就不仅仅是大型公司独有的创新，而是整个行业共同的创新。最后还应当认识到企业的管理人员直接决定企业的发展方向，所以管理人员能否拥有大局观念和前瞻性眼光将会影响到企业在未来的发展。企业应当选择具有创新思维和进步精神的人员作为高层管理人员，并让这些人员带动整个企业的创新发展。

3. 营造有利于创新的良好氛围

改革开放政策实施以来，我国逐渐认识到知识产权保护工作对各产业规范发展的关键意义，所以我国开始在这一方面进行制度建设。但是就现状来看，目前的产权保护机制依然存在一定的问题，一些自主研发公司在研发出成果以后，其成果被其他市场主体篡取，这种搭便车的行为将会对自主研发人员的积极性造成严重打击。针对这一问题，我国应当进一步提升对知识产权保护工作的关注度。一切创新活动的根本实施者都是个人，所以应当面向高质量人才搭建创新激励措施和保障措施，以创新要素为导向搭建收益配置制度，让拥有优越创新能力的人员能够获取更理想的收益，此时这些人才也将会更积极地投入创新实践活动中。

5.3.2　构建市场要素导向下的创新路径

市场要素导向指企业执行市场营销观念，依据这一观念，企业应当密切关注外部环境的变动情况，这种变动主要体现在两个层面：第一层面是行业的变动，即领域内其他企业的技术发展水平等；第二层面是市场的变动，即消费者需求的变动等。只有以动态的眼光看待外部环境才能够把握行业和市场的动向，并以此为基础做出具有指向性的发展战略和应对举措。近些年我国在报告和文件中多次提到创新在整个经济发展中的决定性作用，同时我国也陆续推出了一系列以促进创新为目的的政策。这些政策的推进激发了社会整体的创新积极性，掀起了一阵创新热潮。放眼世界，当前所有发达国家正在经历技术革命与产业变革，研发成果在推出以后可以在短时间内投入生产。反观我国，近些年各个传统产业都开始实施自主转型升级，各个领域的技术飞速发展，许多企业都开始利用新型技术来对自身的生产工艺加以优化，在这一背景下不难看出我国的技术创新拥有极为宽广的发展空间。

华为之所以在国产品牌中能够创造出一个个不朽的传奇，关键在于始终坚持技术创新的市场化。华为创新机制中一直以来最核心的关键点就在于“以客户为中心”,因此华为一直以来坚持奉行以市场为主导的创新理念。在过去的十几年里，包括华为在内的中国企业一致过于推崇技术创新，认为只有领先的科技水平才能带领企业立于不败之地，处于强有力的竞争地位。华为在进行技术革新的进程中耗费了巨额资金和大量人力，然而收益却不甚理想。与此同时，华为开始反思以技术创新为导向的盲目性，认识到产品市场和客户群体的重要性。从此华为开始在技术创新的同时深耕创新技术深层的市场价值，主动迎合市场和客户需求，其市场份额和品牌影响力随之逐渐扩大。由此可知，客户是产品的终端消费者，市场就是产品的试验场，产品创新的成果只有在市场上才能被检验出来，企业只有把产品创新与市场结合起来，才能在市场的检验中存活下来，因此可以通过以下方式实现市场要素导向下创新方向路径构建。

1. 打造科创良性循环

不管是以某一种研发成果为核心进行产品开发，还是依托技术来改善产品功能等都不是简单的技术层面的难题。产品研发工作是一项具有高度复杂性和系统性的工作，产品设计、价格规划、宣传等多个流程都与市场的发展密切相关。所以必须要把握市场这一立足点，发挥市场的导向作用，将技术视为一种市场要素，让技术以市场要素的身份实现流通。只有这样才能让市场主体以更低的成本实现交易，技术供需双方也会建立更密切的联系，技术将真正成为产业发展的支撑力量。

2. 创新主体各司其职

创新链条中的每个节点发挥的效用都是不可替代的。对于高等院校和科研机构来说，应当明确区分探索性的科研活动和以市场为导向的科研活动之间的区别，并认识到自身的责任所在，应当以企业的需求为基础决定科研活动的发展方向，让科研结果能够切实为企业的发展提供支持。在当前这一关键的时间节点，科研主体应当关注到可转化性的重要意义，要将科研资源集中于可以实现转化和变现的技术开发中，减少不可转化科研工作对资源的占用。

3. 以市场为导向疏通科技创新链条

应当认识到政府和市场在职能上的差异，并且对二者之间的关系加以调节，应当将企业置于主体地位，以市场为主导，促进产业、院校和研究机构三者的结合，以此为基础进行技术创新系统的搭建。从政府的角度说，其应当通过各种政策来对研发活动提供支持和激励，为科研工作打造良好的外部环境。从整体来看，政府应当选择性地对市场进行干预，在存在市场失灵的情况时应当积极对市场进行弥补和矫正，在市场能够对资源进行高效配置的情况下则应当甘于成为市场的服务者，只有这样才能有效促进经济的发展。

4. 完善中国市场经济制度

应当打造产权制度完善的、要素自由流通的、价格机制灵活的、竞争环境公平的经济制度，加强知识产权法律保护力度，确立知识产权“严保护”的政策导向，健全“大保护”的工作体系，不仅如此还要提升保护措施的及时性。建立完善的产权保护机制能够让我国企业以更积极的态度参与到研发工作中，也有利于中外企业合作从而实现技术吸收。

5.3.3 构建协同创新导向下的创新路径

在建立市场经济制度以后，我国应当针对这一经济环境打造与其相适应的协同创新模式。就目前来看，尽管我国近些年在科技创新方面所取得的成果是不可否认的，但是从绝对水平上来说，我国的技术水准依然无法达到发达国家的水平。另外我国在制度规划方面也存在一定问题，如科技资源较为松散、缺乏系统性，不同的研发主体之间尚未搭建信息传递共享机制，资源也没有实现互联互通等。这些制度性的问题导致我国的创新发展进入了瓶颈，因此需要借鉴发达国家协同创新的经验，提出协同创新导向下创新方向转变的路径，将我国拥有的“集中力量办大事”、社会组织动员能力强的社会主义制度优势转化为全社会协同创新的体制优势。

1. 推进产学研合作

纵观全球技术创新能够看出，当前技术创新主体已经不再局限于科研机构和高等院校，许多企业、社会组织等都可以成为创新活动的主体。创新主体的多元化发展带来了创新资源分配的问题，将所有的资源集中给单一主体显然无法满足时代的需求。事实上没有任何一个创新主体可以在脱离其他主体支持的情况下独立实施创新活动，只有不同创新主体共同协作才能提升资源的利用率，用主体之间的协同效应打造出创新的奇迹。目前，我国关键核心技术的来源主要由重点高校和科研机构及大型企业主导，中小型企业及部分民营企业对于攻破“卡脖子”技术难题的贡献度和参与度不够。而“卡脖子”技术的突破不同于普通的关键性技术，需要创新链中的多主体协同，单独的创新主体对于集基础研究和应用研究于一体的复杂化研究很难应对。因此，我们要实现关键技术和核心技术的突破，需要各类企业、高校、科研院所、政府部门及科技服务机构等上下联动和横向互动，才能实现目标。因此应当提升对利益驱动机制的利用水平，将各种创新主体的力量进行统筹合一，一方面让各个主体都能够积极参与到创新活动中，另一方面让多方主体形成合力，共同促进创新事业的发展。

需要注意的是，这种协同创新模式下的产学研融通组织需区别于一般的产学研组织，必须克服传统产学研组织松散、协同强度低等问题。新型的产学研融通组织更加聚焦重大技术、重大工程联合集体攻关，将大中小各类企业、重点高校和科研机构进行融通，注重基础研究和应用研究的紧密互动，将产业链及创新链上的各个环节嵌入产学研组织中。为实现产学研组织的紧密结合，可以支持产学研组织注册成为社团法人，通过政府购买服务的方式支持联盟、制造业创新中心、国家技术创新中心等产学研深度融合组织的发展；也可以在以应用技术大学为办学定位的地方本科院校的评价体系中，鼓励大学教师与企业开展密切的产学研合作，逐渐提高高校等主体在组织中的融通程度。

2. 健全新型举国体制

举国体制是以国家利益为最高目标，动员和调配全国有关力量，包括精神意志和物质资源，攻克某一项世界尖端领域或国家级特别重大项目的工作体系和运行机制。举国体制伴随着中国经济技术发展生生不息，从重大工程建设到举国应急管理，都能感受到其历久弥新的生命力。新中国成立以来取得的一系列标志性的重大成就，都离不开多线路的协调及对资源的协调配置，而这些正是我国新型举国体制下集中力量办大事的表现形式。同时，构建新型举国体制是实施创新驱动发展战略的客观需要，通过实施国家重大科技项目来激发科技所蕴含的巨大潜能，有利于提高我国的总体创新能力，集中攻关“卡脖子”技术。

举国体制在不同时期呈现出的内涵是有差异的，并随着市场经济条件不断呈现出新的特征。在新形势下，应当认清科技创新领域是举国体制应用的主阵地，难度大、周期长、投入多的科技创新是提升国际竞争力关键性的因素，依靠举国体制提高多元主体的融通、提升聚力效率、加快技术创新的脚步。此外，党的十九届四中全会明确提出“必须加强和创新社会治理，完善党委领导、政府负责、民主协商、社会协同、公众参与、法治保障、科技支撑的社会治理体系”①。随着互联网的发展，我国治理能力与治理水平的现代化要求变得越加迫切。

3. 构建“央企+国企”分类主导的创新共同体

国有企业往往被认为是政府参与经济建设的有效载体，是调控政府“有形之手”和市场“无形之手”的关键一环。国有企业相对于民营企业具有自然垄断属性，且往往涉及资本密集或者技术密集型产业，是关乎国计民生的龙头企业。但目前对于国有企业的创新效率存在争议，国有企业的垄断属性是否能给企业创新带来更高的效率仍无法达成共识。但无论如何，国有企业产出的产业共性技术带有公共品性质，加之国有企业有良好的创新优势，若能实现与各类主体的融通组织，就能为企业的公共创新指引明确的方向。

民营企业同样有相应的优势，其对于颠覆式创新具有独特的组织能力，且具有更强的竞争活力。在创新链的改造过程中，形成“央企+国企”的混合所有制企业能够实现国有企业和民营企业的优势互补，通过国有企业在商业化过程中的市

① https://baijiahao.baidu.com/s?id=1669009037361807767&wfr=spider&for=pc[2022-05-09]。

场嗅觉，可以减少开发过程中的不确定性，减少盲目开发。具体而言，可以通过交叉持股及共同分类主导持股等方式实现股权与收益权的有效融通，通过国有企业的风险承担能力及商业化能力为创新链终端打开通道，再由创新链终端反哺前端基础研究和应用开发环节。

第6章　凝聚创新主体共识引领产业高质量发展的方法和路径研究

6.1　凝聚创新主体共识引领产业高质量发展的研究现状

6.1.1　相关理论研究

1. 产业协同创新概念

主体协同创新指组织内部或组织之间的协同创新，可以从两个角度入手来对其内涵加以解析。第一个层次强调基于互补资源的组织内部或组织之间的协作创新。第二个层次强调组织内技术、文化和系统的协同互动。在第一个层次上，组织的目标是缓解或克服组织内部各部门技术水平、资金、资源和信息的约束和限制，通过部门间或组织间的协调，实现优势互补、资源共享和风险共担。随着技术创新的要求越来越复杂和困难，任何创新组织都无法独立地完成技术创新活动。独立的创新组织没有创新所需要的全部资源，且无法独自抵御创新的所有风险。每个组织都应该从整体创新效益最大化的角度来确定自己的主要角色，并通过打破制度障碍来实现与其他组织的相互促进合作。

产业创新作为中观层面的创新，是宏观与微观创新之间的媒介，而且随着产业的发展，协同创新已经成为产业必然的发展趋势。产业的协同创新是一个包括多个主体的互动过程。产业协同创新系统是一个开放的创新生态系统，主要包括三个维度的协同创新——产业生产协同创新、产业与政府间的协同创新、产业与企业间的协同创新，通过这三个维度的协同创新形成产业链、创新链、资金链和人才链的链条“四螺旋”。产业链协同和产业合作创新是以企业为主体的创新核心子系统，生产协同创新是产业合作创新的外部环境子系统，两个子系统之间相互作用、相互依存、相互制约，逐渐促进工业合作创新系统的发展，提高产业生态系统生产力，进一步推进供给侧结构性改革，增强创新驱动发展能力。图 6-1 展示的是产业协同创新体系框架。

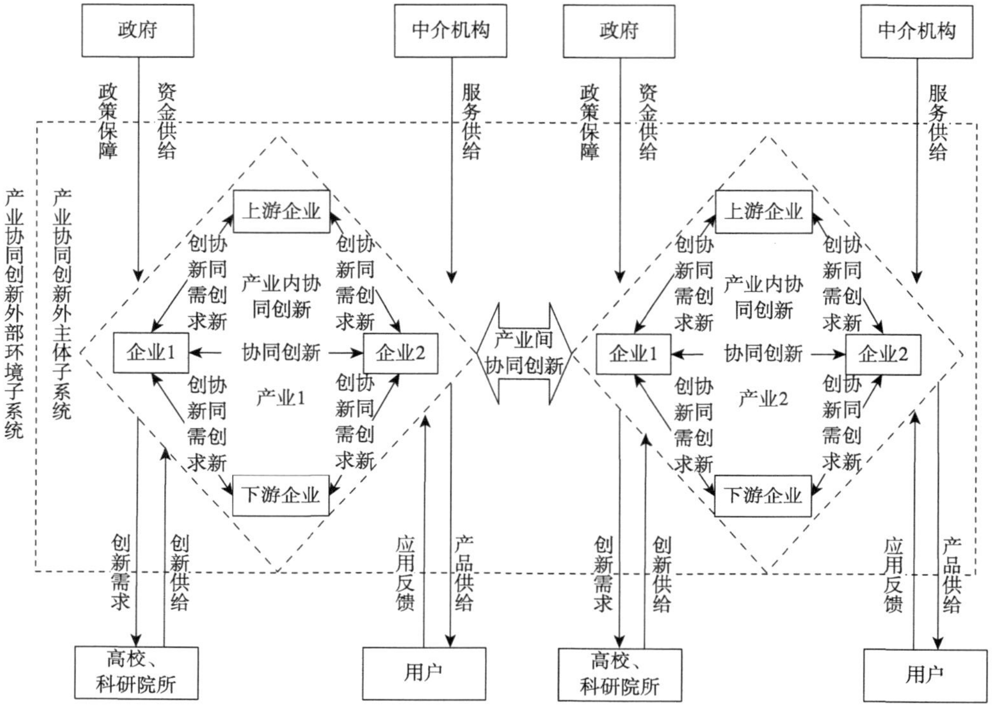

图 6-1　产业协同创新体系框架图

通过图 6-1 能够得出，产业间协同创新由两个部分组成，分别是企业和上游节点的协同创新，以及企业和下游节点的协同创新。产业间协同创新是指不同产业之间的协同创新，更多的是一种横向集成创新。在“互联网+”背景下，“互联网+产业”的融合发展可以带动传统产业的转型升级。在产业协同创新中，还需要企业与政府、高校与科研院所、中介机构与用户之间的协同创新。政府为产业协同创新的主要子系统提供政策保障和资金供给。通过加强与政府的合作，企业可以获得更多的咨询和政策信息。企业是技术的直接需求主体。上下游相关企业与客户之间的互动构成了产业协同创新的主体，在产业协同创新机制中起着核心作用。政府、高校、科研院所及中介机构共同搭建了产业协同创新的外部生态。作为创新活动的外部监督者，政府为产业协同创新主体提供资金供给，并通过政策规划等手段对产业发展提出创新需求。高校、科研院所为产业协同创新提供基础研究和技术支撑。中介机构指的是行业协会、金融机构等，这些机构将为企业的发展提供服务，对产业协同创新来说，这些中介机构能够发挥平台性的作用。产业协同创新主体与外部环境之间的融合即政产学研金介用协同创新。

熊彼特创造性地提出了协同创新这一理念，提出协同创新的主体是拥有相同目标的参与主体，这些主体将构成网络小组，并以网络为媒介进行信息交流，进而让彼此共享的目标在更为高效的经济条件下得到实现。从那时起，许多学者的研究重点逐渐从协调与合作转向了集成创新。彭纪生首先提出中国的协同创新，他认为，技术创新的各个方面都应该协调。陈劲和阳银娟（2012）提出，在我国的环境中，企业、政府、高等院校与研究机构、中介机构及用户这些主体能够共享相同的目标，就是促进产业创新发展，以此为基础，上述主体就可以构成协同创新架构。胡恩华提出，协同创新主体在共同发展的过程中能够创造出单个主体无法实现的价值。吕静等指出，协同创新是指集群创新企业与集团外部环境之间的相互竞争、相互制约、相互协调、相互受益。马丽提出，产业的发展是协同创新主体共同持有的目标，此时这些主体将以企业为中心建立合作模式，共同促进企业的基础发展，以此为媒介实现产业的进步。工业合作创新的目标是建立以企业为主体的产学研合作机制，协同配置工业资本、人才和行业技术，全面突破行业在该地区、部门、创新学科之间的壁垒，实现产业链融合，资金链和科技链协同，有效整合科技资源、产业资源和创新要素，在区域内产生规模经济效应、产业集聚效应和辐射效应，进而花费更少的成本，承担更低的风险，创造更高的价值。张淑莲等提出，产业协同是指某一区域内的区域产业形成。作为一个开放的体系，各个产业或产业集群在科技、经济、社会、环境等因素的影响下共同作用，构成具有秩序性和完整性的产业链条。徐立兴等认为，产业协同是指产业之间的关系。由于产业是提供一种产品和服务的企业的集合，通过产品和服务的投入产出关系，产业之间只存在上下游意义上的纵向关系，不存在横向关系。如果产业分类较大，同一产业类别的子产业之间可能仍然存在横向关联。

2. 创新理论

20 世纪初，美国学者熊彼特创造性地建立了创新理论，依照他的理论，第一，创新是一种具有内生性的力量，不受外部影响，只受内部变化的影响。第二，创新是“革命性”的改变。经济的发展和经济体系的构建需要进行动态研究。在这一过程中，创新表现出突发性和间断性。第三，创新是一个新旧循环。创新随着经济的发展而增长。第四，创新是创造新价值的过程。熊彼特提出，从时间次序上来说，先有发明而后有创新，发明指发现新的工具或方法，而创新指的是对发明结果进行运用。第五，从本质上来讲，经济不断向前发展的根本驱动力就是创新。第六，创新活动的实施主体是企业家。创业创新成功的核心是执行这种“新团队”的能力。

同时熊彼特认为在整个创新系统中，产业创新主体发挥着不容小觑的关键作用，他提出正是在这些组织的合作与博弈的过程中才会产生创新结果。根据这一理论，产业合作创新作为国家创新活动的一部分，不仅是主体之间的交流与互动，而且是政府的建设、发展的政策和相应的中介系统的合作，以确保工业合作的顺利进行，达到预期的合作效果。

3. 三螺旋理论

三螺旋理论最初应用于生物学，作为基因、组织和环境相互作用的模型。在创新发挥主要驱动作用的经济制度下，政府、企业与高等院校作为三个基础创新主体，依据市场需求相互连接在一起，构成一种十分密切的三螺旋关系。三螺旋关系的本质是社会科学领域的三个螺旋之间的关系，如在市场经济模式下，政府、企业和大学构成的基本元素满足创新生产，三者依据市场需求相互连接，属于三螺旋理论。

三螺旋理论将高校和公共研究机构融入区域经济发展体系中，强调这些社会组织在提高区域创新能力和促进区域经济发展中的作用。从一个角度上说，产业协同创新要求企业将自身的需求信息传递给院校和机构，而后者反过来将技术传递给企业。从另一个角度上说，政府宏观调控活动、企业创新活动和机构院校的研发活动会共同作用于整体的协同创新效果。加强产业协同创新需要进一步推进政府、产业、教育、科研、金融、中介和应用等协同创新，实现产业链、创新链、资金链、人才链的螺旋上升。

4. 系统理论

20 世纪 90 年代，德国研究人员哈肯和郭治安（1990）建立了协同理论。协同理论主要是指任何系统的各个组成部分都具有竞争与合作的特征，也存在一个从混乱无序到稳定有序的过渡过程。依据这一理论，如果系统和要素之间存在相互作用，那么就称二者之间存在耦合关系，而作用的深度决定耦合的高度。系统的耦合水平和协调水平将会决定整个系统的秩序性，秩序性越强，系统的协同性就越强。

系统论将产业协同创新系统视为一个错杂的生态系统。通过各子系统的有序演化，提高了整个系统的协调度，从而使整个协同创新系统不断发展。

5. 产业集群理论

产业集群是指产业内的诸多企业朝向一个区域进行汇集，产业集群存在路径依赖和集群经济等基本特质。集群内部的企业处于相同的产业链条中，彼此在业务上存在密切的关联性。构成互补关系的产业将会产生共生效应，让集群内部企业能够同时发挥出规模效应和外部效应。相比于一般形式的产业，产业集聚形成的规模效应和集团优势能够带来更大的竞争优势。

这一理论指出产业内部企业之间的关系是复杂的，既是合作关系也是竞争关系。高密度的产业集聚通过产业上下游企业和同类企业及周边产业的集合从而形成集聚效应，促进产业协同创新，提高产业生产率。

6. 产业融合理论

产业融合就是通过技术创新和放宽限制，减少产业之间的壁垒，加强企业之间的竞争与合作关系。多个行业在同一个行业内将会实现重叠和融合，进而构成一个新的产业。产业融合可分为高新技术的渗透式融合、产业间的延伸式融合和产业内的重组式融合。产业融合的基础特性是不同行业的外缘清晰度降低。互联网技术正在为新产业的创造和价值的获取建立新的边界，并通过创造新的竞争优势来源和重新评估现有的竞争优势，迅速重组许多现有产业。

这一理论认为不同行业可以通过交叉和融合构成一个新的产业。在"互联网+"的大背景下，我们要进一步推动传统产业转型升级，加强产业融合，促进新兴产业可持续发展。

6.1.2　相关实证研究

不同于常规的创新合作，协同创新主体合作更侧重于通过资源交互的方式发挥总体作用，构成具有秩序性的整体架构。同时，协同创新更加注重资源的优化配置和利用，以及协同创新复杂系统中各要素之间的非线性相互作用。因此，对其绩效的评价应该不同于一般的合作创新。目前，开展这类研究较好的方法主要有复合系统协调度模型和社会网络分析法。

在对组织协同创新水平进行评估的过程中，最常用的指标就是协同度，该指标表示复杂系统中创新要素在系统演化过程中的协同一致性程度，利用这一指标能够准确评判出协同创新的业绩水准。在基于序参量的评价指标体系基础上，可以得到系统序参量的序度和子系统的序度，进而可以得到整个系统的协调度。有学者在协同学的基础上，建立了复合体系的协调度模型，分析产业协同创新的内涵和效用，李晓钟和王莹（2015）以协同理论为基础，依据复合系统自身的特性，提出物联网产业的发展机制可以被分为四个组成部分，分别是整合、创新、结构及组织，他们利用 2008~2012 年物联网概念版上市公司的相关数据，分析了我国物联网行业各子系统的有序度和系统的整体协调度。

关于协同创新网络的研究，蔡文娟和陈莉平（2007）从社会资本的角度，研究连接机制和合作创新网络，并分析了认知维度和关系维度在其中的创新效果。惠青和邹艳（2010）以企业为研究对象，研究了合作创新网络之间的关系、知识集成及产学研研究所的技术创新，并发现知识集成的过程中起到完全中介作用的网络结构对技术创新存在影响作用，并且在这个过程中起到部分中介作用的网络关系对技术创新也存在影响作用。王登新和王小宁（2018）从新经济社会学的视角出发，运用社会网络分析的理论和方法，对产业集群进行了定量研究。彭华涛等（2013）探讨了协同创新和社会网络架构之间的关联性，随后，他以社会网络作为出发点对协同创新这一主题进行了讨论。解学梅（2011）从城市圈的角度出发对协同创新运作模式进行了讨论。孙萍和张经纬（2014）构建了产学研协同创新的市场化模式，提出了政府产学研协同创新的组织监督机制、科技资源流动机制、成果转化机制、平台服务机制和信任机制。贾生华和郑海东（2007）对协同创新模式进行了研究，发现当前广大中小规模企业都以产业集群为基础打造协同创新模式。杜兰英和陈鑫（2012）提出了政府部门、企业集团、大学、研究机构、目标用户、中介机构等行为主体相互依存、共同发展的综合协同创新模式——"六位一体"模式。李大庆等（2013）认为中小规模企业实现协同创新的模式主要有三种，第一种是以产学研为基础搭建的创新模式，第二种是以企业创新联盟为基础搭建的创新模式，第三种则是以大规模企业为依托搭建的创新模式。汪秀婷（2012）以战略性新兴产业为研究对象，对这些产业的发展态势及自身的特性进行分析，并最终以具有针对性的方式打造了协同创新模式，认为工业创新是基于协作平台、价值链与市场、路径与技术之间的耦合，在目的、资源、组织和系统四个基本维度的协作指导下，可结合不同发展阶段的行业特点，加强"四力"的培育与对接。

基于此，可以看出，国内外学者主要从内涵、影响因素、协同机制、制度和规制等方面对产业协同创新进行了实证研究。当前，围绕协同创新这一主题开展的研究并不深入，其中定性研究居多，定量研究较少，这也是国内产业协同创新研究难以深入的主要原因之一。要想为经济更好更快发展提供理论支持，就有必要运用多学科的相关知识对协同创新进行分析研究，尤其注重定量研究。目前，协同创新的模式越来越多，但作为创新来源的"市场导向"因素并没有得到应有的重视。本章将在这些领域开展研究，寻求突破。

6.2 凝聚创新主体共识引领产业高质量发展的研究方法

6.2.1 协同社会网络分析

1. 主体协同社会网络分析方法

这一部分将以社会网络分析法为基础对协同创新网络加以探究，以定量的方式讨论社会关系问题。社会网络是由作为节点的能动者及其之间关系构成的集合，网络密度是对网络主体间关系紧密度的度量，网络密度能够展现内部主体之间的关联性；网络中心势能够展现网络总体权利集中水平，衡量一个网络内的主体对少数主体的集中程度；平均距离是网络中任两点间的最短路径包含的边数的均值，展现出两个行动主体建立连接的通路。以距离为基础的凝聚力能够展现出网络内不同节点的密度，数据越大代表节点之间的距离越小，此时整个网络将拥有更强的凝聚力。采取平均距离和以距离为基础的凝聚力两个指标来面向网络效率开展分析。波特建立了结构洞理论，他提出网络内所有具有价值性的主体都以结构洞为桥梁相互连接，主体能够通过结构洞来对信息利益进行获取和控制，进而在网络中拥有更强的优势性，以这一理论为基础可以对主体在网络中的位置加以判定。

2. 协同创新网络构建

将江苏省作为研究对象，对协同创新网络进行创建。在地区范围内进行行动主体选择，选择结果为 21 所高校院所，13 个政府和 33 家企业，如表 6-1 所示。这一部分将会对该地区教育机关和科技机关在协同创新方面的信息进行采集和分析，假如不同网络主体之间存在合作研发关系，那么就在矩阵之中将其记为 1，不存在关系则记为 0。通过分析得出该地区的创新关系矩阵，并将得出的结果输入 Ucinet 软件中，通过 Netdraw 工具对创新网络图加以描绘，如图 6-2 所示。

表 6-1 行动者编号

类别		行动者编号
高校院所（21 所）		1 南京大学、2 东南大学、3 南京航空航天大学、4 南京理工大学、5 河海大学、6 南京农业大学、7 南京师范大学、8 中国药科大学、9 南京工业大学、10 南京邮电大学、11 南京医科大学、12 苏州大学、13 江苏大学、14 江苏科技大学、15 中国科学院下属研究所、16 江苏省农业科学院、17 南京玻璃纤维研究设计院、18 中国电子科技集团公司第十四研究所、19 中国电子科技集团公司第二十八研究所、20 中国电子科技集团公司第五十五研究所、21 中国船舶重工集团公司第七〇二研究所
政府（13 个）		22 南京、23 无锡、24 徐州、25 常州、26 苏州、27 南通、28 连云港、29 淮安、30 盐城、31 扬州、32 镇江、33 泰州、34 宿迁
企业（33 家）	信息技术与软件产业	35 江苏图格信息技术有限公司、36 中天科技集团有限公司、37 江苏思诺泰克电子技术有限公司、38 南京汉德森科技股份有限公司、39 南瑞集团有限公司、40 南京联创科技集团股份有限公司、41 焦点科技股份有限公司、42 德迅科技股份有限公司、43 南京熊猫电子股份有限公司
	生物技术与医药产业	44 江苏恒瑞医药股份有限公司、45 江苏天晟药业股份有限公司、46 苏州汉德森医药科技有限公司、47 江苏奥赛康药业股份有限公司、48 无锡奥克丹生物科技有限公司、49 苏州康宁杰瑞生物科技有限公司
	新材料产业	50 江苏乐园新材料集团有限公司、51 中广核中科海维科技发展有限公司、52 南京云海特种金属股份有限公司、53 江苏中鹏新材料股份有限公司、54 江苏博特新材料有限公司、55 江苏科利新材料有限公司
	新能源产业	56 江苏太阳宝新能源有限公司、57 江苏华盛天龙光电设备股份有限公司、58 海润光伏科技股份有限公司、59 江阴博润新能源科技有限公司、60 协鑫集团有限公司

续表

类别	行动者编号	
企业（33家）	装备制造产业	61 江苏永钢集团有限公司、62 江苏中辆科技有限公司、63 江苏沃德化工有限公司、64 江苏通润驱动设备股份有限公司、65 徐州工程机械集团有限公司、66 江苏法尔胜泓昇集团有限公司、67 南京钢铁集团有限公司

3. 协同创新网络结构分析

1）网络整体特征分析

如表 6-2 所示，江苏协同创新网络密度数据是 0.2298，这一数据代表在所有可能存在的关系之中，在现实中真实存在的比例大约为 22.98%。网络中心势的数据是 50.96%，这一数据代表网络对绝对中心化星型网络的接近度大约为 50.96%，也就是说权利关系大约在中等位置。网络平均距离数据是 1.810，通过这一数据能够得出网络中强度最小的路径距离是 1.810。以距离为基础的凝聚力指数则是 0.608，也就是说不同个体直接关联的程序大约为 61%。前面对三个量化指标的测算结果进行了总结，通过测算的数据能够得出中国在搭建协同创新网络方面已经获得了一定的发展成果。在推进这一事业发展的过程中，政府一直将新兴产业作为发展重点，激励企业和高等院校之间打造密切的联合协作关系，正是在这种协作关系的支持作用下，我国社会能够在短短几年时间内取得举世瞩目的发展成效。不过中国在发展的过程中也存在一定的问题，比如创新网络中不同的主体在利益立场上存在一定的差异性，如果没能采取有效的政策来对这种差异进行统一、在不同的主体之间搭建一致化的目标，就会导致整个网络在资源和力量上呈现出一定的松散性，不同创新主体的协作广度和深度不足，各自依然以追寻自身的利益作为唯一目的，对协同发展的重视水平不高，此时不同主体之间的合力也无法得到充分的发挥。

表 6-2　凝聚力指数

网络密度	标准差	网络中心势	平均距离	基于距离的凝聚力指数
0.2298	0.4207	50.96%	1.810	0.608

2）网络结构洞分析

依据结构洞理论创始人波特的理念，应当依据有效规模、等级度等标准来对结构洞进行判断。本节中的多个测算对象在效率和等级度这两个标准方面没有展现出明显的差异性，所以本节将规模和限制度作为评判标准。规模指的是在网络内具有价值性的因素数量，这一指标的数据越大代表行动主体在网络内的活跃度越高。限制度因素能够判定主体对结构洞进行利用的水平，这一指标的数据越小代表主体越能够对结构洞进行充分的利用，其在整个网络中与其他主体相比的相对优势也更为显著。本部分将以 Ucinet 软件作为工具对这两个指标数据进行演算，能够得出编号为 1、2、3、4、5、9、15、22 的行动主体在有效规模这一层面上的数据较大，而

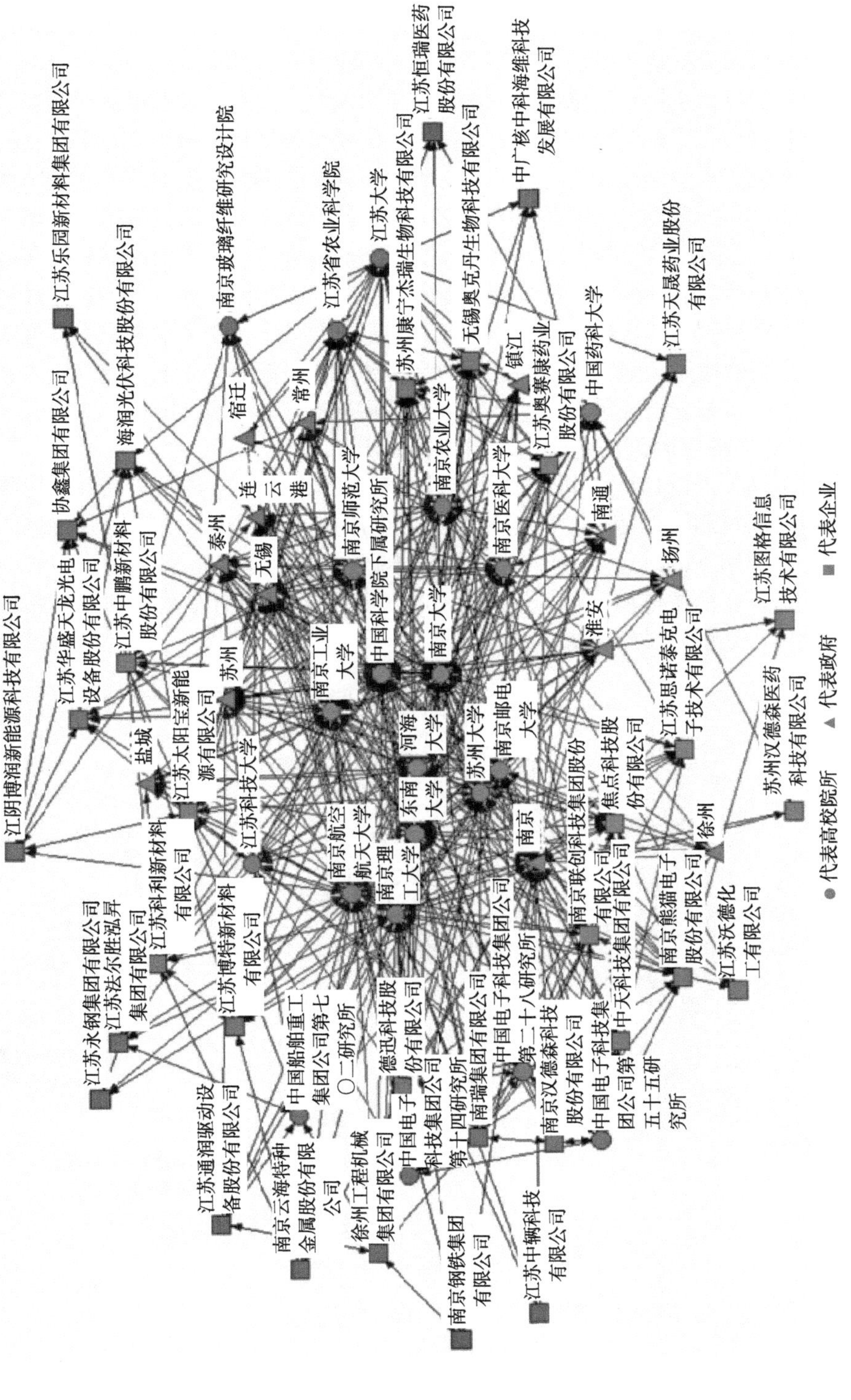

图 6-2　江苏产学研协同创新网络图

在限制度这一层面上的数据较低，依据前文的阐述能够得知，第一个指标能够正向预测主体对结构洞进行运用的能力而第二个指标则能够反向预测结构洞利用水准，所以这些编号的行动主体在网络中所处的地位更具有优势性。通过表格能够获知这些编码所代表的行为主体，这些行为主体作为我国重要的知识和技术创新源，在协同创新网络中起到重要作用，为我国区域创新和经济发展提供了重要的人才保障和科技支撑。中国科学院与江苏省在 2011 年签订全面战略合作协议，组织下属研究所与江苏省企业、高校院所开展协同创新，依托丰富的科技和人才资源对我国科技创新提供有力支撑。南京市拥有大量的创新资源，地区内实验室数量众多且已经建立了一系列国家级别的工程研究所，另外南京政府长期对产业创新发展投以高度关注，在政策方面的扶持力度逐年递增，特别是在环保、新能源等领域，南京政府在近些年提出了一系列支持政策，对这些产业的发展起到了促进作用。

3）分产业领域协同创新网络构建与结构分析

为了对不同产业的协同创新进行研究，本章计算得出信息技术与软件、生物技术与医药、新材料、新能源、装备制造等五个产业的协同创新关系矩阵，输入 Ucinet 软件，利用 Netdraw 工具绘制出协同创新网络图。其中，新能源产业和生物技术与医药产业的主体协同创新网络图如图 6-3、图 6-4 所示，分产业主体系统创新网络结构特征值测试结果如表 6-3 所示。

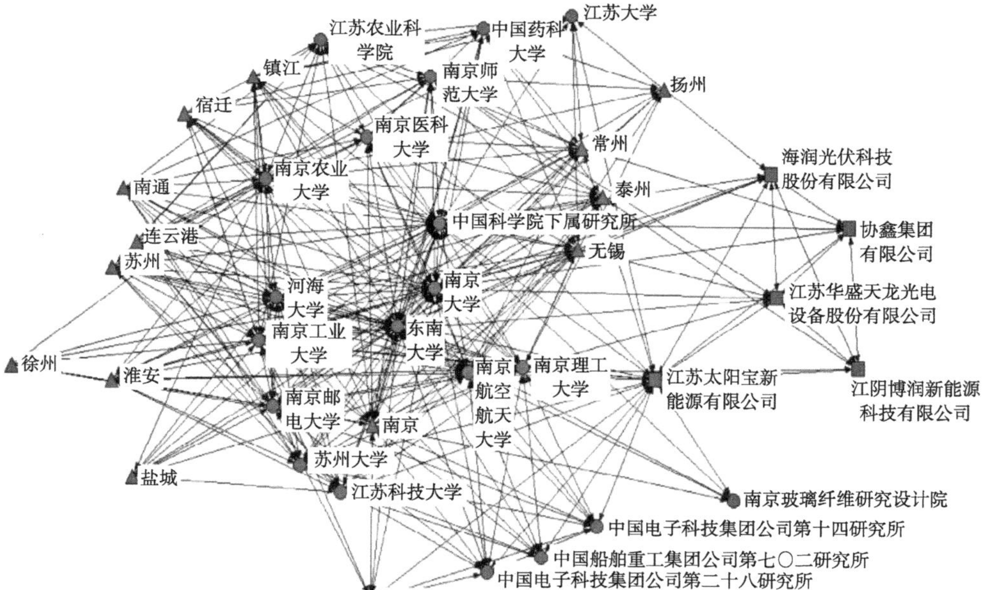

图 6-3　新能源产业产学研协同创新网络图

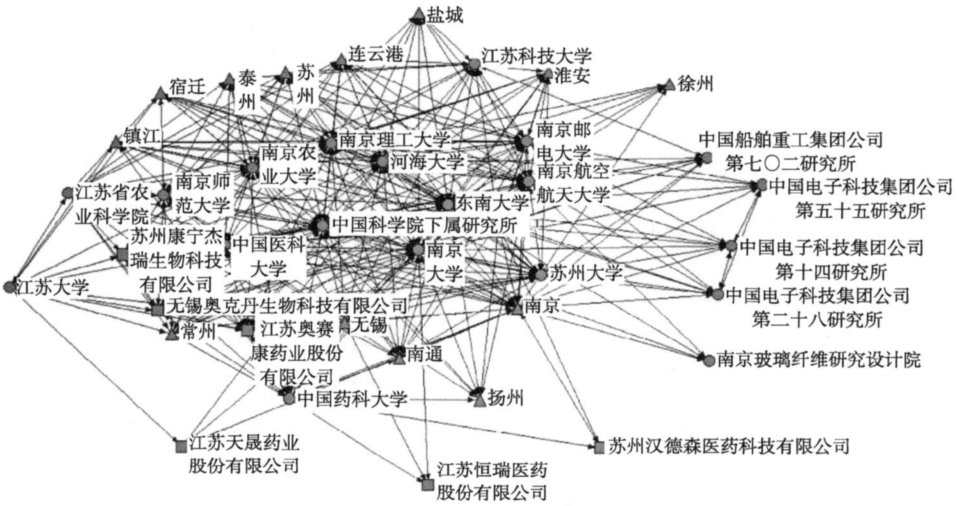

图 6-4　生物技术与医药产业产学研协同创新网络图

表 6-3　分产业主体系统创新网络结构特征值测试结果

产业	网络密度	标准差	网络中心势
信息技术与软件	0.3821	0.4859	54.24%
生物技术与医药	0.3910	0.4880	47.23%
新材料	0.3667	0.4819	59.53%
新能源	0.3914	0.4881	44.03%
装备制造	0.3439	0.4750	49.94%

通过图 6-3、图 6-4 和表 6-3 能够得出，依照产业分类的局部网络图在密度这一层面上要大于整个网络，网络中心势的数据介于 40%~55%。不同网络以某一部分机构为中心呈现出环绕式的结构，整个网络的集中性比较明显。在所有网络中，新能源产业的网络密度高于其他网络，换言之，这一产业不同参与主体之间的协同性最为理想。之所以会出现这种情况，是因为我国近些年一直将新能源作为重点发展领域，其中 2014 年无锡市和南通市入选八个新能源领域内投资价值最高的城市。生物技术与医药产业协同创新网络中各主体之间的关系紧密度略小于新能源产业，我国生物技术与医药产业形成了良好发展态势，产业规模居全国前列，产业集聚程度较高。位列第三的是信息技术与软件产业，近些年我国在这一产业上的投入规模逐年增大，信息技术与软件的发展成效十分显著。另外新材料在网络密度这一层面没有跻身前三名，总体水平并不理想。如果我国能够对这一产业投以更高的关注，产业的技术水平将会得到进一步的提升，企业创新水准也会达到更高的层次，所以未来我国应当提高对这一产业的关注度。装备制造产业协同

创新网络密度最小，说明该产业协同创新网络中各主体间关系紧密度最低，创新主体间的联系较少，我国拥有一批行业龙头骨干企业，以及东南大学、南京理工大学、南京航空航天大学等一批工科院校，这些院校应当积极与产业内企业进行协作，充分展现出不同主体的合力，推动产业进入全新的发展阶段。

6.2.2 创新主体协同机理分析

在当前的时代下技术创新将直接关乎国家整体的经济水平和在国际上的综合国力，而国家宏观上的创新能力无疑取决于微观与中观层面的创新能力。在推动产业创新的过程中，企业将会与其他创新主体建立协作关系，通过协同发展的模式来对整个产业的创新发展加以推动。当前许多企业开始认识到多主体协同发展的关键作用，所以这些企业纷纷与院校、机构等搭建协作关系，这对产业发展来说具有积极作用。

1. 模型、数据来源和指标体系

1）复合系统协调度模型

以复合系统协调度模型为基础，对高新产业内各个行业创新活动实施主体协同性进行检验。第一步将企业设为子系统 S_1，将高等院所和政府设为子系统 S_2，这两个系统共同构成整个系统，用公式来表示就是 $S=f(S_1, S_2)$。随着系统的发展，序参量变量是 $e_j=(e_{j1}, e_{j2}, \cdots, e_{jn})$，其中 $n\geqslant 1$，$U_{ji}\leqslant e_{ji}$ 小于等于 T_{ji}，$i\in[1, n]$，定义式（6-1）是系统 S_j 序参量分量 e_{ji} 的系统有序度。

$$u_j(e_{ji})=\begin{cases}\dfrac{e_{ji}-U_{ji}}{T_{ji}-U_{ji}}, i\in[1, l_1] \\ \hline \dfrac{T_{ji}-e_{ji}}{T_{ji}-U_{ji}}, i\in[l_1+1, n]\end{cases} \tag{6-1}$$

为了降低测算工作的复杂度，通过几何平均法及线性加权和法来实施集成处理，结果如下：

$$\begin{aligned}&u_j(e_j)=\sqrt[n]{\prod_{i=1}^{n} u_j(e_{ji})}\\&u_j(e_j)=\sqrt[n]{\prod_{i=1}^{n}\gamma_j u_j(e_{ji})}, \gamma_j\geqslant 0, \sum_{i=1}^{n}\gamma_j=1\end{aligned} \tag{6-2}$$

依据公式能够得出，$u_j(e_{ij})\in[0, 1]$，这一数据越大代表 e_{ji} 能够对系统有序性发挥出越大的积极作用。

初始是 t_0，设定子系统序参量的系统有序度 $u_j(e_j)$，$j=1, 2,\cdots, k$，那么在 t_1 时刻下，子系统序参量的系统有序度是 $u_{1j}(e_j)$，$j=1, 2,\cdots, k$，设定 cm 是复合系统协调度，那么可以得出如下公式：

$$
\begin{aligned}
\text{cm} &= \theta\sqrt[k]{\left|\prod_{j=1}^{k}[u_j^1(e_j)-u_j^0(e_j)]\right|} \\
\theta &= \frac{\min[u_f^1(e_j)-u_j^0 \neq 0]}{|\min[u_j^1(e_j)-u_j^0 \neq 0]|}, j=1,2,\cdots,k
\end{aligned} \qquad (6\text{-}3)
$$

公式中 cm ∈ [−1，1]，这一数据越大表明复合系统拥有越强的协调性。

2）数据来源和指标体系

本节通过《中国高技术产业统计年鉴》和《中国科技统计年鉴》进行数据采集，采集范围是 2013~2017 年，采集对象是高新技术产业。企业是内部创新主体，而高校、政府、科研机构及中介则是外部创新主体。图 6-5 展示的是不同主体的相互关系，以此为基础对协同创新模型进行搭建，如图 6-6 所示。本节研究的对象是五个高新技术产业，包括医药制造、航空航天器及设备制造、电子及通信设备制造、计算机及办公设备制造、医疗仪器设备及仪器仪表制造。创新主体要素指标体系如表 6-4 所示。

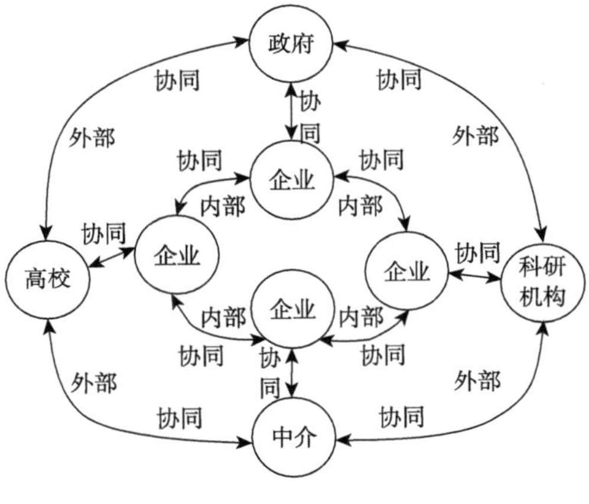

图 6-5　不同创新主体的相互关系

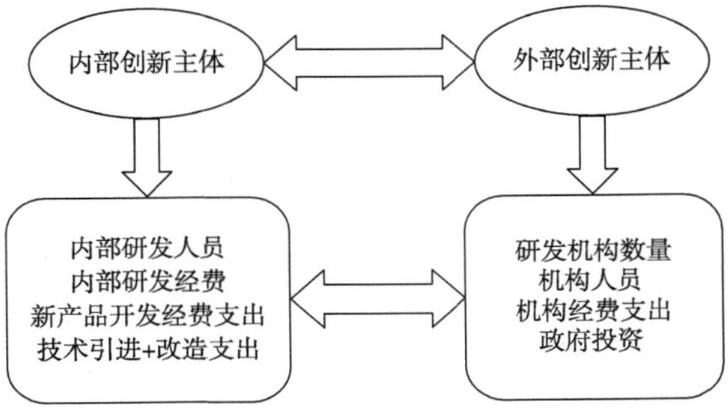

图 6-6　协同创新模型

表 6-4 创新主体要素指标体系

复合系统	子系统	序参量分量
创新主体协同系统	内部创新主体（S_1）（企业）	内部研发人员（e_{11}）
		内部研究经费（e_{12}）
		新产品开发经费支出（e_{13}）
		技术引进+改造支出（e_{14}）
	外部创新主体（S_2）（高校、政府、科研机构、中介机构）	研发机构数量（e_{21}）
		机构人员（e_{22}）
		机构经费支出（e_{23}）
		政府投资（e_{24}）
产业	医药制造 航空航天器及设备制造 电子及通信设备制造 计算机及办公设备制造 医疗仪器设备及仪器仪表制造	

2. 实证结果及分析

1）实证结果

具体实证结果如表 6-5~表 6-8、图 6-7~图 6-10 所示。

表 6-5 不同行业内外部创新主体子系统序参量各分量的有序度

行业	年份	内部创新主体（S_1）				外部创新主体（S_2）			
		研发人员	研发经费	技术改造经费	技术引进经费	研发机构	机构人员	机构经费	投资额
医药制造业	2013	0.1891	0.0935	0.4225	0.0574	0.3233	0.1391	0.0967	0.3633
	2014	0.2090	0.1148	0.4253	0.0451	0.3233	0.1442	0.1022	0.4241
	2015	0.1836	0.1400	0.3932	0.0631	0.3549	0.1532	0.1153	0.4810
	2016	0.1828	0.1632	0.3063	0.0463	0.3816	0.1674	0.1333	0.5257
	2017	0.1832	0.1752	0.3020	0.0351	0.3924	0.1782	0.1522	0.6128
航空航天器及设备制造业	2013	0.0303	0.0302	0.1853	0.0174	0.0003	0.0051	0.0006	0.0046
	2014	0.0042	0.0424	0.2832	0.0146	0.0026	0.0060	0.0003	0.0121
	2015	0.0229	0.0308	0.2160	0.0096	0.0070	0.0007	0.0052	0.0159
	2016	0.0011	0.0332	0.1721	0.0220	0.0058	0.0060	0.0128	0.0005
	2017	0.0133	0.0358	0.1432	0.0310	0.0063	0.0068	0.0132	0.0011

续表

行业	年份	内部创新主体（S_1）				外部创新主体（S_2）			
		研发人员	研发经费	技术改造经费	技术引进经费	研发机构	机构人员	机构经费	投资额
电子及通信设备制造业	2013	0.8831	0.6368	0.7499	0.4181	0.6471	0.6348	0.5346	0.6426
	2014	0.9338	0.7269	0.4586	0.4820	0.6802	0.6681	0.6107	0.7216
	2015	0.9805	0.8667	0.5825	0.6802	0.8097	0.8722	0.8475	0.8125
	2016	0.9901	0.9887	0.9105	0.9101	0.9104	0.9108	0.9104	0.9106
	2017	0.9902	0.9888	0.9135	0.9122	0.9113	0.9112	0.9109	0.9120
计算机及办公设备制造业	2013	0.0642	0.8662	0.0004	0.0213	0.0442	0.0429	0.0412	0.0243
	2014	0.0638	0.8957	0.0029	0.0042	0.0503	0.0458	0.0300	0.0281
	2015	0.0536	0.9110	0.0317	0.0027	0.0636	0.0537	0.0442	0.0549
	2016	0.0216	0.9031	0.0759	0.0001	0.0871	0.0732	0.0641	0.0596
	2017	0.0335	0.9115	0.0932	0.0031	0.0912	0.0932	0.0856	0.0621
医疗仪器设备及仪器仪表制造业	2013	0.0616	0.0009	0.1307	0.0943	0.1653	0.0514	0.0278	0.1310
	2014	0.0600	0.0039	0.0878	0.1028	0.1760	0.0582	0.0303	0.1538
	2015	0.0518	0.0187	0.0696	0.0613	0.1981	0.0736	0.0479	0.1799
	2016	0.0515	0.0185	0.0587	0.0688	0.2039	0.0853	0.0535	0.1991
	2017	0.0611	0.0186	0.0624	0.0711	0.3121	0.0925	0.0732	0.2012

表 6-6　高技术产业创新主体有序度及协调度

年份	内部创新主体（S_1）有效度	外部创新主体（S_2）有效度	创新主体协调度
2013	0.0782	0.0546	0.0653
2014	0.0783	0.0655	0.0716
2015	0.0970	0.0870	0.0919
2016	0.0954	0.0943	0.0949
2017	0.1049	0.1028	0.1038

表 6-7　不同行业内外部创新主体子系统各分量的有序度

行业	年份	内部创新主体（S_1）	外部创新主体（S_2）
医药制造业	2013	0.1439	0.1994
	2014	0.1465	0.2120
	2015	0.1589	0.2343
	2016	0.1434	0.2587
	2017	0.1358	0.2842

续表

行业	年份	内部创新主体（S_1）	外部创新主体（S_2）
航空航天器及设备制造业	2013	0.0414	0.0014
	2014	0.0293	0.0027
	2015	0.0348	0.0045
	2016	0.0193	0.0039
	2017	0.0381	0.0050
电子及通信设备制造业	2013	0.6480	0.6129
	2014	0.6224	0.6690
	2015	0.7617	0.8351
	2016	0.9490	0.9105
	2017	0.9504	0.9113
计算机及办公设备制造业	2013	0.0262	0.0371
	2014	0.0289	0.0373
	2015	0.0452	0.0537
	2016	0.0196	0.0703
	2017	0.0545	0.0820
医疗仪器设备及仪器仪表制造业	2013	0.0288	0.0746
	2014	0.0381	0.0831
	2015	0.0451	0.1059
	2016	0.0443	0.1167
	2017	0.0474	0.1436

表 6-8　不同行业内外部创新主体协调度

行业	年份	创新主体协调度
医药制造业	2013	0.1694
	2014	0.1762
	2015	0.1930
	2016	0.1926
	2017	0.1965
航空航天器及设备制造业	2013	0.0077
	2014	0.0090
	2015	0.0125
	2016	0.0086
	2017	0.0138

续表

行业	年份	创新主体协调度
电子及通信设备制造业	2013	0.6302
	2014	0.6452
	2015	0.7976
	2016	0.9296
	2017	0.9307
计算机及办公设备制造业	2013	0.0312
	2014	0.0328
	2015	0.0493
	2016	0.0371
	2017	0.0668
医疗仪器设备及仪器仪表制造业	2013	0.0463
	2014	0.0563
	2015	0.0691
	2016	0.0719
	2017	0.0825

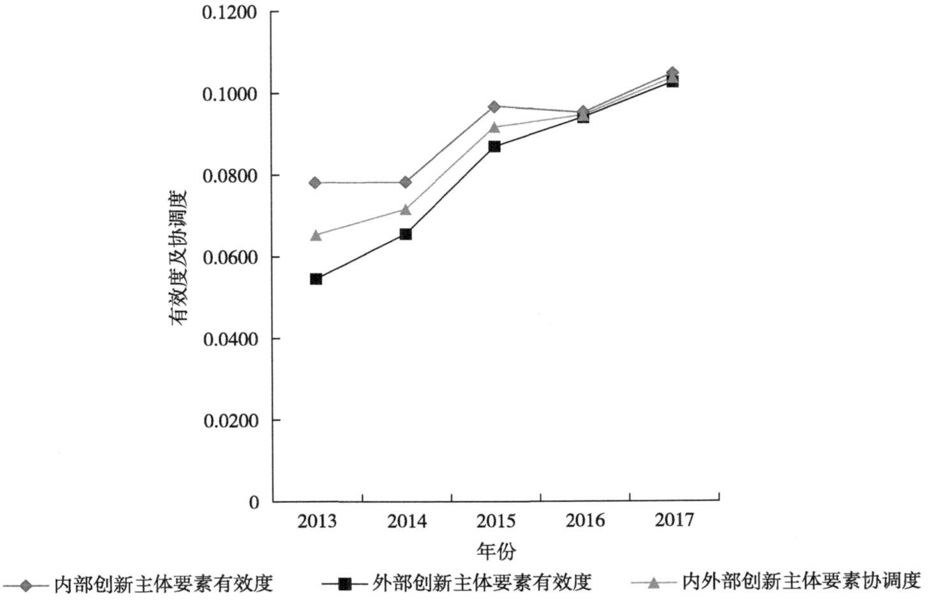

图 6-7　高技术产业内外部创新主体有效度及协调度

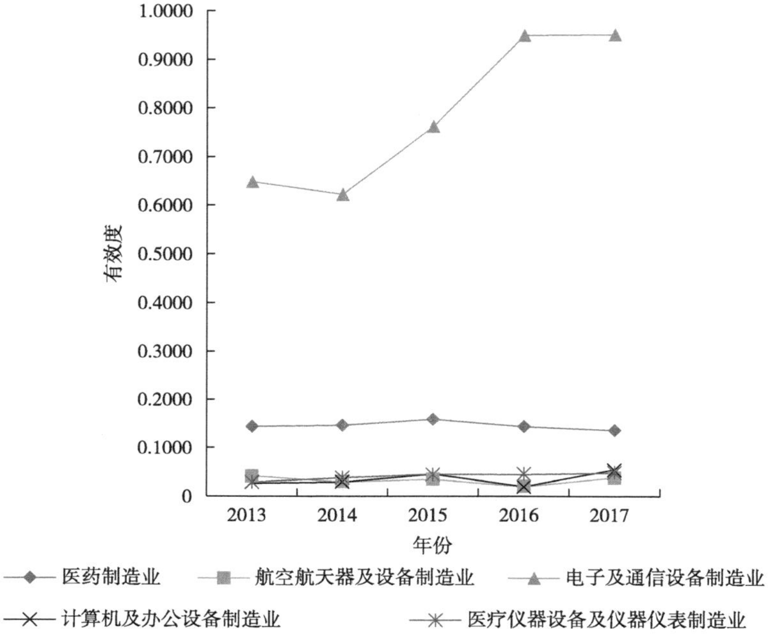

图 6-8　不同行业内部创新主体有效度

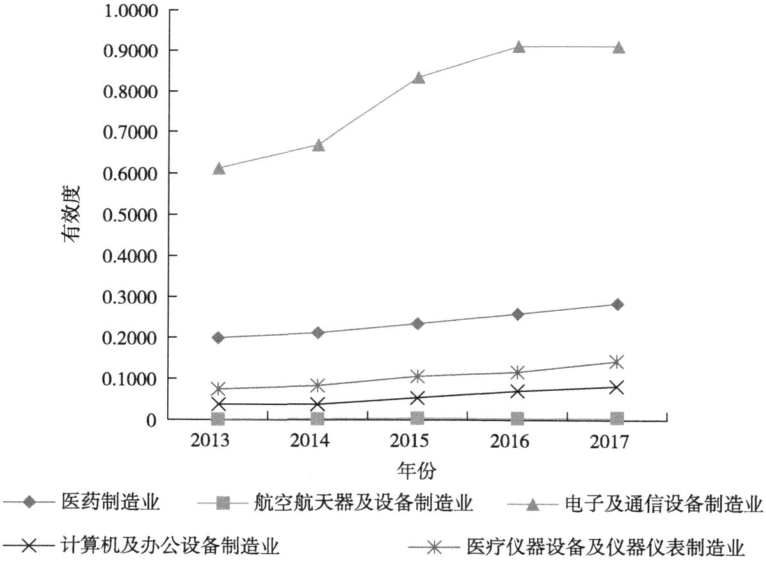

图 6-9　不同行业外部创新主体有效度

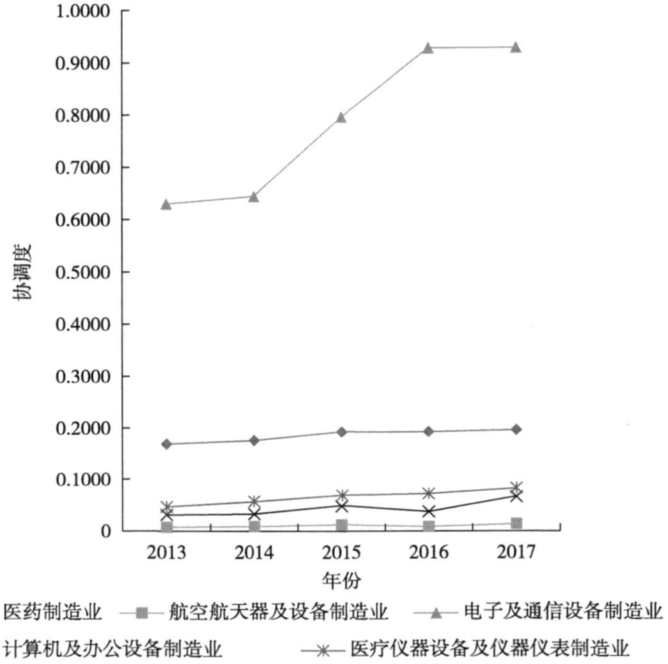

图 6-10　不同行业内外部创新主体协调度

2）数据分析

一般情况下，协调度数据最低值是 0，最高值是 1。如果经过测算后得出 $D<0.3$（D 代表协调度，余同），就代表系统的协调性水平较低，$0.3\leqslant D<0.5$ 代表其协调性能够维持在中等的水平，$0.5\leqslant D<0.8$ 代表系统能够展现出良好的协调性，$D\geqslant 0.8$ 就表明系统极为协调。从 2013~2017 年来看，在这一过程中企业要素的协同有效度总体上是增加的，这就意味着企业要素能够展现出更高的协调度。不过从有效度增长速率的角度看，外部创新主体展现出了更高的水准，这表明外部创新主体更关注协调问题。从总体发展趋势的角度来看，协调度总体水平不高，且先经历了快速增长，其后增速放缓。从各个行业来看，电子及通信设备制造业协调度最高，而且日益增高，2016 年已达到 0.9，具有较高的协调度，内外创新主体协调度第二的是医药制造业，协调度约为 0.2，协调度低。内外创新主体协调度最低的是航空航天器及设备制造业。计算机及办公设备制造、医药制造、航天航空器及设备制造三个产业在协调度方面均呈现出先上升再下降的态势。以前面的分析结果为基础能够得出，协调度不足并不是所有产业面临的共性问题，事实上电子及通信设备制造这一行业的协调度就一直能够维持在良好的水平。其他的产业的协调度迟迟没有有效的突破，不同产业在协调度水平上呈现出了显著的差异性，

在这种情况下整个产业的协调度水平也受到了消极影响。

通过对前面给出的数据进行实证分析能够得出，五个产业的协调度水平都有所提升，但是从总体来看协调度依然没有达到较高的水平，各个行业的创新主体协调度差异显著。在所有行业中，电子及通信设备制造业协调度最高。航天航空器及设备制造这一产业的协调度水平并不理想，而且在研究区间内的增幅也小于别的产业。只有电子及通信设备制造这一产业的协调度保持在良好的水平，其余产业都需要在这一层面上进行加强。但是电子及通信设备制造和其他产业的协调性并不强，这是这个产业所需关注的问题。根据上述数据分析，本节给出以下建议。

第一，将企业作为中心打造出多主体协同网络关系，这会缩小各个创新主体的边界，增加创新主体之间合作的机会。尽管这些产业的协调度在研究期间内呈现出一定的上升趋势，不过整体的协调度依然无法达到理想的水准。而在本书研究的五个对象产业中，航空航天器及设备制造、医疗仪器设备及仪器仪表制造与计算机及办公设备制造这三个行业在协调度问题上展现出的问题尤为显著。所以政府应当面向这三个产业扩大政策支持，激励相关创新主体建立合作关系，共同推进行业的发展。对于企业来说，假如不具备自主研发能力，可以选择通过外部购买的方式来跳过研发环节，只有其研发机构具有自主创新能力，为了开发出适合企业需要的新产品，才会考虑和外部主体合作，不过企业也应当自主地和高等院校、研究所等建立协作关系，让不同主体之间能够对创新资源进行分享，提升技术研发的效率。

第二，构建行业组织等来对协同创新环境加以优化。行业协会的构建既推动了创新内外部主体之间协调度的提高，还促进了行业之间的协同创新活动，推动了产业进行高质量科技创新。行业组织能够构建高关联性的信息传递平台，和其他创新主体搭建密切的信息交流渠道，此时创新要素将会在不同主体之间实现高效流通，不同行业的协同水平也将会趋于均衡，此时行业的创新能力也会更统一。

6.3 凝聚创新主体共识引领产业高质量发展的路径

6.3.1 推进区域创新一体化

由于行政区的经济特点，要想在长三角地区促进合作创新，就必须完善区域综合创新环境支持体系和利益协调体系，完善区域合作体系和体制，形成城市聚集的综合联动体系，完善合作利益奖励机制，平衡各方利益，创新资源凝聚市场化机制，促进长三角地区创新要素的合理流动和有效整合。

第一，打造更健全的地区合作制度。加强现有建设协调机构的作用，建立政府、市场和社会多层次沟通和协商机制，完善地区之间的合作规则，选择试点地区优先进行制度实施，另外也要开展经济、社会、科学和技术创新，形成城市群协同联动机制。支持全国各市学习、对接上海自贸区发展，深化系统创新。帮助我国各省市依靠国家自主创新示范区申请各省市的创新改革示范区，大胆探索和执行，促进各省市园区的产业转移，与其他省市级园区建立联系，启动省市产业转移示范区，对包括合作园区在内的多种合作路径加以探究。

第二，完善合作利益补偿机制。在地区范围内打造共赢性的税收利益分享制度，建立更健全的合作利益补偿制度，让不同利益主体都能够获取均衡的收益。如果要持续提升产业的协同性，则必须将市场置于主导地位。所以政府应当积极对自身的职能进行转化，尽快建成服务型政府。政府应当甘于成为配角，将主场交给市场，只有这样才能够充分提升产业的协同性。在产业自主发展的过程中，政府应当通过政策制定的方式来对产业进行引导和支持，提升资源的配置效率。

第三，打造更健全的创新资源集聚市场导向制度。着重提高科学技术资源分配的效率和公平性，建立公开透明的市场规则。通过市场实施长三角技术创新整合项目，促进地区创新要素的合理流动和有效整合。要让企业把握更多的创新资源，真正成为创新活动的实施主体。打造出高度市场化的创新服务体系，以企业的需求作为根本导向进行服务供给。换言之，企业需要怎样的服务，政府就要针对性地提供怎样的支持，在这一过程中创新资源将会得到更高效的流通，企业也能利用政府提供的支持创造出更理想的业绩。

6.3.2　培育中高端创新型产业集群

为打破我国高新技术产业的低成本制造困境，应积极建设世界一流的战略性新兴产业集群，提高产业竞争力，推进“互联网+制造业”转型升级，积极发展技术服务业，实现我国产业发展。产业集群应专注于低成本产业的迁移和升级，并与其他地区建立联系。

第一，构建全球性战略型新兴产业集群。适应全球技术创新和产业转型的大趋势，积极聚集全球先进创新要素，促进本土创新和重大集成创新，突破核心技术，取得重大原创科技成果，促进科技成果的资本化和工业化，培育具有国际竞争力的产业集群。基于共享经济的视角推进产业协同创新，打破组织壁垒，建设一批产业技术协同创新平台、产业联盟、协同创新联盟等。坚持以企业为创新主体，建立市场化机制，围绕产业重大创新需求聚集创新资源，鼓励人才在企业和高校、科研院所间双向流动，进一步深化产业链、创新链、价值链和人才链的融合，使无序的创新要素和资源进行组织、融合、转化和共享，推动产业协同创新系统实现有序发展。

第二，要以互联网技术为工具促进制造业的转型升级。建立新的产业研究与发展小组，如苏州工业园区纳米产业技术技术研究院、常州创新发展研究院、江苏科技大学海洋装备研究院等。鼓励工业互联网的整合创新，为工业大数据搭建开放平台，将大数据用于定制产品和精准营销。

第三，将科技服务产业作为重点发展对象。促进我国科技服务产业结构优化升级，实行现代企业制度。着重培育诸如研发服务、技术转让服务、技术金融服务等中介机构，采用政府采购服务、"岗位补贴"和其他支持方式，利用互联网、云计算和大数据技术，将我国的制造业转变为"制造业+服务业"并进行升级。建立反映我国综合竞争力的工业园区，帮助重点企业组建产业技术联盟，支持有条件的产业技术联盟建设创业创新载体。支持企业家依靠联盟开展创新活动，鼓励相关公司加入相关行业技术联盟，通过与行业协会、商业机构等多方主体进行合作来对生态圈进行分工并加以优化，让企业能够减少运作环节的成本，实现高效创新发展。

6.3.3　提升企业自主创新能力

鼓励高等院校、科研院所与企业开展紧密合作，实现科技基础设施和科技创业资源共享，充分发挥我国高等院校和科研院所丰富的科技资源优势，强化企业与高等院校的对接，帮助企业解决人才技术难题，建立多方主体之间互动开发的新机制。激励企业和科研院所形成协作关系，共同创建研发中心，在该模式下，机构研发产出的技术会直接在企业的生产环节得到应用，推进科研成果的转化。对院校技术市场平台的价值进行充分运用，为企业需求方、高校科研成果提供方搭建衔接的桥梁，提高科研成果就地转化率。着力提升企业自主创新能力，健全企业培育链条，推动企业成为创新驱动发展的主导者。促进产学研协同创新，将我国打造为国际研发城市群，让企业能够更好地运用知识产权，打造一系列能够在国际市场中拥有竞争优势的公司。

第一，健全企业培育链条。建立涵盖创业、成长和发展各个阶段的政策支持体系，促进企业成为创新驱动发展的领导者。建立规范的企业技术创新对话与咨询体系，充分发挥企业家在创新决策中的重要作用，发挥企业自主创新的生命力，促进企业成为创新的主体。坚持将市场置于主导地位，将技术创新内化成为企业文化的一部分。

第二，让产业、科研院所与高等院校三者能够在协调均衡的状态下实现共同创新。在三者的关联关系之中，企业需发挥主导性的作用，积极与产业链节点内其他公司及创新链条中不同的节点建立合作关系，让企业能够在合作的过程中获取更多对发展有益的技术，同时提升自身的自主研发水准。鼓励企业建立海外研发机构，建立国际水平的研发基地小组，将我国建设成为创新型强国。

第三，让企业更好地对知识产权加以利用。为企业分配知识产权工程师，由专门的人才帮助企业实施创新活动，让企业能够产出更多高附加值技术。采用知识产权参股、股权补偿、工作分红和收入费用等方法来完善企业职务发明的补偿制度，激发研发人员的热情。为建立跨地区、跨部门的知识产权执法合作体系，可在我国各省建立地方知识产权法院，提高知识产权保护水平，成立国家知识产权局专利复审委员会。打造更多拥有大量知识产权的企业，推动这些企业走进国际市场并且把握主导地位。

6.3.4　构建人才发展高地

创新背后的驱动力实质上是人才的驱动力。虽然深圳没有知名的高等教育机构，但深圳一些园区的创新能力引人注目，如南山工业园区，这充分表明积累创新人才的重要性。因此，我国的长远发展需要从全球角度加强高素质人才的聚集和引进；需要完善本地人才发展体系，加强各区域组织之间的人才共享与合作，培养科技创新人才；需要完善第三方专业组织和用人单位的人才评价机制，促进长三角各地区人才流动，实现人才资源的有效配置，充分发挥人才作用。同时，我国要贯彻落实人才优先发展战略，全面构建人才优先发展、优先投入的格局，瞄准人才结构进行战略性调整，突出“高精尖缺”导向，着力培养高科技领军人才、战略性新兴产业高端人才等。

第一，提升高质量人才的集中度。完善我国地区人才引进政策，加强市场化人才引进机制，引进战略科学家、技术企业家、顶尖技术人才和风险投资家等先进人才，建设高水平的人才特区，建立全球人才枢纽。面向国外高质量人才打造引入机制，为其提供激励机制和高水平薪酬机制等，最终为中国高新技术产业的发展贡献力量。

第二，完善区域人才开发体系。为依法促进人力资源开发，在各自主创新示范区颁布了相应的人力资源开发政策。在我国园区建立科技领先人才创新促进中心，逐步形成以市场为导向的人才培养模式。通过组建包含党和政府、经理和专业技术人员的三个团队，加强对科技企业家的培养。通过“项目共享”“租赁共享”“外包共享”“迁徙鸟类共享”等方法，加强我国及长三角地区的人才共享与合作。打造具有高度灵活性的人才激励制度，让高等院校和科研院所的高质量人才能够灵活在企业与园区间进行流通，让这些人才从事如咨询、技术合作等岗位，激励企业通过人才聘用或租赁等模式与科研院所搭建合作关系。为确保人才流动制度的稳步实施，政府应当出台一定的配套支持措施，确保在企业就职的人才能够获取与此前单位相同或更高的薪酬福利水平，提高人才对企业的满意度，从而尽心尽力地帮助企业提升研发能力和创新水平。

第三，对现有的技术人才发展制度加以改良。积极推广中关村六项政策，执行《中华人民共和国促进科技成果转化法》，激发创新型企业家的活力和动力。打造更为健全的投资制度，并且将复合型人才作为发展重点。建立人才计划提交系统，在我国建立综合的人才信息报告处理平台，整合部门和个人的报告，履行审查、评估和社会监督职能。建立以能力、绩效和贡献为主要标准的评估指南，并完善针对第三方专业组织和雇主等市场实体的人才评估机制。同时还应当打造成熟的人才培育、引入和选拔等制度，对现有的人力资源评估等机制加以优化，对以往的人才流动制度进行改良，提升人才流动的灵活性。完善人才引进后的配套政策，加大人才引进后的培养和培训力度，并在后续的发展中给人才提供更多的平台和机会。在利益配置和考核评优等过程中，应当加大创新能力这一指标的权重，也就是说让拥有优秀创新能力的人才能够有更多获得加薪、升职等的机会。

6.3.5　延长金融服务链条

以创新链条为基础对资金配置方法进行优化，对财政资金进行更为科学的统筹规划，面向优质创新项目进行资金配置，另外在拨款后还应当对财政支持的效率进行评估。只有促进科技与经济深度融合，充分发挥金融对技术的资金支持，才能全面激发创新创业的活力。我国存在科技金融服务体系有待完善及创业投资的质量有待提高等问题，因此要以“拨改投”“拨改保”等方式试行股权有偿资助，对企业研发项目进行资金支持；完善多元化投入机制，促进大众创新创业；建设高水平的创投机构，以政策性信贷业务为媒介扩大对企业的支持力度，以阶段性的方式打造出更健全的创新融资系统。

第一，通过“拨改投”“拨改保”等路径来为企业提供帮助。建议江苏省和苏南五市（南京市、苏州市、无锡市、常州市、镇江市）财政每年安排一定资金，以“拨改投”“拨改保”等方式试行股权有偿资助，对企业研发项目进行资金支持，分阶段地进行股权持有并将获取的利益应用到投资活动中，支持企业配置高端科技资源。

第二，构建更为健全的多样化投资制度。整合优化省科技专项资金，加大科技金融风险补偿基金的投入，在五年内达到 100 亿元。支持政府各个阶段的金融发展，并通过政府投资、社会基金和金融资本等各种投资促进公共创新。积极开展互联网金融业务，成立我国互联网金融行业协会，利用互联网金融满足园区内各类企业的资金需求。建立专项资金，对大规模研发项目提供跟进补贴。推进国家科技和金融结合试点省建设，支持金融机构创新科技金融产品和服务，整合科技融资服务资源，建设一批科技金融服务中心，健全科技信贷风险补偿机制，扩大科技金融风险补偿资金池规模，实现对融资瓶颈的突破。打造以政府支持带头，企业投资推动，以其他融资渠道为助推的融资系统。

第三，建设高水平的创投机构。成立创业投资联盟，引进国际知名的创业投资机构和专业团队，并在国际上成立一批创业投资机构。加强国家开发银行与其他政策性银行和风险投资机构之间的合作，增加对政策性贷款的支持，健全金融服务链。完善协同创新中介服务平台建设，针对企业、高校院所和政府等创新主体在科技服务、资源共享、成果转化和科技金融等方面的需求，将中介服务机构作为建设重点，激励银行机构推广科技金融产品，支持科技型企业进行技术创新融资，构建起产业协同创新主体子系统和产业协同创新外部环境子系统之间的桥梁，加强产业协同创新网络各主体间的联系，形成紧密度更高的关系网络，促进产业协同创新系统的有序演化发展。

6.3.6　打造创新创业环境

目前，我国园区的创新创业主要集中在“精英创新创业”上，而“草根创业”却鲜有支持。针对这一问题，政府应当面向社会进行广泛的宣传，积极发展“人群创意空间”，加强网络空间、社会空间和集体创意空间共享空间的建设，积极推进公众创新创业教育，建立我国国家创新创业教育体系。

第一，加强政策宣传。组建政策宣传小组，积极推进和贯彻国务院发布的促进群众创业和创新的政策措施，积极探索群众创新和企业家主导发展的“我国模式”。识别创新和企业家精神产生的新的业务形式和新的经济增长点，积极组织和参与“发现双企业家”活动，并促进典型的创新企业家和创新公司的推广。

第二，着重推进“众创空间”的发展。充分发挥我国高校、科研院所及创客联盟等创新组织机构的作用，着力构建众创空间联盟，开展创新项目帮扶、项目路演和创新大赛联办等活动，实现共同发展。在我国成立主要由创客个体、创客组织、加速器、孵化器和媒体等构成的创客协会，打造创客创新生态，充分调动创客群体的积极性，整合多方资源，培育和发展一批创新人才和创新团队，为创新团队搭建创业的平台。将国际创客中心作为发展对象，将每年六月建立为创客月，让世界各国的创客到园区进行创业。制订青年创新转移计划，为中小企业、国内外制造商及青年学生创新创业提供新空间。

第三，要积极推进大众创新创业培育。通过联合各行各业的科学家、企业家、风险资本家等各类杰出人才举办有关创新和企业家精神的讲座，培养出拥有高度专业性的教学人员，让这些教学人才为广大企业提供真正有用、有效的培训。

第7章　聚力行动赋能高质量发展的路径研究

7.1　聚力行动推动融通创新发展的背景

7.1.1　聚力行动推动融通创新的重要意义

聚力行动推动融通创新发展有助于践行十八大提出的创新驱动发展战略和知识产权强国目标[①]。十八大提出的创新驱动发展战略和知识产权强国目标是我国知识产权发展环境，也是其发展目标。知识产权发展必须要适配社会发展阶段，在我国数字化网络化发展阶段，知识产权必须要走市场化发展之路，为此，有序地推进知识产权市场化改革、推动网络化建设是我国各个地方现阶段的历史任务，在融通创新模式下如何强化知识产权市场化改革是国家战略需求和地方可持续发展需要。此外，聚力行动推动融通创新发展有助于形成融通创新范式下知识产权价值转化体系的中国实践方案。具体而言，中国实践方案就是充分关注中国改革开放之后的市场化改革、寻求适应我国开放式创新发展的本土路径，将数字化、网络化、智能化建设视为新时期知识产权强国目标建设的核心任务。着力从理论上探讨网络化开放式创新范式下知识产权价值转换体系的时代背景、基本特征、核心内容与实现路径，有利于形成中国情境下的价值转化体系。

加强聚力行动推动融通创新发展的学术研究，具有重要意义。第一，有助于从我国时代背景和现实需求出发，解读融通创新范式与知识产权价值转化的时代内涵和创新战略需求。本章结合国家创新驱动发展战略和知识产权强国战略需要，通过总结和梳理理论研究和实践经验，解读应该如何加快知识产权强国战略建设，

---

① http://www.gov.cn/xinwen/2016-05/19/content_5074812.htm[2021-12-31]。

结合我国市场经济、网络化发展特征、行为特征，界定出网络化开放创新下知识产权市场化改革与价值转化机制协同发展需求和创新战略需求，拓展融通创新与知识产权价值转化关系的内涵范畴，而已有理论缺失对上述各要素的内涵、特征和需求的研究关系把握存在缺乏准确性、一致性等问题。第二，有助于凝练我国知识产权价值转化理论体系。现有知识产权价值转化框架缺乏与中国实际情况相结合，更没有体现中国实践特性，而网络化作为中国创新驱动发展战略的重大理念，对融通创新及知识产权市场化改革具有较强的引导作用，对于指引我国融通创新与知识产权价值转化模式构建、知识产权市场化战略框架设计具有重要的理论支撑价值，能够为我国宏观管理实践部门提供工具和前沿理论依据。第三，有助于凝练融通创新范式下知识产权市场化改革的中国模式。近年来，我国将知识技术资源向外输送带动周边发展中国家从科技到经济的共同进步，同时我国又不断地引进新技术，继续学习国外先进知识技术，进一步提升我国的综合实力。因此，融通创新模式在发展过程中便起到了至关重要的推动作用。知识资源处在我国经济领域的最高端位置，知识产权决定着一个国家的实力。在市场环境高度开放的情况下，融通创新在一定程度上推动了相关企业技术的发展，对带动整个产业的前进起到了巨大的助推力。因此，融通创新会成为我国知识产权事业向前发展的关键所在。第四，有助于完善中国情境下知识产权价值转化体系，应对市场优胜劣汰机制。现代科技快速发展，市场变化快速同样也越来越残酷，企业一旦忽视市场大环境的变化，就很可能被市场迅速淘汰。企业要想立足于市场，就必须学习当下先进知识，积累并运用到自己身上。熊彼特增长理论表明，知识是创新的源泉。知识为企业的创新发展做出了重要的贡献，企业知识产权转化能力决定了企业的创新质量和创新速度及创新高度。一个完善的系统化知识产权价值转化体系能够给企业带来巨大的无形资产，积累丰富经验、知识存量，为以后的创新成长道路做铺垫。因此，探讨系统化知识产权价值转化体系对推动企业创新发展具有重大意义。

7.1.2　融通创新为企业知识产权市场化保护带来机遇

1. 融通创新下的企业知识产权市场化保护的时代背景

1）国际环境

当今世界经济化趋势越来越快，这让越来越多的信息数据、知识数据及实体人才能够跨越国家界限快速流动，进而推动了生产力要素的全球化分配，让更多的知识资源展现出自己的强劲作用，让更多的国家意识到了在国际竞争过程中人才的重要性。

2）创新环境

随着信息技术全球化的发展，创新链不仅有复杂性的一面，也有与网络化时代相结合的一面。在现有的创新链条之上，每一个环节都发生了十分明显的变化，已经不再是由一个地区，甚至一个国家独立完成的。外包研究服务的兴起加大了对创新服务的需求，致使企业在创新网络中发挥的作用越来越大。

3）企业发展环境

企业是一个国家创新过程中最主要的部分。在这个过程中，应该充分考虑到知识分工体系及其自身分布特性，使企业在获取信息的过程中能够展现出自己强劲的竞争优势，除了组织自身的知识集成活动外，还必须要探索外部整合办法及内部资源整合方式。随着市场经济的发展，企业之间的合作及知识共享已经日益频繁，企业创新活动已经逐渐由传统的封闭模式转向现有的开放式开发模式。

4）新技术环境

互联网的出现使得各种创新资源可以在互联网空间上自由流动，融通创新的形式更加多元化。并且，这种基于网络化的融通创新，能有效利用外部资源，增加企业的创新能力，成为企业提升自身竞争力的重要方式。

5）知识产权保护与价值转化环境

新一轮技术革命带来知识产权制度理念和规则的变化，知识产权保护和价值转化面临着新的要求。

2. 融通创新对企业知识产权市场化保护的影响

融通创新对企业知识产权保护和价值转化的影响表现为三点。

1）主体范围扩大

互联网使创新不再受空间的限制，利用互联网，不同空间、不同企业的人员可以共同进行创新，网络平台的发展促进了创新网络的形成。在这种新型开发模式下，最主要的创新者依然是企业本身。但是创新的参与者已经不仅仅是企业内部的研发人员了。与此同时，还包含众多来自企业之外的研究人员，这些大众所参与的创新活动也成为现有开放式创新活动最重要的补充部分。如果对现有的百度软件及知乎软件的问答情况进行分析，会发现这些开放式创新参与者能够在这些网站上展现出自己的知识水平并参与到某些题目的创作活动之中。除此之外，如果对某些社区论坛体系进行分析，会发现很多用户通过上传自己的原创知识来与别人分享自己的知识成果，进而展现出互联网的合作能力。

2）创新资源流速加快

创新活动必然无法离开各种各样的创新资源，如创意资源、知识资源、资金资源、技术资源及人才资源等。在网络创新的大环境下，创新资源也将展现出比以往更强的扩散性及流动性，这种快速的资源流动将引起创新迭代速度的大幅度提升，进而促进新的知识产权保护和价值转化体系的形成和发展。

3）创新主体合作紧密

创新网络往往具有跨越国家基本地区特性的能力，进而让全世界的创新者都能在同一个组织下展现出自己的创新能力，形成一个共同体，并以此为基础开展相应的合作，提升创新整体速度。很多企业已经在这个过程中意识到知识产权保护已经不再仅仅是对知识产权的控制，而是在现有的市场环境下如何高质量地利用知识产权体系进行生产资料的分配，进而提升自己的专有知识产权的利用率及增值价值，并在强调知识产权保护的同时最大化地实现其价值。

7.1.3 融通创新下企业知识产权市场化保护面临的挑战

知识产权作为现代企业的核心竞争要素，一方面连着创新，另一方面连着市场，开放式创新环境下知识产权保护和价值转化面临现实的挑战。

1. 企业创新风险提高

通常情况下企业是不会允许自己的核心技术向外转移的，企业常常会利用这个优势及时间的滞后性特点来保证自己在激烈的市场竞争中占据优势。但是信息不对称体系会导致外部信息的搜寻时间大大延长，自身的经历及资源也会在这个过程中大量被浪费。

不仅如此，为了提升自身信息渠道的畅通程度，企业还需要投入额外的管理成本及协调成本，来提升企业内部抗风险能力。但是信息阻碍将导致创新绩效下降，因此过于专注对外开放的创新活动反而会降低整体效果。

2. 企业知识产权保护更加困难

在开放式创新条件下，各类创新主体会展开广泛深入的合作，会产生科技成果的知识产权主体难以确定的问题。需对产权归属问题进行高效的处理，这样才能避免打击企业的创新活动。企业在经营的过程中必然会对各个主体之间的某项知识产权价值存在较大的分歧，这会降低企业合理安排相应活动的效率，进而导致自己的整体绩效有所下降。不仅如此，在进行协作创新的过程中，关键信息的泄露很有可能会导致知识产权保护办法落实更加困难，进而因为各种各样的外源性困难导致合作更加曲折。

3. 企业知识产权价值转化阻碍加大

如果对中国的知识产权体系进行分析，就会发现其价值转化意识较差、与之有关的规定较少，如侵权风险规定、成果流失规定、成果实施风险规定等。

不仅如此，保障机制是科研人员进行研发的直接动力，但是现在很多的奖励机制都形同虚设，完全没有办法起到激励作用，导致很多科研人员在研发的过程中没有原动力。

7.2 我国聚力行动推动融通创新发展的现状

7.2.1 聚力行动推动融通创新的政策演进

融通创新是指以市场需要为基础而打造的多组织协作创新模式，区别于封闭式创新，其形成的创新链需要产业中不同企业共同参与。而以往提及的产学研协作只是融通创新这一理念的一个组成部分，除此之外不同规模、不同资本结构的企业也会进行横向的协作，打造出一个系统性的协同网络。之所以要实施融通创新，是为了让多个创新主体都能发挥出彼此之间的合力，共同实现创新发展。

2018 年 9 月，国务院发布《国务院关于推动创新创业高质量发展打造“双创”升级版的意见》，推动形成线上线下结合、产学研用协同、大中小企业融合的创新创业格局，为加快培育发展新动能、实现更充分就业和经济高质量发展提供坚实保障。

2018 年 11 月，工业和信息化部、国家发展和改革委员会、财政部、国有资产监督管理委员会印发《促进大中小企业融通发展三年行动计划》，进一步针对不同规模企业的融通发展问题出台了战略方案，其中提出不同规模的企业应当对自身的创新资源进行共享，打造协同创新的融资发展架构。

2019 年 10 月，党的十九届四中全会审议通过的《中共中央关于坚持和完善中国特色社会主义制度、推进国家治理体系和治理能力现代化若干重大问题的决定》中指出，完善科技创新体制机制。建立以企业为主体、市场为导向、产学研深度融合的技术创新体系，支持大中小企业和各类主体融通创新，创新促进科技成果转化机制，积极发展新动能，强化标准引领，提升产业基础能力和产业链现代化水平。

2020 年 7 月，《国务院办公厅关于提升大众创业万众创新示范基地带动作用进一步促改革稳就业强动能的实施意见》中提出，构建大中小企业融通创新生态。建立大中小企业协同技术研发与产业化的合作机制，带动壮大高新技术企业、科技型中小企业规模。从横向的角度说，不同规模的企业应当相互合作，对彼此的创新资源进行共享。从纵向的角度说，在创新链内不同节点上的主体也应当积极协作，让研发主体的技术能够得到顺畅的应用。

2020 年 10 月，党的十九届五中全会通过的《中共中央关于制定国民经济和社会发展第十四个五年规划和二〇三五年远景目标的建议》强调，应当着重对企业的技术创新能力予以强化。其中大规模领军企业应当充分发挥自身的牵头作用，对自身优势性的技术和资源等进行分享，让中小规模公司能够实现共同发展。推动产业链上中下游、大中小企业融通创新，同时要完善科技创新体制，加强知识产权保护，让研发产出的技术能够得到高效的运用。

综上所述，我国融通创新政策的发展要求不断完善（图 7-1），行动内容逐渐细化，保障措施不断丰富，为贯彻创新驱动发展战略、推动经济高质量发展提供了坚实支撑。

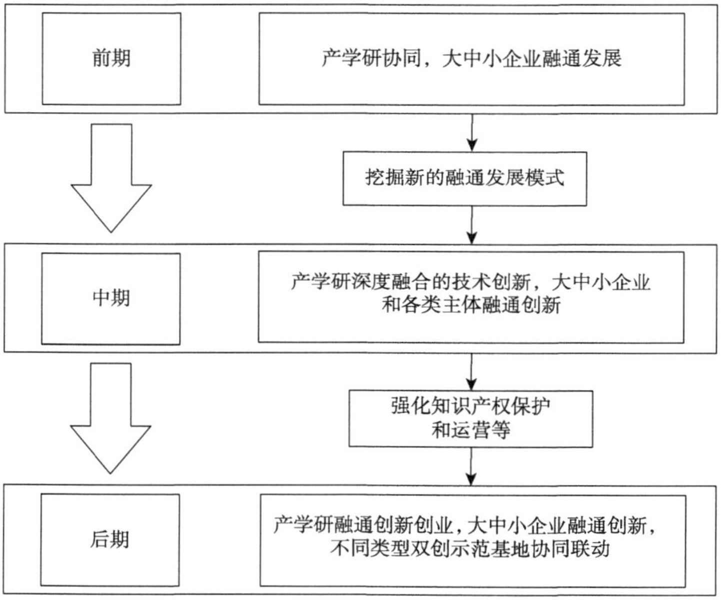

图 7-1　各阶段融通创新的发展要求

7.2.2　聚力行动推动融通创新的重点问题

纵观各阶段融通创新政策内容，可以发现，其政策意义深远，重点明确（表 7-1），充分体现了各时期大中小企业融通创新面临的问题。当前，企业必须相互协作并打造融通发展关系，只有这样才能够满足经济环境对企业提出的要求。另外我国还指出，不同规模企业的协作也是融通发展的核心内涵之一，换言之，这些企业不仅应当在产业链条的范围内实现协作，还要建立创新链、数据链、价值链等合作关系。党中央在《中共中央关于坚持和完善中国特色社会主义制度、推进国家治理体系和治理能力现代化若干重大问题的决定》中提出支持大中小企业和各类主体融通创新。为让我国在新时代的环境下更高效地实现产业创新，我国针对双创问题出台了专门文件，其中着重强调将知识产权作为着手点推进融通创新的发展。另外党中央还提出，不同规模企业在协作融通的过程中要完善科技创新体制，注重知识产权保护和科技成果价值转化，这充分表明知识产权问题的解决与融通创新的发展密切相关。

表 7-1　各阶段融通创新政策的解读

时间	项目（计划）名称	重点
2018 年 9 月	《国务院关于推动创新创业高质量发展打造“双创”升版的意见》	提出符合众多大中型企业发展需求的计划，并着重强调企业之间合作发展的必要性及重要性
2018 年 11 月	《促进大中小企业融通发展三年行动计划》	首次提出中小企业应该与大企业进行合作发展不仅仅是配套供应链关系，还应该是创新产业链的关系的理论，这也是现代融通创新体系最早的雏形
2019 年 10 月	《中共中央关于坚持和完善中国特色社会主义制度、推进国家治理体系和治理能力现代化若干重大问题的决定》	在文件中正式提出融通创新，标志着促进大中小企业融通创新已成为我国完善科技创新机制体制的重点任务
2020 年 7 月	《国务院办公厅关于提升大众创业万众创新示范基地带动作用进一步促进改革稳就业强动能的实施意见》	强化知识产权等要素的重要性，进一步拓宽和完善融通创新政策，指出要在知识产权保护和运营等方面开展融通合作
2020 年 10 月	《中共中央关于制定国民经济和社会发展第十四个五年规划和二〇三五年远景目标的建议》	着重强调众多大型企业在融通创新的过程中应当关注知识产权保护问题，表明知识产权问题的解决与融通创新的发展密切相关

通过对近几年的融通创新政策进行分析，我们发现，现阶段政策突出了融通创新过程中的知识产权问题，将进行知识产权保护和提高价值转化嵌入大中小企业融通创新的全过程中。我国的创新环境虽然明显改善，但成果转化政策等落实方面仍存在障碍，需要对成果转化收益进行合理分配，理顺科技成果权属与国有资产管理的关系，解除科研人员在成果转化中的后顾之忧。大中小企业融通创新过程中面临的知识产权问题大体上可以分为知识产权保护问题和价值转化问题两类。

1. 融通创新中的知识产权保护问题

融通创新给企业知识产权保护带来了困境，如权利归属、知识外溢、合作效率等，在融通创新条件下，各个企业及个人之间将会有深度合作。其创新成果的产权归属需要各方提前约定，但是在实际过程中依然会遇到众多问题。如果不能对这个问题加以解决，那么将会导致创新者的积极性受到极大的打击。很多创新主体与企业间对创新成果的归属问题存在极大的分歧，这将给创新效果产生负面影响。与此同时，在合作的过程之中，很多企业为了保证自己的核心信息不会泄露给合作伙伴，使出了各种各样的防范办法，这也导致双方的合作变得更加困难。

2. 融通创新中的知识产权价值转化问题

融通创新给企业知识产权价值转化带来困境。如果对中国知识产权价值转化体系进行分析，会发现其对风险管控的意识较差，与之有关的规定较为稀缺。产权风险规定、成果流失风险规定、成果实施风险规定及侵权风险规定都是少之又少的。不仅如此，很多企业甚至还没有意识到全面的保障机制及奖励办法是让科研人员以更高效的方式进行价值转化的动力，现在很多保障机制不接地气、形同虚设、毫无作用。

总体而言，大中小企业融通创新需要注重价值创造、价值共享和价值独占的融合均衡。大中小企业在开展融通创新时，面临着如何从融通合作中获取创新利益的挑战，这就涉及知识产权的价值转化问题。当创新主体彼此间获取互补性资源时，也面临着自身知识被模仿和关键技术泄露的风险，这就需要从知识产权保护方面开展相关工作。知识产权本身具备独占性、排他性等基本属性，而融通创新强调了大中小企业间知识创造、运营和共享，因此两者存在着理论矛盾和实践矛盾。企业作为融通创新的重要主体，如何在融通创新过程中解决好产权问题，进行适当的知识产权保护，实现科技成果的最优转化和分配，是企业当前面临的困境，也是阻碍大中小企业融通创新持续健康发展的难题。

7.3 聚力行动推动融通创新发展的路径

创新发展离不开知识产权的支撑，在保护好知识产权的基础上，盘活、用好知识产权资源，最大限度地实现其价值转化，使其产生效益、推动发展对企业的创新发展和创新绩效的提升至关重要，对我国创新驱动战略的实施和我国知识产权事业的发展非常关键。目前，我国企业已经开始意识到技术研发的重要性，不断加大研发投入，积累了众多的专利、商标、软件著作权等知识产权资源，但目前我国企业在知识产权的运用和价值转化方面还有很多不足，知识产权实施率和产业化率偏低，与发达国家相比依旧有很大差距。除此之外，如今企业的创新发展方式正在逐步发生变化，企业的创新模式也在不断向网络化、开放化方向转变，企业知识产权创造体系理念也会在这个过程中从故步自封走向合作共赢，企业的产权体系及价值意识将会面临新的挑战。因此，在融通创新这一新的创新范式下，企业如何加强知识产权的价值转化是一个亟须解决的问题。

7.3.1　融通创新下企业知识产权价值转化的机制

知识产权价值转化信息平台，主要作用是减少科技成果转化的有形及无形阻力，切实提高知识产权价值转化的效率，实现时间及空间等各资源的交互式整合，达到“1+1>2”的协调效应，引导产学研一体化发展，综合促进科技资源的要素利用效率，实现全国范围的跨区域科研交流合作，打破时空客观限制。本节对知识产权价值转化信息平台的基本框架展开研究，搭建知识产权价值转化信息平台的技术要素、信息渠道、供需对接及产学研一体化等元素，整合对接、管理、激励、评价、创新等运行机制，如图 7-2 所示。

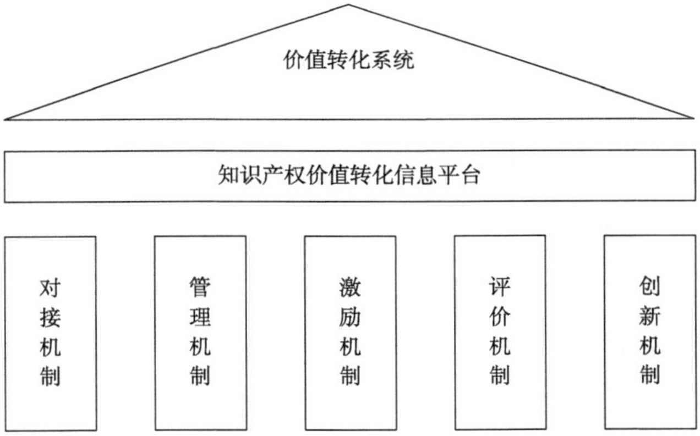

图 7-2　知识产权价值转化信息平台运行机制基本构架

1. 对接机制

加快科研要素数据汇交，从源头上防止科研要素的不必要流失；做好企业与高校院所的供需对接，立足当下技术市场需求，防止单纯理论性研究、理论与实际相脱节等问题；完善资源交互式整合与重组，形成规模化数据资源信息平台，达到规模效应。确定科研要素平台整合配置资源的范围、种类和性质，要厘清省内科研要素的基本情况，拥有真实有效的一手资料，通过组织规定、行业规范等形式规范科研创新要素的供需对接和市场交易行为包括政策体制、经费使用等。

2. 管理机制

促进产学研一体化发展，提高科研产业链的成熟度与规范化，更好地服务现代化科研成果转化；从源头上提高科研成果质量，更加契合市场化需求，缩短企业知识产权价值转化周期；积极开展专业化成果转化培训，提高技术应用型服务机构业务水平。设计并建立科研要素平台管理运行机制，建立科研要素平台运行管理体系推动市场运行机制和政府调控机制有效互补。在管理机制创新方面以创新结果和实绩为导向，探索突破传统科研经费分配机制，建立全新科研绩效评价体系，发挥市场在创新要素统筹服务中的关键性作用。

3. 激励机制

确立以经济利益为核心的竞争激励机制，把离散的科学仪器、文献、数据等科研要素聚集起来，在全社会形成一种“共享使自己受益”的良好氛围。全面调动高校及科研院所的科研工作者科技研究的积极性，充分调动其研究热情，营造有活力和生机的科研氛围，需要以科技人员为圆心，画好科技改革与政策落实的同心圆；规范科技成果转化与评价，统一将科技成果转化纳入高校职称晋升的考核体系。引导科研工作者注重理论研究与应用研究并重，了解当下我国科技成果实践落地情况，大力促进科技成果的落地与转化，有效提升科研工作的实践能力；持续深化科研体制改革，力争完善更加人性化及实际化的科研人员奖励评价机制，聚焦科技成果价值转化的政策落实，实现科技成果转化的软着陆。

4. 评价机制

知识产权价值转化信息平台是政府高效统筹使用区域科研要素以促进经济和产业可持续发展的重要载体，对提升区域科技实力和创新能力有着重要的现实和战略意义。评价机制切实决定后期科研工作者技术再创造的积极性，是衔接一轮、二轮、多轮循环的关键节点，关系到知识产权价值转化信息平台能否打破时空限制，是实现跨区域技术交流的关键，因此，评价机制在平台运行机制基本构架中具有举足轻重的地位。完善系统的评价机制，能够更好地聚焦目标效果，优化目标效益，精准定位创新及知识产权，实现更优化的评价效果。

5. 创新机制

目前，我国科技成果转化和国家技术转移体系建设取得了一定程度的进步，但内部仍存在一些原生体制机制性问题，需要各部门、各区域与高校院所协同努力，加强统筹协调发展，提高政府部门政策执行和企业专业服务能力，进而高质量地将各个地方高等学府的成果加以转化。立足中国科技成果转化着力点，精准定位发力。依托价值转化全生命周期，严格把控各阶段，提高科技成果转化效率。持续优化科技转化生态环境，通过生产力、科技实力、创新能力、制度政策、区域产业发展，带动科研转化落地实践能力。

7.3.2　融通创新下企业知识产权价值转化的路径

1. 统筹省内技术要素，搭建知识产权价值转化信息平台

整合高校及科研院所科研成果资源，搭建规模化的知识产权价值转化信息平台。在保证信息资源真实、准确、权威的基础上，与政务平台、科技文献平台、知识产权平台等的数据进行交互，促进资源平台实现交互式发展，达到信息整合的效果。同时，加强全国范围内区域性跨界交流对接，积极扩大科技创新成果的知识产权价值转化信息平台规模，从源头上助力知识产权的成果转化。

2. 多元资源信息渠道，达到供需双向对接

立足当下市场技术需求，提高科技成果转化效率，促进科研成果落地生根，减少知识产权价值转化阻力，助力高校及科研院所技术成果转化。高校及科研院所应该以应用型原创为导向，立足当下市场行情及需求，创造性地开展一系列的科研工作。从源头上提高科技成果的品质及质量，更好地适应现实社会的淘汰及选择问题。企业技术需求受市场经济影响，更新迭代较快，需要以市场实践为导向的科技支撑。高校及科研院所的科研工作受研究经费、实验环境等的影响，研发周期较长，试验调整需要一定时间。二者在供需对接方面仍然需要继续沟通磨合。

3. 完善法律法规与政策，规范引导价值转化

借鉴国际先进知识产权价值转化经验，结合中国特色，不断完善现行科技成果转化与应用方面的法律法规，更加规范高效地为知识产权价值转化保驾护航，营造更加有活力的科研工作氛围。斟酌相应法律条文，减少知识产权价值转化漏洞，防范未知不可控的风险因素，积极画圈，提前将风险控制在可控范围内。同时，能够提高科研工作者科技创作的积极性，研发高质量的科研成果，提高技术的应用性与实践性。

4. 打造产学研一体化，助力价值转化高效性

立足专业化分工特点，采取产学研合作模式，实现高校与企业的“双赢”，通过科研人员的科技成果创造与企业的科技价值转化，达到科技成果落地变现的总目标。需要科研产业链上下游的统筹合作，展开全方位的产学研合作，实现“1+1>2”的协同效应。加强专业的技术转化应用服务机构建设，积极引导规范相关科技转化工作，根据不同高校的专业化特色化特点，结合我国当下科研市场行情动向，引导高校实时跟进科技成果落地建设，形成上下游完整产业链的科研工作，提高科研的价值转化能力，为产学研一体化的构建一定实际意义的参考。

第8章　融聚创新政策保障高质量发展的方法和路径研究

8.1　我国融聚创新政策保障高质量发展的现状分析

8.1.1　双创政策现状分析

大众创业、万众创新促进市场出现了大量新生主体，加速了企业家思想、制度和管理方法的改革，在这个过程中创新的整体效率得到了有效提升，新的创新办法不断涌现，因此成为稳定就业及发展经济的强大动力。在十九大中，习近平总书记强调要加快建设创新型国家。要瞄准世界科技前沿，强化基础研究，实现前瞻性基础研究、引领性原创成果重大突破。①

2018年发布的政府工作报告中指出，坚持创新引领发展，着力激发社会创造力，整体创新能力和效率显著提高。实施创新驱动发展战略，优化创新生态，形成多主体协同、全方位推进的创新局面。扩大科研机构和高校科研自主权，改进科研项目和经费管理，深化科技成果权益管理改革。②为了全面提升创业创新的具体速度，中国政府先后出台了众多文件，并在人才培养方面、载体选择方面、投入总量方面、环境要素方面提升双创绩效的整体产出量。政府通过对政策性文件的宏观把控，对双创活动进行有效引导。好的双创政策体系不仅可以增加创业创新企业绩效，还可以形成典型成功案例，为企业创新的发展提供可实现的发展经验，促进国家及区域经济的高质量发展。

2015年2月，广东省政府印发《关于进一步促进创业带动就业的意见》，降低初创企业登记门槛，减免有关行政事业性收费、服务收费；通过创业培训补贴、一次性创

---

① http://www.gov.cn/zhuanti/2017-10/18/content_5232647.htm[2021-05-20]。

② http://www.gov.cn/guowuyuan/2018zfgzbg.htm[2021-05-20]。

业资助、租金补贴、小额担保贷款贴息、创业带动就业补贴、优秀项目资助等补贴方式加大扶持力度。同时，积极落实告知承诺制度及失信惩戒制度，进而展现出财政政策对创业活动和教育活动的正面鼓励作用。大幅度地放宽普通人进入市场的要求，让越来越多的创业者能够进入市场活动中。除此之外，广东省全方位地提升产业孵化基地的建设速度，并且积极鼓励高等学府与其他的社会力量利用现有的场地资源进行企业建设。除此之外，政府鼓励高等学府与社会力量合作利用现有的资源进行产业孵化，搭建能够帮助企业快速发展的服务平台，鼓励有条件的地区根据自身实际情况将政府入股的形式加以落实，聚集社会各界力量推动建设国际一流的投资营商环境。

自 2014 年以来，国务院多次根据双创政策出台相应的文件，并在就业政策领域、财税政策领域、金融政策领域及体制创新政策领域展现出自己的管控作用。在这个过程中，江苏省专门成立了创新委员会，积极推动国务院下发的大众创业要求，江苏省政府在这个过程中出台了超过 20 个政策文件。在就业活力促进方面，江苏省出台了《关于进一步做好新形势下就业创业工作的实施意见》《江苏省大学生创业引领计划》《国务院办公厅关于发展众创空间推进大众创新创业的指导意见》等文件，加大对大学生、农民工、城镇失业人口和留学归国人员等群体的创业扶持，鼓励高校、科研院所专业技术人员离岗创业，创业主体在这个过程中被大量培养，整体效果极为明显。在市场活力促进方面，江苏省领先启动了省众创空间建设资助计划，采用政府购买服务的方式，激发市场主体的活力。广东省在创业投资方面的经验是对大学生、农民工、城镇失业人口和留学归国人员等群体的创业给予扶持，积极鼓励高等学府及高水准研究人员离岗创业。同时，创业门槛较低，补贴发放方式多样化，创业者入户等政策较为完善。

江苏省较广东省在创业投资方面仍然有进一步提升的空间，需进一步完善中小微企业投融资机制；从创新活力的角度看，最近几年，江苏省政府一直以建设创新型省份为契机，大力发展科技工程。其区域创新能力连续七年位居中国第一，其自身的创新活力被大大地激发了出来。江苏出台了《关于加快发展互联网经济的意见》《关于加快建设知识产权强省的意见》等政策文件，并在这个过程中落实了研发费用扣除办法、高新产业普惠性政策。

8.1.2　战略性新兴产业政策现状分析

2010 年国务院出台了众多文件，明确要求地方政府必须制定一系列的政策措施带动当地经济发展、全面落实经济转型计划、带动产业优化。

近些年，中国政府一直通过制定战略转型政策来带动企业发展，并帮助现有的企业进行优化与内部完善。从 2009 年开始，中国政府先后提出了多个战略性新兴企业发展办法，在第十二个五年规划及第十三个五年规划中，明确提出了发展战略及发展步骤。各级政府也积极响应中央政府的号召，开展各种各样的经济活动，试图让现有的企业进行自主创新。在 2018 年的 4 月，中国的服务业增速及新兴产业增速大幅度提升，产业引领的经济状况持续向好。从国民收入水平对战略性新兴企业的增长带动状况进行分析，会发现其每年的增长率能够为中国的 GDP 带来 1%的增幅，远远超过其他企业对 GDP 的支持程度。中国在近十年间一直致力于发展新兴企业，并将其当作政治体系中的重要组成部分。在制定战略性新兴企业发展办法的过程中非常重视金融板块、人力资源板块、科技创新板块及土地资源板块，并要求这些要素进行优化整合，从而为产业的发展服务。尽管战略性新兴产业在某些领域取得了较快发展，但与一些发达国家相比仍有差距，具体来说存在融资难融资成本高、技术创新的效率低下、人才引进困难、科技成果转化率低、产业政策不健全、制度有待于完善等一系列问题。

战略性新兴产业可以积极引领未来经济社会的自主发展。在 2010 年，中国政府提出了应该以更快的速度培育战略性新兴产业的政策，在 2015 年之前不断升级新兴产业的产业结构，进而让旧产能转化为新产能，使增加值占 GDP 比重达到 8%；到 2020 年这一比重能够提高到 15%。新的战略决定要求各省市必须根据自身的实际情况，加紧落实相关法律法规及政府政策，将新兴产业的培育工作当作重点工作，在 2010 年，中国政府就下发了“十二五”发展规划，并且要求各个地方政府在发展经济的过程中必须意识到发展新兴产业的重要性，必须通过财政优惠、政策扶持及人才引进等众多方式帮助中国内部企业进行高质量转型。

8.1.3　科技政策现状分析

目前，国内众多城市出台了科技政策。其中，深圳、江苏政策效果显著。深圳通过客观分析全球科技发展现状，形成了独创的创新顶层体系。同时，深圳是第一个打造国家创新型城市的地区。2012 年，深圳出台了地方性补充规则，并在人才吸收领域、财政金融革新领域、创新载体优化领域、科技服务业迭代领域展现出了当地政府的全过程支持，进而大幅度带动了当地的经济发展。从 2016 年至今，在所有的供给侧结构性改革体系落实的过程中，深圳市将医疗卫生政策、住房政策、科技创新政策与教育政策等众多重要政策加以结合，从而保证当地的创新优势及市场发展优势。此外，在创新生态系统中深圳给予政府的角色定位是为企业创新发展提供良好的政策支撑条件和后勤保障服务。通过制定产业政策和建立各种创新激励机制，引导并鼓励企业进行符合社会经济文化发展需要、符合产业发展方向的创新。2015 年 7 月，深圳实行“多证合一、一照一码”企业登记制度的改革，最大限度地释放了市场发展活力，为企业带来了极大便利。新企业数量呈爆发式增长，提高了企业办事的便利程度，极大地激发了深圳创业、创新热情，打造了高质量的营商环境。在 2016 年，深圳市政府在其发展报告中明确指出，应该打造出符合深圳人民需求及深圳市场经济发展的四个新型区域。这四个新型区域分别是创新创业生态区域、新兴产业集聚区域、科技改革先行区域及开放创新引领区域。与此同时，深圳政府还制定了 62 条政策来对这些企业进行高质量管理，全面提升这些企业的自主创新能力，并优化现有的创新生态体系。当地政府也积极与当地银行开展合作，希望能够为这些企业的发展提供金融支持。62 条政策中，有将近 50 条政策是新增政策，占比超过七成，有 15 条内容是在原有基础上进行优化。这些突破性的创新政策，使科技创新的战略布局由“小布局”向“大布局”转变，科技资源配置由“小投入”向“大投入”转变。使科技创新事业单位由“少数”向“群众”转变，保持科研院所骨干的工作积极性，进一步提升企业技术创新主体地位。自 2017 年以来，深圳一直专注于科技行业的建设，启动了新一轮的战略布局，包括十大科技基础设施建设，建立十个基础研究机构，建立海外十大创新中心，实施十大科技产业项目。“十大行动计划”囊括了硬件创新体系、基础设施体系、人才引进体系、空间布局体系等众多内容，通过采取上下游产业布局和配套产业布局的创新产业链一体化战略，来完善深圳的科技创新体系。

近几年，江苏省一直贯彻落实创新、协调、绿色、开放、共享五大理念，并在这个过程中积极落实长三角发展战略。积极响应国家大众创业、万众创新的号召，凝心聚力推进“两聚一高”新实践，通过一系列政策支撑和活动引领，打破行政壁垒，加强政策协调，统一思路，统一措施，促进要素在更大范围内畅通。这有利于发挥区域比较优势，促进分工更加合理，汇聚更大合力，促进高质量发展。江苏省先后出台了《关于增强自主创新能力建设创新型省份的决定》《关于实施创新驱动战略推进科技创新工程加快建设创新型省份的意见》《创新型省份建设推进计划（2013—2015 年）》《江苏省“十三五”科技创新规划》等重大政策文件，这些文件的存在能够展现出科技的整体设计构想及系统部署原理，并进一步展现创新发展体系的鲜明导向。为更加全面贯彻《江苏省“十三五”科技创新规划》，江苏省还发布了《关于加快推进产业科技创新中心和创新型省份建设的若干政策措施》《关于聚力创新深化改革打造具有国际竞争力的人才发展环境的意见》《关于知识产权强省建设的若干政策措施》《江苏省贯彻国家创新驱动发展战略纲要实施方案》《江苏省促进科技成果转移转化行动方案》等文件，在全省营造了良好的创新创业生态环境，涉及人才引进培养使用、企业财政税收研发减免、促进创新型省份建设等优惠政策。企业创新积极性极大提高，江苏科技创新工作在政府引领下实现跨越式发展。

在离岸创新基地的政策指引上，我国也积极开展布局。2017 年，上海离岸基地在对合作空间离岸创业企业的调研中发现了技术入股方面的瓶颈问题，并积极协调推动上海自贸区有关部门进行试点突破。上海出台的浦东人才发展 35 条中明确提出：“推进离岸创新创业基地建设，完善上海自贸试验区海外人才离岸创新创业基地配套政策，创新离岸创业托管模式，探索海外项目跨境注册、互联网注册和项目团队出入境、就业、结汇和通关等便利化措施，完善跨境预孵化项目奖励机制。”杭州离岸基地在发展过程中为了吸引更多的人才，正式推出了开放人才考核制度、全球性吸收人才等众多政策，能够让越来越多的外国人才流入中国，并积极为本土企业服务。在这个过程中，当地政府对外国人进行了层次划分，通过技术能力进行级别认定，并根据其级别制定相应的应对政策。很多外国人希望能够申请杭州的永久居住权，当地政府可以给这些高质量人才提供提前审批服务。外国人才在杭州的创业资金资助最高可达 1 亿元；开展高层次外国人才特聘职位试点；资助外国人才荣誉获得者；全面提升外国人才在杭州生活时的配套设施等级；援助引进外国高水准人才的企业；等等。成都市政府发布的人才行政体系中也明确指出，应该积极探索创建符合高校编制体系、政府支持体系及企业需求体系的联合人才引进机制。

《关于深化人才发展体制机制改革加快推进国家中心城市建设的实施意见》（成委发〔2017〕1 号)明确：建立海外离岸人才跨区域投资创业机制。支持中国科协（成都）海外人才离岸创新创业基地内海外人才办理企业实行住所、经营场所分离登记，试行企业集群注册登记制度。研究探索外籍海外人才企业工商登记注册享受准入前“国民待遇”，实行“负面清单”管理模式，依托离岸基地探索全程电子化网上登记注册。建立离岸孵化空间。支持在蓉企业海外研发中心、在蓉高校海外研究院，建立国际化众创空间、海外离岸孵化器和海外创新创业基地，撬动境外资源孵化人才，引进境外高层次人才来蓉转化科技成果。

总而言之，中国现阶段的创新资源配置体系及开放共享科技创新体系已经大体形成。从科技创新工程大会到各省提出全面深化改革的新目标、新思路、新举措。例如，江苏省委、省政府先后出台了《关于实施创新驱动战略推进科技创新工程加快建设创新型省份的意见》《加快企业为主体市场为导向产学研相结合技术创新体系建设的意见》《省级新购大型科学仪器设备联合评议工作管理办法》。但是，我国尚未形成完善的创新资源市场服务的政策法规体系，缺乏有效的激励、补偿、监督、考核和评估机制，一些基础性、约束性不强的部门规定推动创新资源市场服务的成效不明显。为加快我国创新高质量发展，我国应积极改革相关政策，促进政策与资源统筹、制度设计等融会贯通，共同服务于创新体系建设。

8.2 融聚创新政策保障高质量发展的研究方法

8.2.1 大众创新创业政策图谱分析

自 2014 年至今，国务院多次根据双创政策出台相应的文件，并在就业政策领域、财税政策领域、金融政策领域及体制创新机制政策领域展现出管控作用。考虑到研究的工作量大小、数据的可得性和结论的代表性，本节以江苏省为例，分析大众创业、万众创新政策融通推动创新高质量发展的机制和路径，进而为国家层面的创新创业政策制定和评估提供经验和借鉴。江苏省专门成立了创新委员会，积极推动国务院下发的大众创业要求，江苏省政府也在这个过程中出台了超过 20 个政策文件。对江苏省大众创新创业政策进行评估，并不是对单一政策进行评估，而是对政策组合开展的第三方系统的评估。通过绘制江苏省大众创新创业政策图谱，将政策覆盖面及政策间的关系进行可视化展示，通过大众创新创业政策网络图分析江苏省在推进大众创业、万众创新政策落实方面取得的成效，并发现存在的不足。

1. 江苏省大众创新创业政策图谱

社会网络分析方法是对社会关系进行量化，处理的主要是关系数据。通过收集整理 2014 年下半年以来国务院发布的推进“大众创业、万众创新”的 8 个主要政策文件及江苏省出台的 25 个相关配套政策文件，进行江苏省大众创新创业政策图谱研究分析。

本书将有关政策文件从创新创业公共平台、创业投资引导机制、创业孵化服务、科技成果转化通道、科技资源开放共享、科研人员创新创业、企业技术创新主体、激励制度、普惠性政策等 9 个方面进行分析，选取政府购买服务、互联网+创业网络体系等 18 个政策工具，如表 8-1 所示。本书将有关政策文件虚拟化为社会网络中的 187 个行动者，如表 8-2 所示，基于社会网络方法分析工具 Ucinet 软件提供的 Netdraw 工具，绘制江苏省创新创业政策图谱。

表 8-1　江苏省大众创新创业政策工具

序号	政策工具	序号	政策工具
(1)	政府购买服务、无偿资助、业务奖励	(10)	鼓励企业建立专业化、市场化的技术转移平台
(2)	互联网+创业网络体系	(11)	高校、科研院所专业技术人员离岗创业
(3)	创业投资引导	(12)	科研人员成果转化收益
(4)	创业担保贷款	(13)	引导企业加大技术创新投入
(5)	众创空间、企业孵化器、大学科技园、农民工返乡创业园等各类孵化机构	(14)	以企业为主导的产学研协同创新
(6)	技术转移转化、科技金融、认证认可、检验检测等科技服务	(15)	知识产权应用保护
(7)	下放科技成果使用、处置和收益权	(16)	政府采购政策
(8)	国家科技成果转化引导基金	(17)	企业研发费用加计扣除
(9)	科研基础设施等向社会开放	(18)	高新技术企业扶持

表 8-2　江苏省大众创新创业社会网络行动者

行动者编号
1 国发 201523（1）、2 国发 201523（2）、3 国发 201523（3）、4 国发 201523（4）、5 国发 201523（5）、6 国发 201523（6）、7 国发 201523（11）、8 国发 201523（12）、9 国发 201523（17）、10 国发 201532（1）……21 国发 201532（17）、22 国发 201532（18）、23 国发办 201540（1）、24 国发办 201540（2）、25 国发办 201540（3）……61 国办发 201547（5）、62 国办发 201547（17）、63 苏发 20155（1）、64 苏发 20155（3）、65 苏发 20155（4）……101 苏发 201516（6）、102 苏发 201516（10）、103 苏发 201516（13）、104 苏发 201516（14）、105 苏发 201516（15）……151 苏办发 201534（4）、152 苏办发 201534（5）、153 苏办发 201534（6）、154 苏办发 201534（7）、155 苏办发 201534（11）……181 苏政办发 201549（12）、182 苏政办发 201549（17）、183 苏政办发 201566（1）、184 苏政办发 201566（3）、185 苏政办发 201566（4）、186 苏政办发 201566（5）、187 苏政办发 201566（11）

注：1）1、2、3……为行动者；2）1 国发 201523（1）为国发〔2015〕23 号文件《国务院关于进一步做好新形势下就业创业工作的意见》中涉及政府购买服务、无偿资助、业务奖励的政策工具。其他行动者同理

可以打造大众创新过程中各虚拟行动者之间的关系矩阵，如果每一个行动者都是某一个政策工具的体现，那么计作 1，否则计作 0，进而能够得到大众创新关系矩阵。将该矩阵其输入 Ucinet 软件，利用 Netdraw 工具绘制出江苏省大众创新创业政策图谱，如图 8-1 所示。

2. 江苏省大众创新创业政策图谱结果分析

对应 18 个政策工具，江苏省大众创新创业政策围绕国家政策形成了 18 个子网络。

（1）如图 8-2 所示，1、3、4、17 等 4 个子网络的网络关系最密集，主体较多，说明江苏省在政府购买服务、无偿资助、业务奖励，创业投资引导，创业担保贷款，企业研发费用加计扣除等方面政策文件较多。2015 年上半年，江苏省全省共扶持成功创业劳动者 83 474 人，带动就业 333 975 人。在创业投资引导政策的带动下，江苏省创业投融资体系不断完善，投融资平台建设加快。2014 年底，江苏全省创业投资机构达到 589 家，管理资金规模超过 1872 亿元，居全国第一，成为国内创业投资最活跃的地区之一。2015 年上半年，江苏全省共新增“新三板”挂牌企业 156 家，新增数居全国第一，总数居全国第二。江苏省积极落实普惠性政策，2014 年全省共有 11 967 家企业受惠于科技税收优惠政策，落实科技税收减免额达 254.62 亿元，较 2013 年增长 10.62%。在有关政策的引导下，江苏省创新创业取得明显成效。

（2）如图 8-3 所示，5、6、7、11、12、14、15、16 等网络体系之间有极其紧密的关联。江苏省不断加快创业服务载体建设，截至 2015 年 6 月底，江苏省科技厅、教育厅等 8 个部门新建“众创空间”“大学生创业园”等各类载体 450 多家；现阶段江苏省拥有各种各样的科技类新兴企业孵化器，其总量超过 550 家。这些企业孵化器的总面积甚至将近 3000 万平方米。这些孵化器中被孵化企业总量超过 3

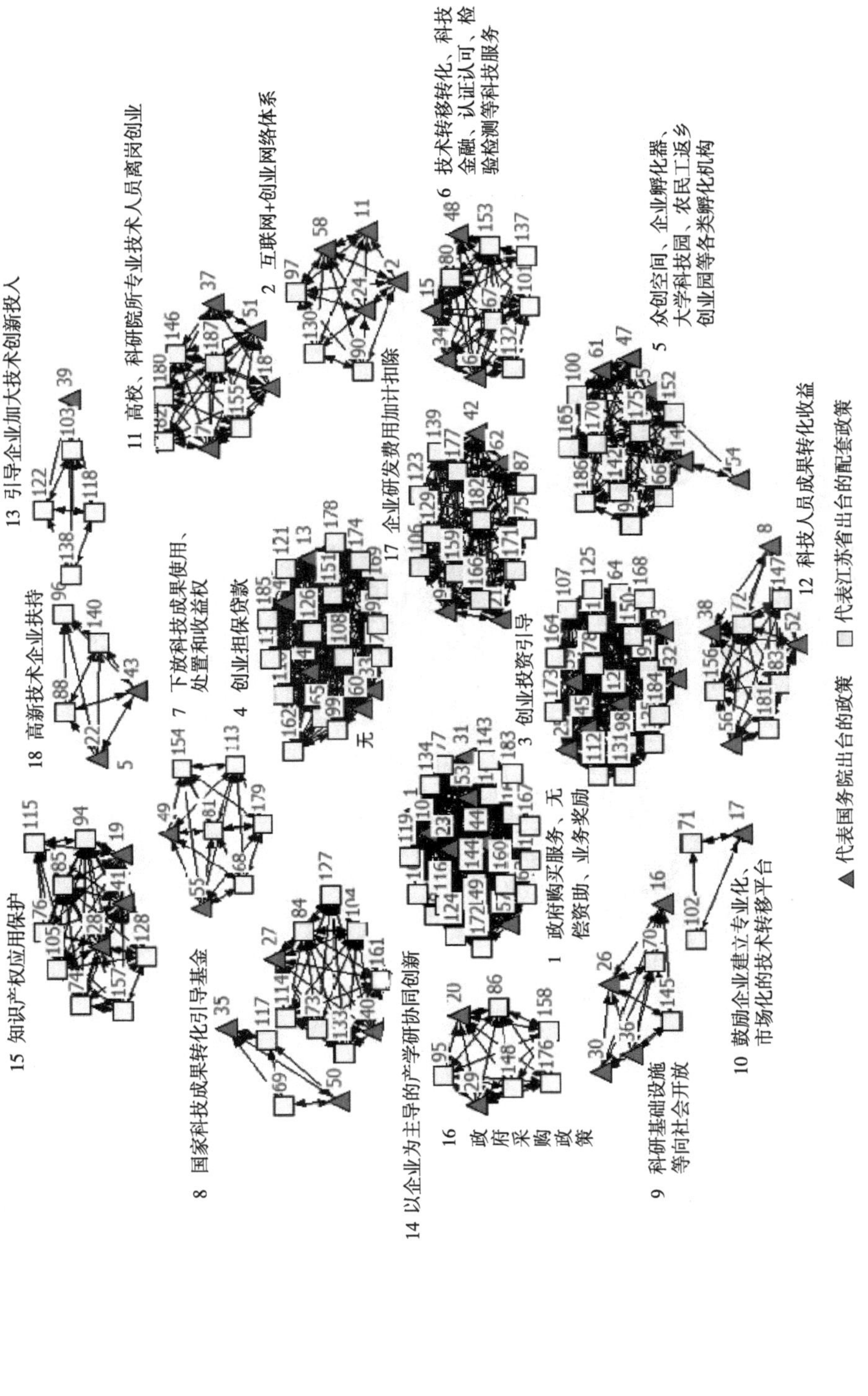

图 8-1　江苏省大众创新创业政策图谱

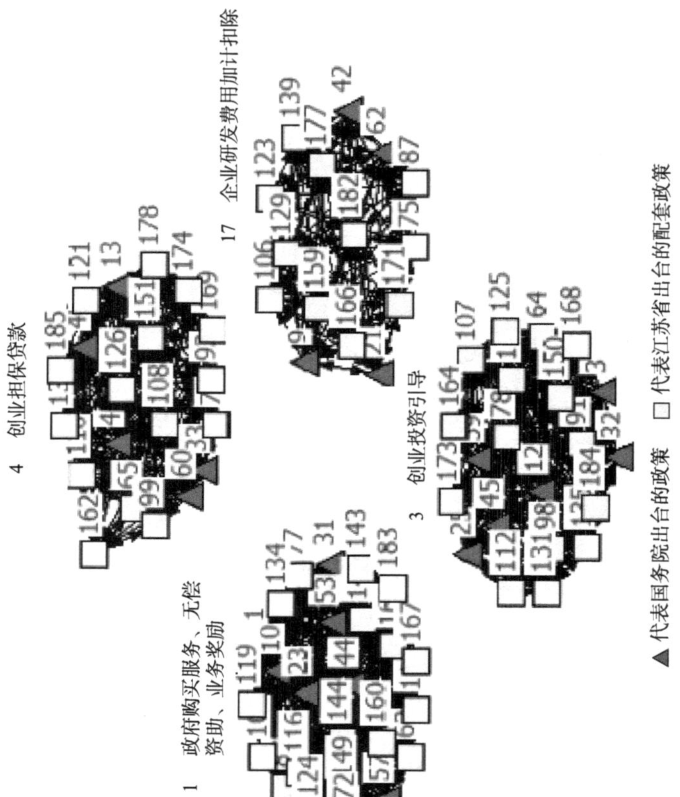

图 8-2　江苏省大众创新创业政策图谱子网络图（1）

万家。这意味着江苏省的孵化器总数量及占地面积都是全国第一。江苏省在下放科技成果使用、处置和收益权方面取得较大进展，充分发挥了江苏省产业技术研究院科技体制改革“试验田”作用，鼓励政策先行先试。并在这个过程中创建了江苏省技术交易市场。现阶段，江苏省技术研究部门已经大幅度扩宽了自己的研究领域，最近五年内又在节能环保领域、新材料开发领域及电子信息传达领域有了极为出色的研发成果，有将近 1000 项技术转换为成果。当地政府制定了科学合理的企业研发费用扣除办法、高新技术企业政策支持条例及资金帮助条例，展现出江苏省政府在新兴产业发展过程中的帮扶作用以及主体引导作用。2015 年上半年，江苏省专利授权量为 58 416 件，发明专利授权量以 15 295 件居全国第二位。

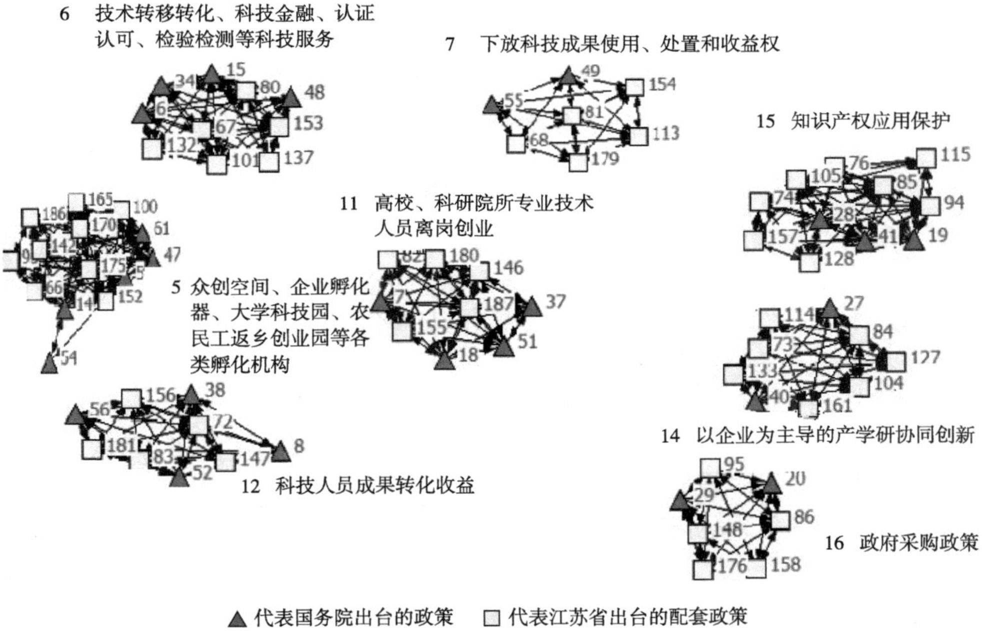

图 8-3　江苏省大众创新创业政策图谱子网络图（2）

（3）如图 8-4 所示，2、8、9、10、13、18 等 6 个子网络的网络密度较为疏松，涉及主体数较少，说明江苏目前关于这几个方面的政策文件还较少，仅在几个政策文件中涉及。今后，江苏省政府将会设立科技成果转换基金，并将已经建设成的科技基础设施全面向社会开放，并积极鼓励民间企业利用专业化设备及市场化网络平台进行技术转移，让更多高质量的人才流入创新产业中。与此同时，所有的企业都应该意识到互联网的重要性，并将互联网与自身的产业结合，让企业在互联网上寻找市场、寻找出路，不断发展。

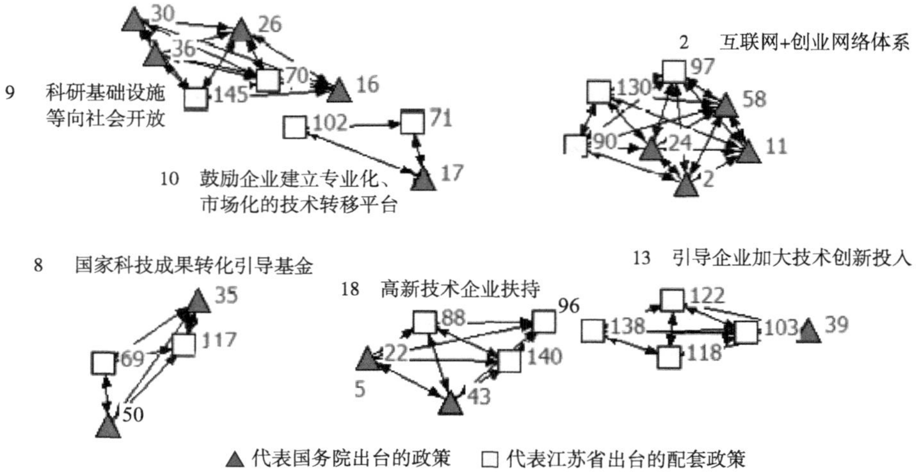

图 8-4 江苏省大众创新创业政策图谱子网络图（3）

3. 江苏省大众创新创业政策实施效果实证分析

在对政策图谱进行分析的基础上，收集有关数据对江苏与北京、上海、广东和浙江在就业活力、市场活力及创新活力 3 个方面取得的成效进行对比分析。考虑数据的权威性和可获取性，可以参考中国科技协会的大众创新报告活跃程度进行分析。就业活力选取新增就业人数指标衡量，市场活力选取新增市场主体数衡量，创新活力选取每万人国内发明专利受理量进行衡量。由于篇幅限制，在开展江苏与北京、上海、广东、浙江总体定量比较分析的基础上，以江苏和广东为对象，开展推进大众创新创业政策的具体比较研究分析，为江苏省下一步更好地落实国家和省推进大众创新创业的政策措施提供借鉴。

1）就业活力

2014 年上半年，江苏省新增就业人数为 67.3 万人，2015 年上半年该指标值为 67.0 万人。北京市该指标值分别为 25.9 万人、22.8 万人，上海市为 34.6 万人、34.2 万人，广东省为 88.4 万人、83.1 万人，浙江省为 53.7 万人、56.1 万人，北京市、广东省呈现下降趋势，上海市、江苏省该指标有所下降，浙江省呈现上升趋势。江苏省 2015 年上半年新增就业同比增幅为−0.4%，广东省为−6.0%，两省的该指标值均为负值，但江苏省表现较广东省要好。就新增就业人数这一指标值来讲，北京、上海、江苏、广东等省市也出现下降趋势，说明江苏省该指标值的下降可能是由整体宏观经济环境引起的，但广东省在促进就业方面采取的政策措施对于激发就业活力具有一定的促进作用。江苏省和广东省的就业活力有关指标值的具体比较如图 8-5、图 8-6 及表 8-3 所示。

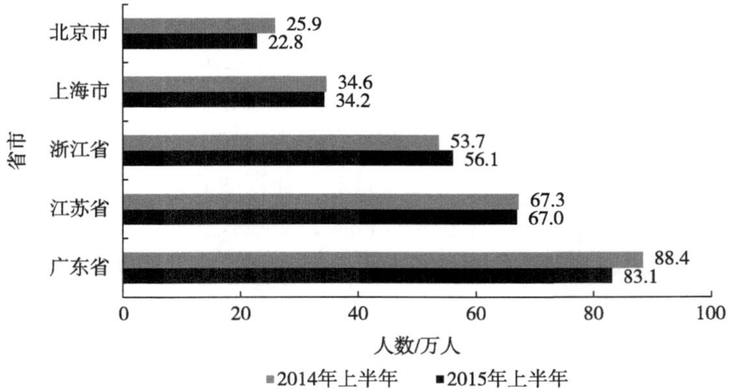

图 8-5　我国部分省市新增就业人数

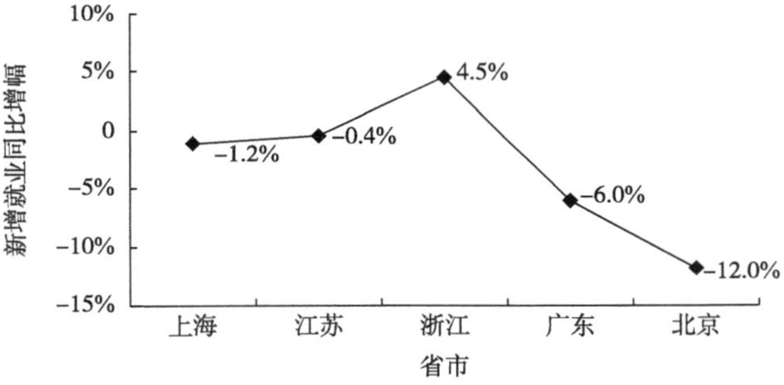

图 8-6　我国部分省市 2015 年上半年新增就业同比增幅

表 8-3　江苏省、广东省就业活力有关指标值

省份	2014 年上半年新增就业人数/万人	2015 年上半年新增就业人数/万人	2015 年上半年新增就业人数同比增幅
江苏省	67.3	67	−0.4%
广东省	88.4	83.1	−6.0%

2015 年 2 月，广东省政府印发《关于进一步促进创业带动就业的意见》，降低初创企业登记门槛，减免有关行政事业性收费、服务收费；通过创业培训补贴、一次性创业资助、租金补贴、小额担保贷款贴息、创业带动就业补贴、优秀项目资助等补贴方式加大扶持补贴力度。与此同时，当地政府还通过发放补贴的方式将告知承诺制度及失信惩戒制度加以落实，充分地展现财政政策对企业创业、高质量人才就业及市场发展的刺激作用。当地政府将对创业者入户条件进行修改，并吸引更多的创新者涌入其中。同时，广东省政府应该全面提升孵化基地的建设速度，鼓励各个高水平学府及高质量社会力量利用现有的场地资源进行产业升级。当地政府应该创建更加科学、更加全面的公共服务平台，为当地的企业提供服务。有条件的地方政府还可以积极探索政

府入股的方式与其他的社会力量共同促进企业的发展，加大创新创业载体的市场化建设程度。除此之外，广东省政府还应该创建专项资金来扶持新兴企业。在这个过程中，专业运营体系、滚动发展体系将会充分展现出市场及政府对企业创新过程的推进作用。广东省政府将促进就业当作发展过程的核心导向，为相关企业的创业活动提供政策支持及资金优惠。如果某家个体经营户拥有就业创业证或者就业失业登记证，那么当地政府将会按户减免营业税、城市维护建设税等，对吸收失业人员的个体企业按照吸收失业人数减免税费，减轻企业的行政事业性收费负担，多项政策措施的合力作用，充分激发了广东省的就业活力。

为了激发社会就业活力，江苏省出台了《关于进一步做好新形势下就业创业工作的实施意见》《江苏省大学生创业引领计划》《发展众创空间推进大众创新创业带动就业工作实施方案（2015—2020）》等众多文件，都展现出了对大学生、失业人口、留学生团体及农民工的创业扶持力度，这些政策积极帮助高等学府及科研院所中的高质量人才进行创业。当地政府利用这些文件渐渐培养出了众多创业主体，收效显著。江苏省今后应该进一步降低创业门槛，改进补贴发放方式，完善创业者入户等政策，进一步推动创新创业载体建设运营的市场化程度，充分发挥政府、市场和社会三双手的促进作用。

2）市场活力

如图 8-7、图 8-8 所示，就新增市场主体数这一指标来讲，2014 年、2015 年上半年江苏省分别为 429 389 户、489 319 户，北京市分别为 115 305 户、126 910 户，上海市分别为 128 625 户、143 334 户，广东省分别为 621 972 户、677 281 户，浙江省分别为 351 924 户、389 695 户。可以看出，该指标值各省市都呈现出上升的趋势，江苏省仅次于广东省位居第二。2015 年上半年新增市场主体同比增幅，江苏省位居首位，说明江苏省激发市场活力的政策措施取得一定的成效。江苏省和广东省的市场活力有关指标值具体比较如表 8-4 所示。

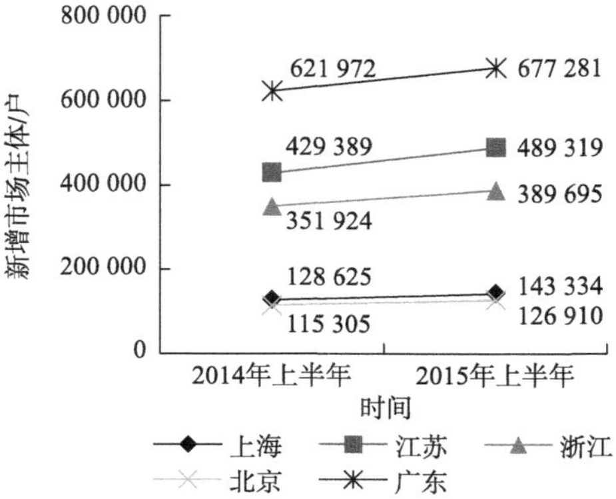

图 8-7　我国部分省市新增市场主体数

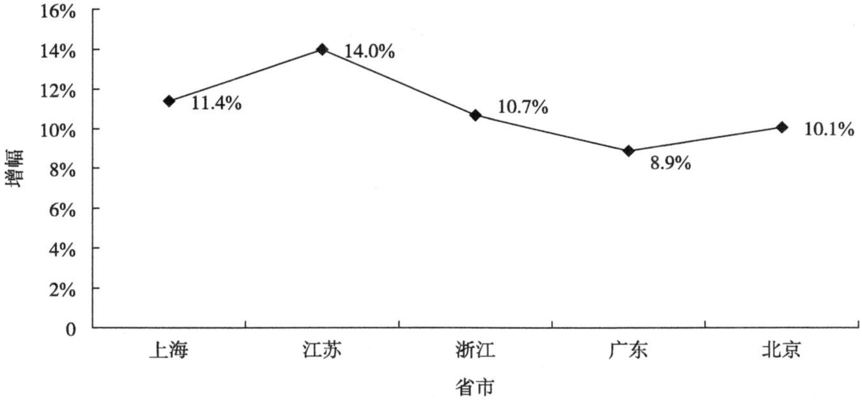

图 8-8　我国部分省市 2015 年上半年新增市场主体同比增幅

表 8-4　江苏省、广东省市场活力有关指标值

省份	2014 年上半年新增市场主体数/户	2015 年上半年新增市场主体数/户	2015 年上半年新增市场主体同比增幅
江苏省	429 389	489 319	14.0%
广东省	621 972	677 281	8.9%

广东省科技厅和财政厅出台了《关于科技企业孵化器后补助试行办法》，同时，积极探索符合当地实际的创业带动就业孵化基地建设模式，推广社会建设、政府与社会合作共建等多种建设模式，建设了政府主导的公共创业孵化基地，并带动了一批社会性孵化基地的建设。为加快中小微企业创新发展，广东省相继出台了《关于印发广东省支持小微企业稳定发展若干政策措施的通知》《关于支持中小微企业融资的若干意见》《中小微企业综合服务体系建设实施意见》等政策文件。

广东省政府积极与当地的中小企业展开合作，通过融资对接平台来为这些企业引入发展资金，进而让现有的针对中小企业及小型企业的信贷风险机制更加合理、更加科学，为这些企业的发展带来一线生机。除此之外，当地政府还通过跨境人民币来支持当地的中小企业进行融资，真正解决了这些企业融资难、融资慢的问题。

江苏省政府相继出台了众多具有指导性的民间贷款政策文件。启动了省众创空间建设资助计划，采取政府购买服务的方式，激发了市场主体活力；通过构建众创空间，实现创新与创业相结合、线上与线下相结合、孵化与投资相结合。

当地政府应该积极与银行产业合作，并为企业拓宽融资渠道，让众多的中小企业通过担保贷款来解决第一轮融资瓶颈，让这些科技创新企业的风险能够被分担，进而带动更多的资金进入市场，最终让社会资本大幅度帮助科技创新型企业。这种多元化的资金注入方式能够优化现有的市场体系，并且帮助科技创新企业高速发展。但是，江苏省较广东省在创业投资方面仍然有进一步提升的空间，需进一步完善中小微企业投融资机制，大力发展创投、风投等基金，鼓励和引导民间资本进入创新创业投资、私募股权投资、风险投资等领域，着力解决企业投融资难题，激发市场活力。

3）创新活力

如图 8-9、图 8-10 所示，2014 年江苏省每万人国内发明专利受理量为 10.24 件，北京市为 48.20 件，上海市为 23.70 件，广东省为 10.56 件，浙江省为 9.57 件，江苏省次于北京市、上海市、广东省，位列第四。在现有经济体系下，众多战略性新兴企业在激烈的市场竞争中的主要阵地便是知识产权的竞争活动。2015 年，江苏省每万人国内发明专利拥有量为 14.00 件，北京市为 60.00 件，上海市为 29.00 件，广东省为 12.95 件，浙江省为 12.89 件。我国每万人口发明专利拥有量达到 6.30 件，可以看出以上各省市均高于我国平均水平，并且，江苏省超越广东省位列第三。

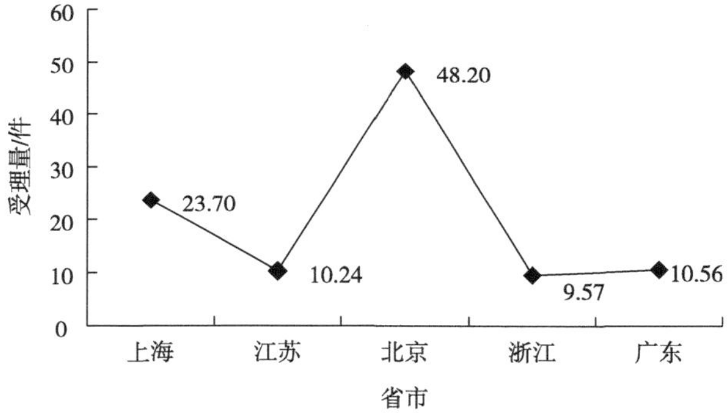

图 8-9　我国部分省市 2014 年每万人国内发明专利受理量

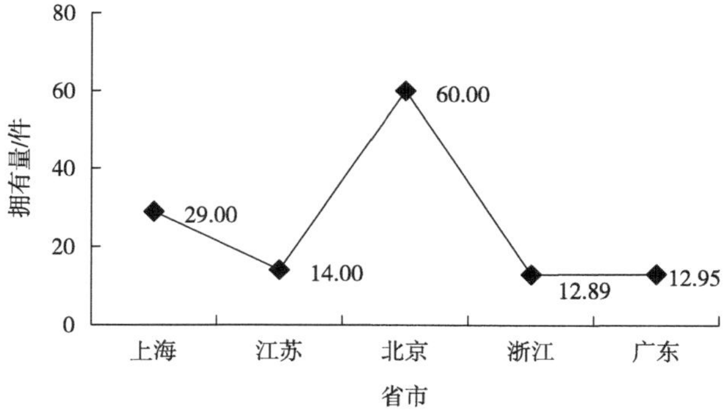

图 8-10　我国部分省市 2015 年每万人国内发明专利拥有量

广东省政府积极开发专利联盟建设平台，如专利保险平台、专利实施计划平台及专利抵押融资平台，希望能够为先行企业带来发展契机。同时，充分发挥财政投入对专利的激励促进作用，相继出台了《广东省专利奖励办法》《关于加快建设知识产权强省的决定》等政策文件。并在此基础上，出台了加快科技产业创新的政策，希望能够制定科学合理的研发准备金制度及创新补贴制度，让企业能够在孵化器中以最快的速度展现出自己的市场竞争能力。与此同时，当地政府还与企业孵化器展开全面合作，通过风险补偿制度帮助企业降低初始运行风险。与此同时，还要求高等学府及重要科研部门必须根据自己的实际情况进行改革与创新，所获得的科研收益应该全部自主分配。这些政策让高等学府及科技院校的科研成果在最短的时间内转化为市场利益。通过远期约定政府购买，发挥政府采购支持作用，降低创新风险，加大创新产品和服务的采购力度，让企业创新活力竞相迸发。

最近几年，江苏省根据创新型省份建设试点的实际活动，制定了各种各样的科技创新办法，其区域创新能力已经多年稳居中国第一，创新活力的激发程度可见一斑。出台了《关于加快发展互联网经济的意见》《关于加快建设知识产权强省的意见》《关于建设苏南国家自主创新示范区的实施意见》等政策文件，明确要求就现有的企业研发费用扣除办法进行优化并将其落实，对于所有高新技术产业的政策支持应该加大力度，并加以落实。所有的技术创新办法应该为企业的发展服务。建立科技创新机制，聚焦小科技企业创新需求，提供公共研发、科技保险、成果转化等方面的服务补贴，充分调动企业创新积极性，激发“双创”创新活力。在今后的发展过程中，江苏省应该全面提升自身的知识产权服务能力，并大力提升科技中介服务机构的实际作用。中介服务机构能够在科技交易、专利交易上展现出自己的作用。与此同时，江苏省政府还应该充分展现出科技研究院改革过程中的试点作用，积极鼓励政策先行先试。

4）小结

总的来说，江苏省在创业扶持、科技成果转化及企业技术创新方面已形成了一定的政策体系，对于激发创新创业活力、带动社会就业起到了一定的作用，全省就业活力、市场活力、创新活力得到有效提高。但江苏省在政策贯彻落实过程中也存在一定的问题：首先，市场化运行机制有待进一步完善。孵化器建设及运营管理团队市场化程度还不够，政府投资建设的孵化器较多，孵化进入的门槛相对较高，对社会资本介入众创空间建设的激励不足。其次，创业投融资机制有待进一步完善。需大力发展创投、风投，鼓励和引导民间资本进入创业投资、私募股权投资、风险投资等领域，解决创新创业投融资难题。最后，政策覆盖面需进一步拓宽。现有政策较多关注“精英人才”创新创业，而对草根创业关注不够，造成大众创新创业主体来源不畅，从而大众创新创业能力不强、质量不高。这些政策经验可为全国各省制定和实施创新创业政策带来启示。

8.2.2 双创政策促进经济高质量发展的机制分析

双创政策就是当地政府为了完成万众创新及大众创业而推行的一系列干预准则。这些准则的核心目标是刺激创业行为，并让科技在这个过程中起到自身的引领作用，进而降低初创企业面临的各种各样的金融风险。该政策可以大大减少创新企业在进行创新的过程中遇到的阻碍，并降低这些企业经营者面临的风险，能够对现有经济环境进行整体优化，并且鼓励越来越多的科技人才进入创新领域中，久而久之便能够打造出创新引领创业、创业带动就业的新形势。当地政府将创新乡镇及创新市为主要切入点，将大众创业与现有的创新资源进行深度整合，构建出多元化、多层次的新型创业体系，掀起了全民创业热潮，用创业活动带动就业，并培育市场主体的新动能，展现出创新驱动策略的真正价值。

1. 理论基础

双创环境能够充分地展现出创业过程中的外部影响因素，这对于双创过程既有起到促进作用的正向影响，也有起到抑制作用的反面影响。在进行创业的过程中，必须考虑企业所处的社会环境及营商环境，这也是将双创能力转化为现实生产能力进而在市场中取得竞争优势的基础。在对其进行结构性改革及制度性优化的过程中，当地政府应该简政放权，并将优化服务加以落实，通过创新创业资源的政策工具及相关法律法规的完善帮助这些企业达到合理且科学的发展环境，进而带动市场发展。应该意识到在进行双创活动的过程中，所有的创新主体都是最重要的，参与者也是获得绩效的直接行为人。随着“大众创业、万众创新”的深入推广，创业主体趋向草根化、多元化。

2018 年中国政府颁布了高质量双创升级意见，其中明确要求对大学生群体、国外归来群体、退役军人群体、科研人员群体及农民工群体制定有针对性的创新创业政策制度。并在这个过程中积极鼓励所有符合条件的人获得企业的股权激励及分红激励，这样不仅能够充分调动工作人员的积极性还能够进行市场体制改革。当地政府应该意识到大学生创业的重要性，并积极与各个高等学校展开合作，为其打造毕业生就业基金，引导当地的高等学府利用现有资源落实大学生引导工作。该模式以双创环境和双创主体为中介变量，研究双创政策对经济增长的直接影响及通过中介变量的作用间接对经济增长的影响。

2. 研究假设

1）双创政策对经济增长直接影响分析

孙玉坤（2012）提出产业升级转型是中国经济发展转型的重要抓手，而人才是产业升级发展的核心，尤其是具备关键能力的高层次应用型人才。

当地政府应该意识到在社会发展的过程中人才是至关重要的，只有将相关的人才政策落实，才能打造一批有责任有担当的创新人才，进而推动创新活动的进一步落实。在2013年，曾春娟及众多研究学者在联合报告中明确指出随着科技投入的增加、财力水平的增加及人才总量的增加，GDP也会随之增加。政府R&D资助是上市企业R&D经费的主要来源，可以降低企业自主创新的成本，加快企业创新发展。在创新发展试验中，众多中小企业及小型企业的融资模式让企业没有办法在短时间内获得高质量的发展资金。因此，政府应该为其提供相应的担保并为其优化现有的保险服务。在能够控制风险的前提下应该尽量缩短银行的信贷审批流程，并创建科学合理的信用评价模型，对现有的融资环境进行全方位的优化与改良，推动企业的发展进程、增加企业的发展速度。在中国共产党及中国政府的推动之下，服务性改革已被当作重要发展要求。在这个过程中，政府会不断提升自己的服务能力，并且通过明确各个部门的具体责任来吸引更多的项目进入当地的创业平台，并为其提供资金帮助、项目帮助及政策帮助，让创业群体能够在高水准的服务环境中稳步发展，不断展现自身的市场竞争能力。

根据上述论述，笔者提出下述假设内容。

假设H1：双创政策的落实对当地的经济增长存在正向作用。

2）双创政策通过双创环境中介变量对经济增长影响分析

双创政策对双创环境影响分析。中央政府与地方政府都明确指出，在进行双创的过程中，应该保证提供更高质量的财政支持及赋税支持，并将知识产权体系与抵押融资体系加以结合，让更多的小型企业及微型企业能够在最短的时间内度过创业初期阶段。在这个过程之中，当地政府将会通过发展双创空间、集中产业创新中心、支持公共服务平台建设、促进相关资源快速整合的方式来保证整体的发展速率。这一系列的政策为创新主体提供了高质量的商业环境。曲婉等（2018）在其联合报告中，明确指出创新优惠政策及政府的创新项目对于所有早期创业的企业并不会产生直接的经济影响，政府可以通过降低创业阶段企业赋税成本、提高资金供给的方式来解决信息不对称的问题，进而帮助企业在激烈的市场竞争之中站稳脚跟，渡过初期发展阶段。与此同时，很多政府通过组织“创业中国”比赛来推动创业活动，并且让创业思维深入人心，这种鼓励创新、弘扬百折不挠精神的新型创业体系能够让越来越多的人意识到创业活动的重要性，并形成社会性的双创文化，让越来越多的人能够投入创业活动中，进而推动创业体系的多元化发展，为经济发展注入源源不断的动力。高伟等（2018）在其论述中指出通过舆论宣传的方式，也能够促进创业活动的落实。在进行舆论宣传的过程中，可以全面提升潜在创业者的自然属性，让越来越多的人民群众意识到创业的重要性，并在心里面种上创业的种子，这对于提升城市创业文化、优化现有创业氛围有着极其重要的作用。

有很多学者对于双创环境及经济增长之间的关联进行了研究。董志强等（2012）针对中国30个大城市的商业数据进行了分析，并针对其与经济发展之间的关系进行了论证。在经过一系列的数学运算之后得出结论：良好的城市营商环境将大幅度提升该城市经济发展速率。

朱春奎（1997）在一篇联合报告中明确指出，技术创新观念是将技术一体化理念与经济一体化理念加以结合的科学发展体系，所有的科研人员都应该意识到经济的发展是创新的最终结果，技术创新便是经济发展过程中的内在引导因素。在这个过程中，当地政府应该积极宣扬允许失败、敢为人先的创新文化，并大面积地培养企业家精神及创新精神让创新及创意转化为极为普遍的创业活动，进而带动当地的经济发展。黎长辉（2014）指出：各个区间内的创业活动是具有明显差异性的，但是这种差异性是可以被特定文化特征分解的。在制定创业政策的过程中，应该根据当地的实际情况及当地人民的具体需求制定具有针对性的政策，也正因如此，所有的政府在制定具体创业政策的过程中都应该充分考虑当地的文化环境及社会环境，政府在组织相应比赛及活动的过程中，应该将创业理念深入人心当作最为核心的目标，积极鼓励创业并健全现有的培训体系，让人们面对困难百折不挠，不断提升自己的创新意识及科研意识。魏下海等（2015）针对2008年中国民营企业的经营情况及世界银行的中国项目进行数据匹配分析并得出结论：在更加全面的营商环境之下，企业家的经营活动将会展现出自身强有力的控制能力，并且持续更长的时间，进而能够在经济体系中展现出更大的作用。但是如果处于较为低沉的经济环境中，便与上述内容截然相反。

以上述理论为依托，笔者提出了假设H2、假设H2-1、假设H2-2。

假设H2：区域双创政策通过双创环境的中介作用间接对经济增长产生正向影响。

假设H2-1：区域双创政策对双创环境有正向促进作用。

假设H2-2：随着区域双创环境质量的提升，经济增长也会随之提升。

3）双创政策通过双创主体中介作用对经济增长影响分析

在这一部分中，笔者将会对双创政策与双创主体之间的相互影响关系进行全方位的论述。为了保证双创政策真正落实，并在众多扶持政策中展现出双创体系为大学生群体、归国人才群体、退役工人群体、科研人员群体提供了强有力的创新支撑，就必须保证双创体系的科学与合理。王凌霄（2015）针对北京中关村及雄安新区等众多创业群体进行了系统性研究，并将当地的大学生创业体系当作主要分析目标，得出了如下结论：随着大学生创业政策体系的完善，体系中的工具分配办法也越来越合理，大学生的创业需求也得到了相应的满足。

与此同时，随着大学生创业者的发展，创业文化需求及教育政策需求也随之减少。在这个过程中，当地的政府官员积极鼓励科研人员离岗创业，并为其配备了高质量的人才流动管理机制，随后出台了众多优惠政策。在这种大环境下，越来越多的农民工、大学毕业生及海外归国创新人才利用政府的创新政策展开创业活动，并在政府的帮助下开始创业，这大幅度地提升了社会创新能力及社会经济发展速度。

随着双创主体的大众化发展及多元化发展，市场活力也被逐渐激活。越来越多的创业活动能够带动就业活动，各个类型的主体在进行创业的过程中逐渐展现了自己的市场竞争力及创业活力。大量优秀的创业团体在这个过程中不断涌现，一批具有科研精神及创新精神的科学家投入创新活动中，并为市场的高质量发展、创新性发展注入了源源不断的动力。如果对现有的创业市场进行分析，会发现各个类型的创业活动正在展现出自己强大的力量，越来越多的优秀团队也在这个过程中不断出现，一批批具有实业家精神的科学家及科研人员投身到创业活动中。

以上述理论为依托，笔者提出了假设 H3、假设 H3-3、假设 H3-2。

假设 H3：区域双创政策通过双创主体的中介作用间接对经济增长产生正向影响。

假设 H3-1：区域双创政策对双创主体有正向促进作用。

假设 H3-2：区域双创主体对经济增长有正向促进作用。

3. 变量与数据

笔者根据上述内容，将双创主体及双创环境当作中间变量引入其中，并以此为基础针对双创政策对经济增长的影响及其中的内在机理进行全方位的分析，如表 8-5 所示。

表 8-5　双创政策促进经济增长机理的分析指标体系

一级指标	二级指标	三级指标
双创政策	供给型政策	人才政策
		资金投入政策
		基础设施建设政策
	环境型政策	税收优惠政策
		提供双创培训服务政策
		弘扬双创文化政策
	需求型政策	政府采购
		政府补贴
		贸易管制

续表

一级指标	二级指标	三级指标
双创环境	营商环境	开办企业
		获得信贷
		双创公共服务平台
	社会环境	鼓励创新
		容许创业失败
双创主体	高校和院所	高校科技成果转化
		科研人员离岗创业
	企业	企业内部创业
		企业外衍生创业
经济增长	经济效益	GDP 增长
	社会效益	促进就业

1）双创政策

在 20 世纪 80 年代中期，罗斯韦尔和泽赫费尔德两位研究人员根据需求特性、环境特训及供给工具特性对双创政策进行细致划分，并将其分为以下三个组成部分——环境型政策、需求型政策及供给型政策，如图 8-11 所示。

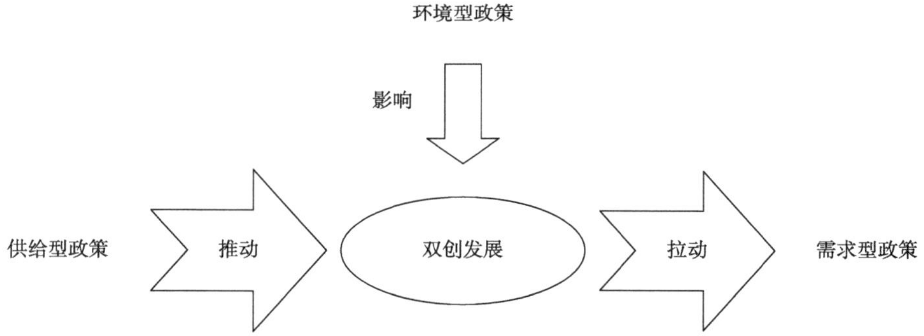

图 8-11　双创政策对双创发展作用途径

供给型政策是指政府通过政策为双创活动提供推动力，在技术方面、人才方面、资金方面及信息方面等领域为其提供供给。如果对该领域进行更加详细的分化，那么便可以将其分成基础设施建设供给、科技信息体系建设供给、资金投入供给等类型。环境型政策是指在双创政策落实及双创体系发展的过程中，当地政府会通过一系列的政策调控为创新发展提供有力的政策支持、环境及发展空间支持。如果对其进行详细划分，那么可以将其分为金融支持板块、知识产权板块、目标规划板块、法律规制板块及金融支持板块。需求型政策可以分为价格补贴政策、海外机构管理政策、对外承包政策、公共采购政策及贸易管制政策等众多种政策。这些政策会直接展现出其对市场维度的影响作用。

通常情况下，我们用资金投入政策、基础设施建设政策及人才政策具体内容来评价供给型政策的好坏；用税收优惠政策、提供双创培训服务政策、弘扬双创文化政策来衡量环境型政策的好坏；用政府采购、政府补贴、贸易管制来衡量需求型政策的好坏。

2）双创环境

如果对双创环境进行详细划分，可以将其分为营商环境及社会环境两大组成部分。魏下海等（2015）通过强制执行指标、开办企业指标、获取信贷能力指标及登记物权详细程度指标对营商环境指数进行详细的刻画。彭正霞等（2012）通过创业阻力指标及创业氛围指标对社会环境因素进行详细的判断，并用开办企业、获得信贷、双创公共服务平台三个指标来表现双创主体开展创业的营商环境；用鼓励创新、容许创业失败来表现社会环境。

3）双创主体

如果对主体进行详细划分，那么可以将其分为大学生群体、退役军人群体、外籍人才群体、科研人员群体等，但是数据本身的可获取性具有一定的限制，因此，笔者在这次研究中将双创主体分为企业、高校和科研院所，进而增加数据的可获得性。段琪等（2015）明确指出，高等学府及相关的科研院所必须重视学术创业活动，并将其注意力聚焦于以下三个方面：首先，应该关注政府政策对高等学府科研成果转化的具体影响。其次，应该关注大学生现有技术转移体系对学术创业的具体作用。最后，应该关注科研人员的企业家转型过程。王圣慧等（2017）在研究过程中发现外部环境必然会导致内部组织的改变，并形成自下而上式的新型创新体系，让内部创业活动因此发生质变。在公司创新体系之下，围绕验证性学习的内部孵化策略，能够减少企业在生产过程中所产生的资金浪费及资源浪费。也正因为如此，所有的高等学校应该在进行的过程中与创业企业及科研院所进行合作，用内部创新及外部人才创新来衡量企业的主体能力。

4）经济增长

应该将经济增长分为社会效益、经济效益两大组成部分，经济效益的核心内容便是 GDP 增长，该数值常常被认为一个地区或一个国家的具体经济增长情况及经济发展趋势。如果对社会效益进行分析，就会发现其主要作用就是促进就业。促进就业机会的增加，可以促进劳动力与生产资料结合，生产社会所需要的财富，促进经济稳步增长。

双创政策、双创环境、双创主体与经济增长四个维度之间形成了相互作用的关系，政策制度为双创环境与双创主体提供导向作用，双创环境、双创主体在双创政策促进经济增长中起中介作用，因此建立双创政策对经济增长促进机理模型，如图 8-12 所示。

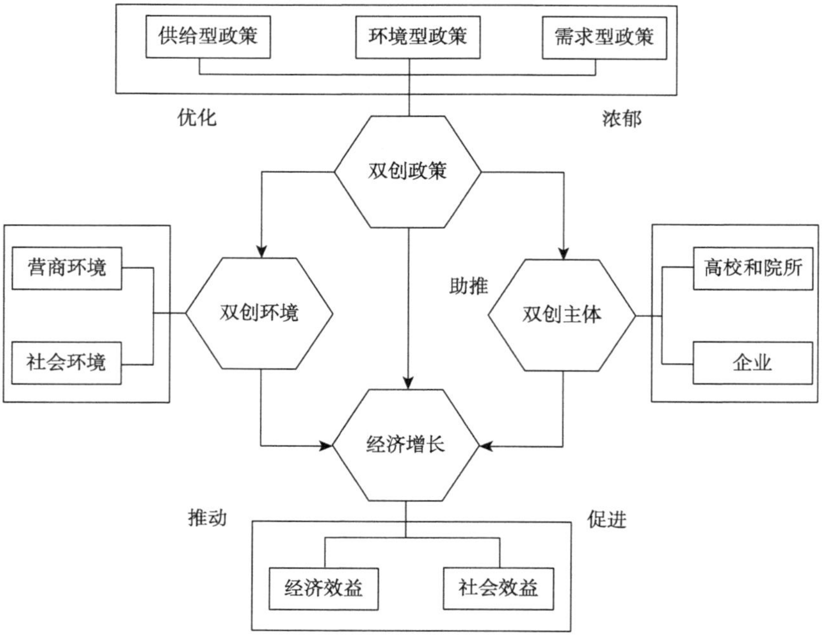

图 8-12　双创政策对经济增长促进机理模型

笔者通过查阅相关文献及国内外的量化表进行具体指标的选择，并通过实际调查问卷对高等学府及园区企业进行结构性分析，设计并确定问卷测量量表，通过科技工作者服务站点面向各单位组织发放问卷。如果对问卷的具体内容进行分析，可以将其分为五大组成部分，分别是基础资料部分、双创主体部分、双创政策部分、经济增长部分和生存环境部分。

调查中，笔者将使用五级量表对其进行检测，其中分为五个同意等级，并通过标识数字的方式展现出自己的意愿。在 2018 年 5 月到 8 月，笔者发放调查问卷并展开问卷调查。其中针对企业发放了 500 份问卷，收回了 453 份问卷，其中有一个问卷是无效问卷。针对高等学府及科研院所发放了 500 份问卷，收回了 438 份问卷，有效问卷回收率大约为 88%。所有参与调查的公司都是中国的大众创业典型公司，涵盖制造业企业、医疗企业、装备生产企业。被调查的对象中有 42% 的人是本科学历、25%的人是硕士研究生学历、25%的人是大专学历、8%的人为博士研究生学历。总体来看，分布较为均匀。

4. *研究方法*

“结构方程”是指根据各个变量的协方差来进行变量之间关系具体区分的研

究办法，如果从本质上来说，这是一种具有一般线性的拓展模型，其中包含结构模型及因素模型。这种分析方法能够将传统路径分析与因素分析加以结合，其模型如下：

$$\left.\begin{aligned} y &= \Lambda_y \eta + \varepsilon \\ x &= \Lambda_x \xi + \delta \end{aligned}\right\} \rightarrow \text{测量模型} \tag{8-1}$$

$$\eta = B\eta + \Gamma\xi + \zeta \rightarrow \text{结构模型}$$

其中，Λ_x 表示外生观测变量与外生潜变量的关系，外生观测变量是在外生潜变量上的因子载荷矩阵；Λ_y 表示内生观测变量与内生潜变量的关系，内生观测变量是在内生潜变量上的因子载荷矩阵；B 表示路径系数，表示内生潜变量间的关系；Γ 表示路径系数，能够展现外生潜变量针对内生潜变量的影响；ζ 表示结构方程的残差项，能够展现出方程体系之中无法解释的部分。

在本书中，笔者利用 SPSS16.0 与 Amos7.0 对双创政策及经济理论模型展开细致的研究与分析，并以此为基础创建理论实验模型及实证经验模型。

5. 理论模型的信度与效度检验

在这个过程中，笔者使用 SPSS16.0 对项目内部各个因素的一致性进行全方位的演算与监测，并在这个过程中将不可信的内容剔除。在问卷调查中，一共有 6 道与双创政策有关的题，包括环境政策内容、需求政策内容，经检验有较好的可信度。一共有 7 道题与双创环境有关，包含社会环境及营商环境两大部分，也具有较高的可信度。其中有 6 道题与双创主体有明显的关系，也包括两个维度：高等学历与市场中的创新企业，具有较为优良的可信程度。其中有 6 道题与经济增长有关，如 GDP 的提升、就业率的提升，具有较好的可信度。在此基础之上，笔者将会对双方变量进行检验统计量（Kaiser-Meyer-Olkin，KMO）和巴特利特球形检验，结果如表 8-6 所示。

表 8-6　KMO 和巴特利特球形检验

足够样本的 KMO 度量		0.723
巴特利特球形检验	χ^2/df	1.613
	Sig.	0.000

计算得 KMO 等于 0.723，明显高于 0.7，χ^2 / df 值小于 3，其卡方检验结果也低于 0.05，所以该变量有可能被当作因子模型。

以上述内容为基础，构建科学的双创政策及双创政策促进经济增长的概念模型，如图 8-13 所示。

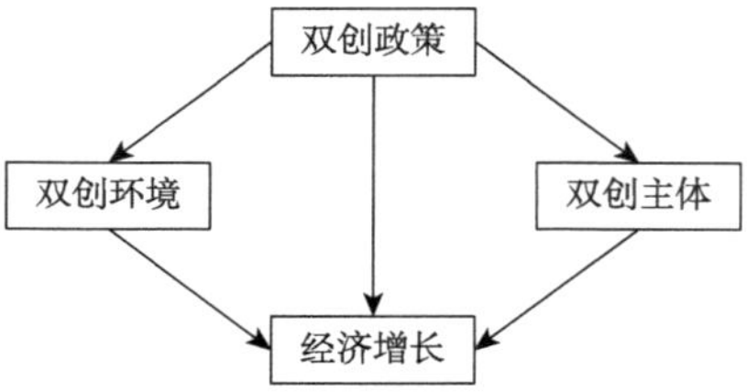

图 8-13　双创政策促进经济增长的概念模型

探索性因子分析、验证性因子分析结果如表 8-7 所示。

表 8-7　模型 EFA、CFA 和 SEM 分析结果

模型	χ^2/df	GFI	RMSEA	NFI	TLI	CFI	IFI
CFA	1213.4	0.877	0.0778	0.867	0.923	0.856	0.772
EFA	1532.3	0.941	0.0873	0.916	0.813	0.909	0.845
SEM	813.4	0.934	0.0884	0.925	0.914	0.945	0.921

注：GFI 全称为 goodness-of-fit index，指拟合优度指数；RMSEA 全称为 root mean square error of approximation，指均方根误差的近似；NFI 全称为 normal fit index，指规范拟合指数；TLI 全称为 Tucker-Lewis index，又作 NNFI（non-normal fit index），指非规范拟合指数；CFI 全称为 comparative fit index，指比较拟合的指数；IFI 全称为 incremental fit index，指增量拟合指数；CFA 全称为 confirmatory factor analysis，指验证性因子分析；EFA 全称为 exploratory factor analysis，指探索性因素分析；SEM 全称为 structural equation modeling，指协方差结构模型

在这个过程中，不仅应该对双创环境主体及政策进行全方位的考量，还应该考虑环境及主体在政策产生影响过程中的中介作用。对这种中介的作用是否应该展开检验，笔者创建了两种概念模型，如图 8-14、图 8-15 所示。

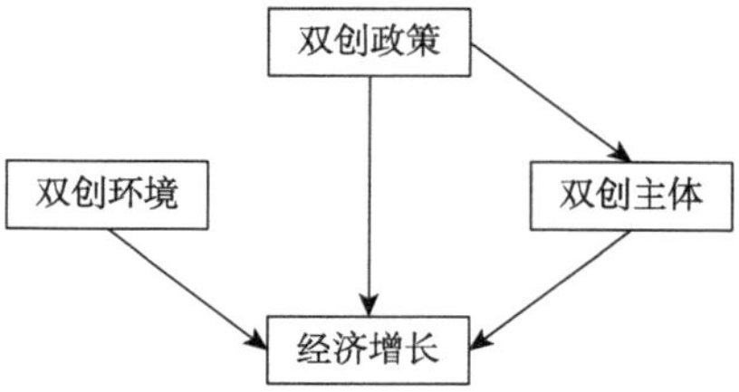

图 8-14　双创政策促进经济增长概念模型 A

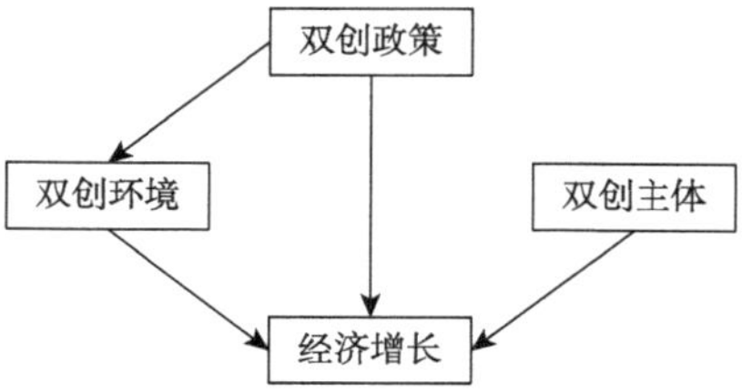

图 8-15　双创政策促进经济增长概念模型 B

利用 AMOS 软件分别对模型进行拟合，得到拟合指数值，结果如表 8-8 所示。

表 8-8 模型检验结果

指数名称		评价标准	模型	模型 A	模型 B
绝对拟合指数	χ^2/df	<3	1.6	1.6	1.6
	GFI	>0.9	0.934	0.769	0.845
	RMSEA	<0.1	0.0884	0.0910	0.0299
相对拟合指数	NFI	>0.9	0.925	0.904	0.901
	TLI	>0.9	0.914	0.678	0.773
	CFI	>0.9	0.945	0.769	0.515
精简指数	IFI	>0.9	0.921	0.900	0.822
	AIC	越小越好	74.352	72.644	83.544
	ECVI	越小越好	1.339	1.523	1.440

注：AIC 全称为 Akaike information criterion，指赤池信息监测；ECVI 全称为 expected cross-validation index，指期望复核指数

从拟合指数对比分析可知，三个拟合模型的 χ^2 / df 、RMSEA、NFI 等指标都满足要求，但是对比具体数值可以发现第三种模型所拟合的模型更优。因此，最优拟合的模型可界定为双创政策促进经济增长结构方程模型，运算得出路径系数（图 8-16）。

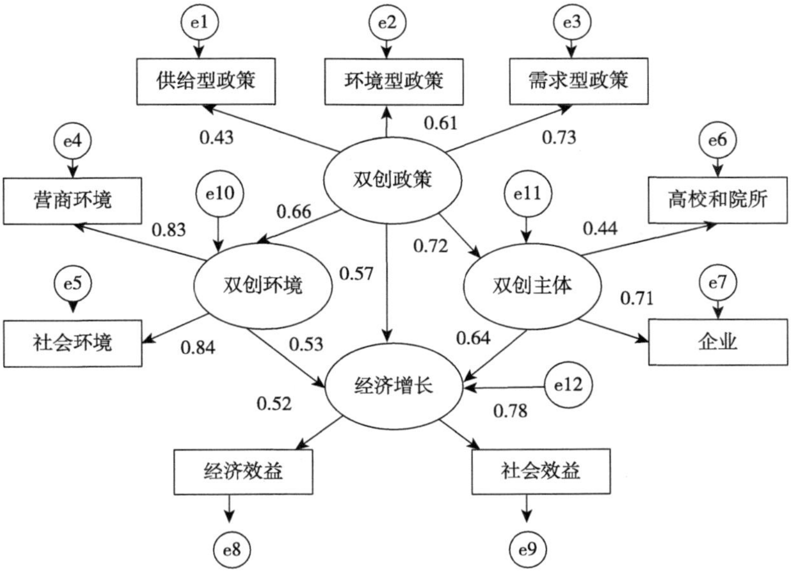

图 8-16 双创政策对经济增长促进机理模型路径图

根据拟合指数值，可以看出使用路径图来表示拟合度较好，同时标出了各变量的标准化回归系数。根据修正后的适配度指数来完成模型检验，结构分析模型拟合较好。

6. 结果分析

如表 8-9 所示，如果从路径参数及其具体数字展开分析，那么可以发现双创政策对经济的影响系数大约为 0.57，这也能够证明双创政策与经济增长之间具有十分明显的正向影响特性。同理可以发现假设 H2-1、假设 H2-2、假设 H3-1、假设 H3-2 都通过检验。而假设 H2 和假设 H3 可以通过主模型与模型 A、模型 B 的拟合数值对比，证明环境因素及主体因素能够在政策起作用的过程中展现出自身的中介作用。

表 8-9　路径参数与假设检验

假设变量	路径系数	p 值	检验结果
H1	0.57	$p<0.05$	显著
H2-1	0.66	$p<0.05$	显著
H2-2	0.53	$p<0.05$	显著
H3-1	0.72	$p<0.05$	显著
H3-2	0.64	$p<0.05$	显著

其具体内容如下。

1）双创政策→经济增长

双创政策由中央制定，由地方政府落实，并引导社会的发展。供给型政策、环境型政策、需求型政策在双创指标体系中展现出了极强的影响力。在问卷中，有超过 8 成的人认为完善的融资政策是企业开展相应运动的保证。将近 7 成的人认为简化复杂手续能够降低创业阻碍。双创政策对经济增长的影响路径系数是 0.57，这说明良好的政策的实施在一定程度上可以推动经济发展。

2）双创政策→双创环境→经济增长

双创政策对双创环境的影响路径系数是 0.66，这说明双创政策对双创环境有显著的影响。87%的被调查者认为如果能够优化现有的政策就能够减少审批流程，进而提升整体效率。有超过 6 成的人认为政策落实能够更高质量地影响创业氛围，进而提升人们的创业意愿。双创环境对经济增长的路径系数为 0.53，说明双创环境的优化对经济增长有正向促进作用。总而言之，营商环境在双创环境指标中具有较大影响力，将近 8 成的人认为政府公共服务能够大幅度提升业务落地速度；有将近 85%的人认为多种融资方式是企业初期发展过程中的资金支持保证，进而促进经济发展。

3）双创政策→双创主体→经济增长

双创主体是双创绩效的主要创造者。行为主体将会对市场进行评估，并根据自身的实际特点整合资源，从而寻找有前途的发展办法，进而带动经济发展。双创政策对经济增长的影响系数为 0.57，这证明双创政策将会带动经济发展，主体参与数及整体产出都会随之变化。其中高校和院所（影响系数 0.44）相比企业（影响系数 0.71）对经济的影响较低。

通过上述内容可以得知双重政策体系改革对经济增长有着极为显著的影响，但是其中的双创环境对经济的带动因素影响力较差，在这个过程中，也没有展现出双创环境及双创主体的中介作用，双创环境及双创文化对于高等院校双创绩效的作用不强。

8.2.3　战略性新兴产业政策评价

战略性新兴产业相关政策是在 2010 年国务院出台《关于加快培育和发展战略性新兴产业的决定》之后，国家和地方政府才逐渐制定的，研究时间以此为起点。政策的表现方法多种多样，如执行办法、规范、通知、决定等。政策文本收集时，也包含如下两种主要办法：首先，在中国政府的门户网站上收集相应的数据及文件信息，如教育部门户网站、科技部门户网站等；其次，可以利用“北大法宝”进行收据收集，通过搜索“战略新兴企业”的方式查找相关内容。在现有的新兴产业体系中，每一个产业都能够展现出自身的专项政策优势。因此，在做领域选择的过程中，应该根据国家发展计划及当地的行政方向进行选择。

通过上述方法，对 2010~2018 年政策文本进行梳理，剔除与战略性新兴产业无关及重复的文件，最终本书筛选出具有明显国家层面特征的文件 35 篇，笔者根据这些文件的编号对其进行先后排序。

1. 政策文本研究设计

政策文献计量法通过量化比较的方式对文献的整体方向、结构导向及自身特征进行分析，是一种从文献计量计算发展而来的新型计算办法。在这里值得注意的是，其不仅仅在分析相应文献的过程中使用了文献计量法，而且将数学知识、社会学知识及文献计量学知识加以结合，从而对文献状况有一个整体的把握。在这个过程中往往需要提取关键词，这一步常常会通过人工摘抄或者网络爬虫实现。

首先，笔者对收集到的每一个新兴产业政策文件进行详细的研究与阅读，并利用现有词库中的关键词系统收集文件中的相关词汇；其次，笔者参考《公文主题词表》来提取出与新兴产业有关的政策关键词，在剔除无用词汇之后展开研究；最后，针对高频词汇进行分析，寻找各个政府单位制定相应政策的目的及特点，从而生成可视化网络。

由于在进行政策文献计量的过程中采取的样本数量过于庞大，往往会忽视具有特异性的个例。不过在对案件的特殊性质进行调研的过程中可以通过具体调研的方式来弥补其不足之处。首先，笔者会打造政策一致性模型(policy modeling consistency，PMC)，通过针对选定的四篇文本的研究及量化来进行初步分析。在 2008 年，著名的研究学家鲁伊斯·埃斯特拉达便提出了针对某一个政策进行分析的模型，全称是 PMC。该模型以 Omnia Mobilis 假设为指导，认为世界上所有的要素都是保持变化的且相互之间有一定的关联，因此在制定政策的过程中应该将各个变量囊括到考虑范围之中，不应该放弃任何一个变量，并且还应该保证各个变量的权重是大体相同的。该模型能够针对某一个模型的一致性特征及优缺点进行全面的研究与分析。计算机体系中的 PMC 系统可以对某个政策进行多维度及单指标的分析。不仅如此，PMC 独特的曲面构造还可以在视觉上展现出政策的特性，这将在对政策进行评估的过程中起到辅助作用，如表 8-10 所示。

表 8-10　PMC 指数模型政策变量设置

一级变量	二级变量					
X_1政策性质	$X_{1:1}$预测	$X_{1:2}$监管	$X_{1:3}$建议	$X_{1:4}$引导	$X_{1:5}$描述	
X_2政策效力		$X_{2:1}$长期（大于 10 年）	$X_{2:2}$中期（5~10 年）	$X_{2:3}$短期（5 年内）		
X_3政策领域	$X_{3:1}$经济	$X_{3:2}$社会服务	$X_{3:3}$技术	$X_{3:4}$政治	$X_{3:5}$环境	$X_{3:6}$其他
X_4政策受体		$X_{4:1}$各省市	$X_{4:2}$各直属机构	$X_{4:3}$其他		
X_5政策评价		$X_{5:1}$依据充分	$X_{5:2}$目标明确	$X_{5:3}$方案科学	$X_{5:4}$规划翔实	
X_6政策重点		$X_{6:1}$技术创新	$X_{6:2}$成果转化	$X_{6:3}$市场主导	$X_{6:4}$其他	
X_7作用层面		$X_{7:1}$国家	$X_{7:2}$区域	$X_{7:3}$产业		
X_8激励措施	$X_{8:1}$人才引进	$X_{8:2}$股权激励	$X_{8:3}$资本投入	$X_{8:4}$税收优惠	$X_{8:5}$投资补贴	$X_{8:6}$其他
X_9政策视角			$X_{9:1}$宏观	$X_{9:2}$微观		
X_{10}政策公开			$X_{10:1}$政策公开			

在这次研究中，笔者选择了国家新兴产业政策当作研究对象，并使用张永安和周怡园（2017）的策略研究办法对其进行分析。笔者在结合产业特点及指标变量要求之后，设置了 10 个一级变量及 37 个二级变量。

面对这些一级、二级变量，笔者会根据政策文本内容对其进行综合性打分。

如果政策内容与之有关，便计作 1，如果与之无关便计作 0。例如，第一项政策性质中第一个二级指标“预测”就是用来评判某一个政策自身是否具有预测能力，如果有，则计作 1；如果没有，则计作 0。

$$X \sim N[0,1] \tag{8-2}$$

$$X = \{XR:[0 \sim 1]\}\ X = \{XR:[0 \sim 1]\} \tag{8-3}$$

$$X_t\left(\sum_{j=0}^{n}\frac{X_{tj}}{T\left(X_{tj}\right)}\right) \qquad t = 1,2,3,4,\cdots,\infty \tag{8-4}$$

在该公式之中，t 与 j 分别代表一级、二级变量。

$$\text{PMC} = \left(\begin{array}{l} X_1\left(\sum_{i=1}^{5}\frac{X_{1i}}{5}\right) + X_2\left(\sum_{j=1}^{3}\frac{X_{2j}}{3}\right) + X_3\left(\sum_{k=1}^{6}\frac{X_{3k}}{6}\right) + \\ X_4\left(\sum_{l=1}^{3}\frac{X_{4l}}{3}\right) + X_5\left(\sum_{m=1}^{4}\frac{X_{5m}}{4}\right) + X_6\left(\sum_{n=1}^{4}\frac{X_{6n}}{4}\right) + \\ X_7\left(\sum_{o=1}^{3}\frac{X_{7o}}{3}\right) + X_8\left(\sum_{p=1}^{6}\frac{X_{8p}}{6}\right) + X_9\left(\sum_{r=1}^{2}\frac{X_{9r}}{2}\right) + X_{10} \end{array}\right) \tag{8-5}$$

在此之后，便可以依照公式（8-5）来测算每一个针对新兴战略产业政策的具体得分。还可以依照相应的评价标准对每一个政策展开等级区分，如表 8-11 所示。

表 8-11　政策评分等级

得分	（9，10]	（7，9]	（5，7]	[0，5]
评价	优秀	良好	可接受	不良

最后根据相关指标计算结果构建 PMC 曲面，将政策各项指标情况通过曲面图的形式进行直观展现。由于变量的总数不多，便不对其展开矩阵转换演算，其中的 X_{10} 代表政策的对外公开程度，所研究的一切内容都是能够直接获取的，其本质没有差别，因此可以将该指标去除，在此基础上打造 3×3 矩阵，其具体共识如式（8-6）所示，以此为基础绘制 PMC 曲面。

$$\text{PMC曲面} = \begin{pmatrix} X_1 & X_2 & X_3 \\ X_4 & X_5 & X_6 \\ X_7 & X_8 & X_9 \end{pmatrix} \tag{8-6}$$

2. 政策文本的统计分析及评价

接下来使用 Excel、ROST CM6 等软件对 36 个政策文件进行系统性分析，并以此为基础通过创建 PMC 来针对其中的 4 个文件进行详细的分析与评价。

首先，将政策文本导入 ROST CM6 软件中的文本挖掘数据库，根据软件自有词库和国务院《公文主题词表》进行文档分词处理，对分词结果进行词频统计，按照词频频率高低顺序输出。其次，对结果作两项处理：一是剔除无明显作用的词汇，如程度副词“非常”“特别”等。另外，因为样本选取为战略性新兴产业政策，所以“战略性”“新兴产业”等词汇出现频率较高，但这类词汇对政策特性分析无明显作用，因此予以剔除。二是进行词项合并，将具有相同或相近含义及具有包含关系的词项合并处理，如引才育才、人才培养均属于人才队伍建设，所以都归入人才队伍建设词项。经过上述处理后，汇总整理得到高频词表，提取前 30 个高频词作为政策关键词，结果如表 8-12 所示。

表 8-12　国家战略性新兴产业政策关键词频数统计表

序号	关键词	频数	序号	关键词	频数
1	技术	1588	16	鼓励	290
2	生物	859	17	产业化	284
3	服务	724	18	标准化	281
4	企业	690	19	市场化	269
5	创新	557	20	示范	224
6	建设	550	21	安全	222
7	材料	486	22	环保	221
8	装备	457	23	新材料	218
9	知识产权	390	24	培育	216
10	节能	373	25	机制	216
11	体系	339	26	推广	209
12	研发	331	27	人才队伍建设	158
13	管理	302	28	规划	149
14	新能源汽车	302	29	产业发展	147
15	平台	297	30	国际合作	114

除此之外，还应该将各个分词所在的文档进行细致处理，产生矩阵词汇表，进而生成网络共享图。在该图之中，每一个节点都代表一个关键词，每两个节点之间的连线用来表示这些关键词之间的共生关系。不仅如此，每一个节点还会根据自身的大小来展现其出现频率。在现有的社会网络分析体系中，点度中心度指标是十分常见的，可以用来展现各个节点的中心程度，进而反映该词汇在该网络中的地位。在这个网络图中，如果某一个词显示出了更高级别的中心度，那么就意味着该节点会在该网络中以更高的频率出现。每一个节点的大小、连线都能够反映词汇热度进而展现出政策的主题及特性，如图 8-17 所示。

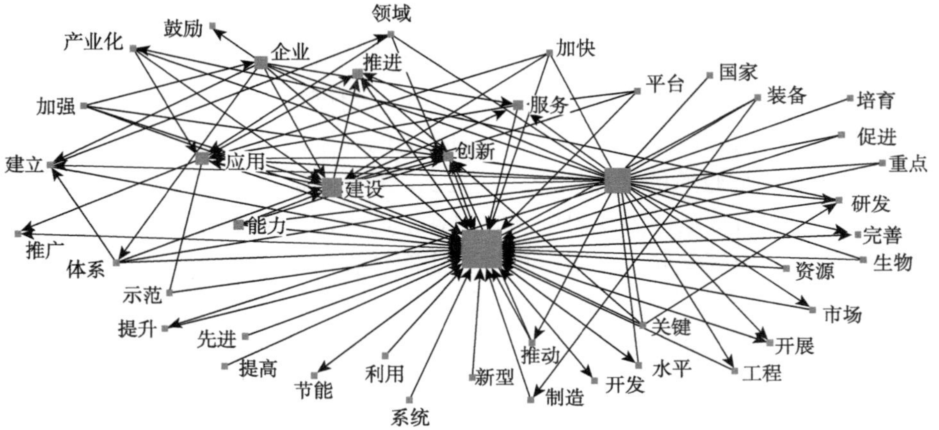

图 8-17　国家战略性新兴产业政策核心关键词共现网络图

通过上述论证，可以得知国家政策文本关键词出现速率及其具体分布情况，能够总结出新兴产业政策的聚焦创新点及稳定发展点，但是在这个过程中依旧存在规划总量过多、各个部门之间的协同较差的问题。

1）政策主题相对集中且稳定

在国家政策 30 个主题词中，位于分布频率表中前十位的关键词出现的频数占样本主题词总频数的 58.22%。这表明战略性新兴产业政策的制定基本上围绕比较稳定的主题展开，而且主题相对集中。

2）政策聚焦创新

在关键词汇分布频率表中，可以看出创新的排序极其靠前。这也证明现如今政府的主要关注点是创新活动，在所有的战略性新兴产业活动中都可以体现出创新精神，如管理方面的创新、企业文化方面的创新、制度体系方面的创新、科技研发方面的创新及发展方向方面的创新等。现阶段，各个新兴产业领域都有极强的创新能力，且能够在市场中通过自己的新型产品及新型技术来占领更多的市场。在这种情况之下，传统产业体系会逐渐转化为区域经济型产业体系，所以在战略发展的过程中创新至关重要，将直接决定企业的具体命运。

3）政策重视科学技术

在关键词分布频率表中，技术占据第一位。如果对网络图表中节点的大小进行分析也可以得出技术这个词的中心度极高的结论。不仅如此，其节点还在网络中最中心的位置，这能够证明技术是国家在发展新兴产业中的热点词，政府在发展科技产业的过程中必然会注重技术的创新与发展，与技术有关的词汇也多次出现，如服务、研发、系统、推进、开发、应用、关键、发展等。

4）发展规划类政策偏多

我国战略性新兴产业政策的表现形式有多种，具体包括规划、办法、通知、政府工作报告和指导意见等。如果从政策类型的角度对其进行分析，那么可以得知在现阶段中国的政策体系中与发展规划有关的政策极多，几乎占据政策总数的1/2。这意味着中央政府的指导思想便是发展，并已经能够展现在各个规划及各个目标之上。这些目标能够展现出中国政府自上而下的决策特色，但是由于各个地方政府之间存在地区差异，在制定具体办法的过程中必须与当地的实际情况相结合。除此之外，由于各个地区之间的差异较大，常常会出现缺乏配套设施的问题，这就导致相应的规划在全国范围内极难实现。不仅如此，所有的地方性政府都会根据自身的职能制订相应的发展计划，这就很容易导致规划的内容具有重叠部分而各个政府部门之间的分工也不明确。笔者认为各个政府部门应该制定科学合理的政府间协调机制，让所有的部门能够发挥最大合力，形成科学的、合理的、高效的政策网络，让新兴产业在产业结构调整的过程中能够展现出自己的发展作用及市场引领作用。

在不同领域中有不同的专项政策，因此笔者针对该领域发展计划体系中的代表性政策进行研究。如果对国家政策进行频率研究，会发现新材料领域及电动汽车领域是其重点发展领域。这也能够证明中央政府对新材料产业及电动汽车产业十分重视。现阶段，新型能源汽车产业的政策支持体系已经较为完善，中央政府通过财政补贴及政策支持的方法出台了众多鼓励技术进步及扶持企业发展的办法，让这些企业能够在良好的营商环境中展现出自己的市场竞争能力。除此之外，政府在最近几年对人才引进极为重视，并展现出了人才资源开发能力、人才战略实施能力，将引进人才、培育人才及留住人才加以结合，创建更高质量的人才队伍，让企业能够在激烈的市场竞争中拔得头筹。

3. 四个代表性政策评价

上述的关键词分析部分只针对政策文本的共性展开了研究，但是也应该注意在这个过程中极其容易忽视各个政策文献的特异性。所以在创建 PMC 之后，笔者还选取了政策文本内容进行研究。由于不同政策出台时的侧重点并不相同，笔者根据政策的发放时间及发放机构对其进行特异性分析，分析角度分别是资金角度、国际化角度、发展规划角度及平台角度。在此之后将对平台建设方案、资金管理办法、发展指导意见及整体规划进行详细分析，如表 8-13 所示。

表 8-13　四项战略性新兴产业政策

编号	政策名称	发文字号	发布日期
P1	国务院关于印发《“十三五”国家战略性新兴产业发展规划》的通知	国发〔2016〕67 号	2016.11.29

续表

编号	政策名称	发文字号	发布日期
P2	财政部、国家发展改革委关于印发《战略性新兴产业发展专项资金管理暂行办法》的通知	财建〔2012〕1111 号	2012.12.31
P3	工业和信息化部、财政部关于印发《国家新材料生产应用示范平台建设方案、国家新材料测试评价平台建设方案》的通知	工信部联原〔2017〕331 号	2017.12.22
P4	商务部、发展改革委、科技部等《关于促进战略性新兴产业国际化发展的指导意见》	商产发〔2011〕310 号	2011.09.08

PMC 能够以较高的效率对各个政策进行明确分析，在这个过程中能够对政策本身的优缺点进行详细的论述，具体分析过程如图 8-18 所示。

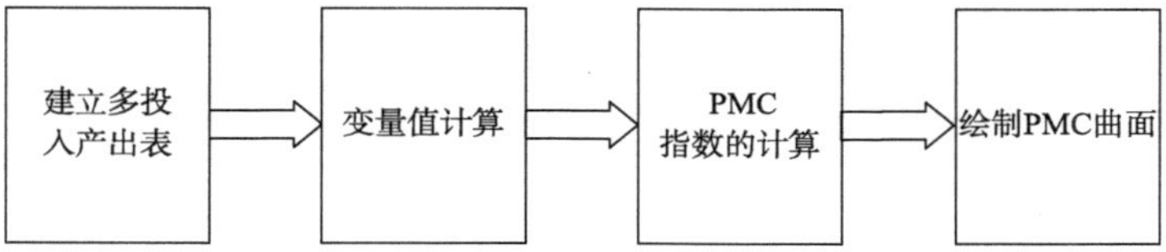

图 8-18　PMC 指数分析过程

在对上述四项关键点进行详细分析的过程中，笔者将会创建 PMC，并根据其两级变量值，创建投入产出表（表 8-14）。

表 8-14　四项政策的投入产出表

	X_1					X_2		
	$X_{1:1}$	$X_{1:2}$	$X_{1:3}$	$X_{1:4}$	$X_{1:5}$	$X_{2:1}$	$X_{2:2}$	$X_{2:3}$
P1	1	1	1	1	1	1	1	1
P2	1	1	1	1	0	1	0	0
P3	1	1	1	1	1	0	1	1
P4	1	1	1	1	1	0	0	1

	X_3						X_4		
	$X_{3:1}$	$X_{3:2}$	$X_{3:3}$	$X_{3:4}$	$X_{3:5}$	$X_{3:6}$	$X_{4:1}$	$X_{4:2}$	$X_{4:3}$
P1	1	1	1	1	1	0	1	1	1
P2	1	1	1	1	0	0	1	1	1
P3	1	1	1	1	1	0	1	1	0
P4	1	1	1	0	1	0	1	1	1

	X_5				X_6			
	$X_{5:1}$	$X_{5:2}$	$X_{5:3}$	$X_{5:4}$	$X_{6:1}$	$X_{6:2}$	$X_{6:3}$	$X_{6:4}$
P1	1	1	1	1	1	1	1	1
P2	1	1	1	0	1	1	1	1

续表

	X_5				X_6			
	$X_{5:1}$	$X_{5:2}$	$X_{5:3}$	$X_{5:4}$	$X_{6:1}$	$X_{6:2}$	$X_{6:3}$	$X_{6:4}$
P3	1	1	1	1	1	1	1	1
P4	1	0	1	1	1	1	0	1

	X_7			X_8					
	$X_{7:1}$	$X_{7:2}$	$X_{7:3}$	$X_{8:1}$	$X_{8:2}$	$X_{8:3}$	$X_{8:4}$	$X_{8:5}$	$X_{8:6}$
P1	1	1	1	1	1	1	1	1	1
P2	1	1	1	0	0	1	0	1	1
P3	1	1	1	1	1	1	0	1	1
P4	1	1	1	1	1	1	1	0	0

	X_9		X_{10}
	$X_{9:1}$	$X_{9:2}$	X_{10}
P1	1	1	1
P2	1	1	1
P3	1	1	1
P4	1	1	1

根据各项政策二级指标的值计算其对应一级指标值，并得出 PMC 指数值（结果保留到小数点后两位），对政策进行等级划分。根据矩阵结果，构建各政策 PMC 曲面，如表 8-15 及表 8-16 所示。

表 8-15　四项政策的 PMC 指数汇总表

	P1	P2	P3	P4	均值
（X_1）政策性质	1.00	0.80	1.00	1.00	0.95
（X_2）政策效力	1.00	0.33	0.67	0.33	0.58
（X_3）政策领域	0.83	0.67	0.83	0.67	0.75
（X_4）政策受体	1.00	1.00	0.67	1.00	0.92
（X_5）政策评价	1.00	0.75	1.00	0.75	0.88
（X_6）政策重点	1.00	1.00	1.00	0.75	0.94
（X_7）作用层面	1.00	1.00	1.00	1.00	1.00
（X_8）激励措施	1.00	0.50	0.83	0.67	0.75
（X_9）政策视角	1.00	1.00	1.00	1.00	1.00
（X_{10}）政策公开	1.00	1.00	1.00	1.00	1.00
PMC 指数	9.83	8.05	9.00	8.17	—
级别	优秀	良好	良好	良好	—

表 8-16　四项政策的 PMC 曲面

$P1=\begin{pmatrix}1.00 & 1.00 & 0.83\\1.00 & 1.00 & 1.00\\1.00 & 1.00 & 1.00\end{pmatrix}$	$P2=\begin{pmatrix}0.80 & 0.33 & 0.67\\1.00 & 0.75 & 1.00\\1.00 & 0.50 & 1.00\end{pmatrix}$
$P3=\begin{pmatrix}1.00 & 0.67 & 0.83\\0.67 & 1.00 & 1.00\\1.00 & 0.83 & 1.00\end{pmatrix}$	$P3=\begin{pmatrix}1.00 & 0.33 & 0.67\\1.00 & 0.75 & 0.75\\1.00 & 0.67 & 1.00\end{pmatrix}$

图 8-19 至图 8-22 能够展现出针对 PMC 指数、两级变量值进行计算后的 4 项政策的具体分析情况。这些数据都能够证明这 4 项产业政策是较为合理的。在 PMC 结果之中，P1 的得分高达 9.83，政策评价显示其等级为“优秀”，这也能够证明当地的政府在制订该计划的过程中考虑得较为周到，并且能够在微观方面及宏观方面展现出自身的科学性及合理性，这不仅仅能够展现出中国政策的客观属性，也能够证明当地政府对新兴产业发展的重视程度。如果对政策 P2 进行分析会发现其指数得分为 8.05，其政策级别为“良好”，其中 X_1~X_5 都值得改进，并且应该着重修改 X_2 及 X_8。如果对政策 P3 进行分析就会发现，其得分为 9，其中只有 X_4 的得分比平均值低，这与政策本身的性质有一定关系，可参考在这一方面进行相应的改进，另外可制定多种激励措施来促进产业的发展，如果对政策 P4 进行分析会发现其综合得分为 8.17，其中 X_2、X_3、X_5、X_8 都有改进空间，并应该着重加强 X_2 及 X_8。由于论文篇幅有限，笔者在这一部分只针对上述 4 项政府措施展开了调研，使用该评价办法利用两级指标及 PMC 指数能够明确分析各个政策的具体优缺点，从而得知需要进行改进的方面，进而能够为政策制定者提供参考。

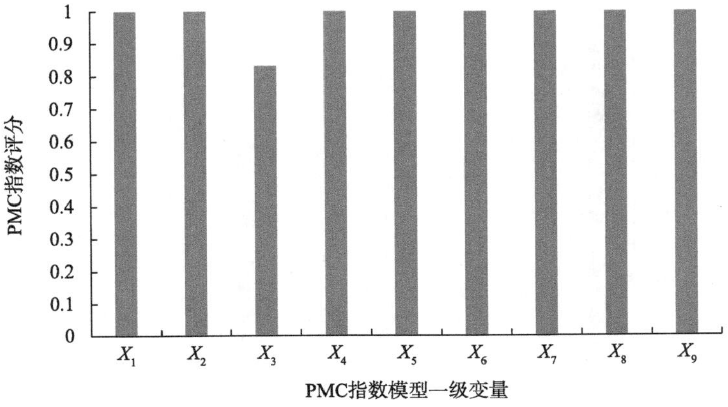

图 8-19　政策 P1 的 PMC 曲面图

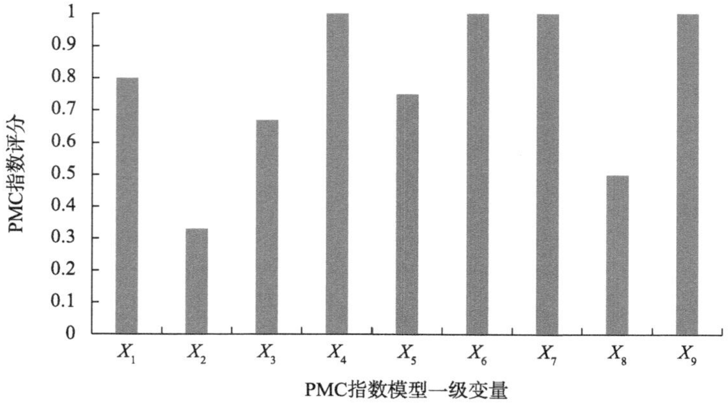

图 8-20　政策 P2 的 PMC 曲面图

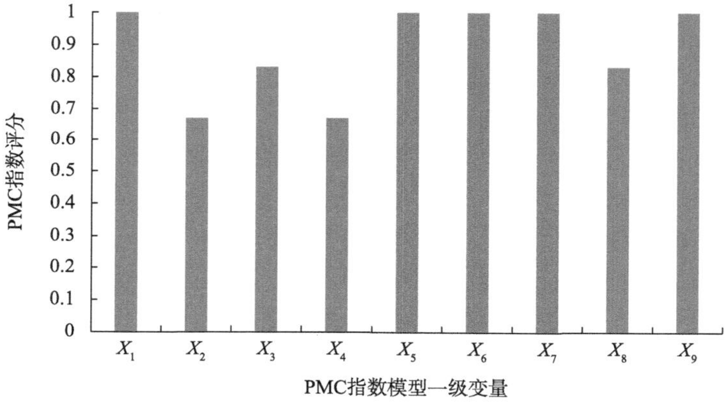

图 8-21　政策 P3 的 PMC 曲面图

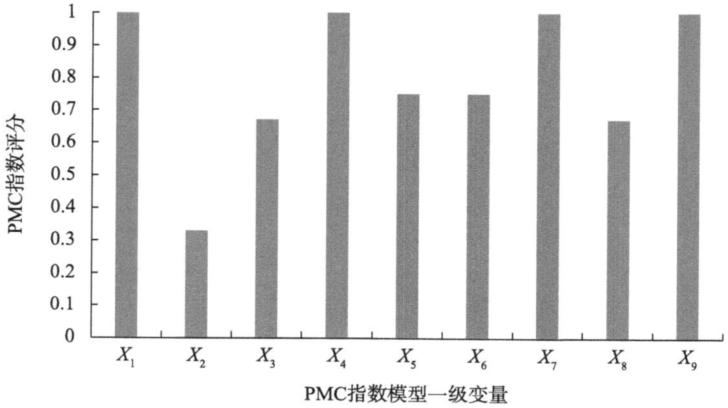

图 8-22　政策 P4 的 PMC 曲面图

8.3　融聚创新政策保障高质量发展的路径

8.3.1　优化政策供给，加快政策落地

全面提升宣传力度，让大众创新成为政策措施之一。多个部门联合出台制度，促进知识产权政策法规体系的科学性、整体性和协调性，提高知识产权地方立法的水平和效率，增强知识产权地方政策法规的可操作性，实现知识产权地方立法与科技、产业政策的联动效应；推进知识产权地方政策法规的现代化，积极探索制定新技术和新产品、新模式和新业态、新需求和新市场的知识产权保护规则。

中国政府应积极地融入国际体系中，并参与国际知识产权规则制定活动，通过建立境内特殊知识产权保护机制和海外知识产权护航机制，提升中国在全球治理体系中的话语权。在对知识产权进行保护的过程中，可以采用双轨制的方式，通过司法体系及行政体系对知识产权进行全方位的保护，让二者有机衔接，进而保证中国企业的合法利益不会受到侵害。当地企业应该根据自己的实际情况制定更加合理的知识产权体系改革办法，让知识产权保护体系切实满足企业的发展需求，并能够在企业的发展过程中为其提供一份帮助。推动知识产权审判体制机制实现专门化和现代化；加快推进知识产权审判智能化建设，实现大数据、人工智能等新技术的深度运用。

通过落实一系列的支撑政策及引领活动，利用一体化思路打破行政壁垒，让各个政府部门之间能够高水准合作，进而保证生产要素能够在更大的范围内以更快的速度流通。只有这样，才能够充分地展现出各个地区的经济发展优势，并通过合理分工来提升整体实力进而促进产业发展。首先，应该对现有的政策支撑体系加以完善。各地政府应该针对国家颁布的税收政策进行深入分析，结合实际状况进行改进。让政府在进行云计算技术采购时，能够首先想到中国企业。探索建立重大装备首购首用运行新机制。绝大多数企业都存在融资难及成本过高的问题，因此当地政府应该通过税收政策为其提供帮助和支持。我们将大幅放宽市场准入，打破如电力、电信、交通、天然气等市政公用事业在城市基础设施建设领域的垄断，并对所有市场参与者进行项目审批、财政状况审批及土地使用情况审批。除此之外，还应该对现有的负面清单管理体系进行全面管控，深化“一级审批并行”改革，让企业进入市场的手续越来越简单。加快企业登记电子化全过程，建立网上受理、网上办理、网上反馈、网上审批查询直营培训，实现“办事联网”。打造双创品牌，办好“双创活动周”、“创响活动月”、中国创新创业大会、科技创业大

赛、中国中小企业创新创业大赛、“I 创杯”互联网创新创业大赛、“互联网+”大学生创新创业大赛训练营、智造创新创业大赛及大院大所推进大会、中国软博会等赛事和活动，用好相关成果。在政策宣传方面，由国家自主创新示范区建设工作领导小组牵头，联合各市各处室的业务骨干组成大众创新创业政策法规宣讲团，面向企业、面向百姓、面向机关，大力宣传，贯彻国务院出台的推进大众创业、万众创新的政策措施，促进广大企业、人民群众更好地运用、享受政策及政府部门、机关干部更加准确地理解、把握政策内涵和导向。

8.3.2 协同多方力量，聚力创新发展

落实政策，融通协调。政府应该聚力创新，围绕制造强国的战略部署和“一中心”“一基地”建设任务，以创新要素汇聚、创新资源整合为抓手，以政产学研协同发展为途径，以体制机制创新为突破，坚持高端化、智能化、绿色化、服务化、品牌化方向，聚焦国家（区域）重大发展需求和产业关键共性技术，加快布局新型制造创新网络，开展创新和联合科技攻关，促进产业链、创新链、资金链、人才链“四链融合”，实现创新主体集聚叠加和协同效应，大力实施“互联网+”行动计划，促进互联网和先进制造业集群深度融合，使我国先进制造业集群创新资源更加密集、创新活力明显增强、创新实力日益雄厚、区域开放创新逐步有序、创新创业环境显著优化，引领制造业转型升级，提高先进制造业集群发展的质量和效益，提升质量是基础，打造品牌是关键。在这个过程中，中国的高端企业将逐渐从大到强，从制造企业变成创造企业，从低端企业逐渐转变为中高端企业，并能够把自身的规模优势转化为行业内部的引领优势。

在发展的过程中，应该展现出政府的引导作用及企业的主体作用。政府应该积极转变职能并引导企业的发展方向，完善现有的制造业企业发展政策，为企业的高智能发展打造基础环境，企业也应该对自身的内部结构进行优化与改革，只有充分发挥市场的资源配置作用，让自己在激烈的市场竞争中展现出卓越的才能，凭借自己的创造力占领更大的市场，才能为自己带来更多的效益。企业是创新高质量发展的重要主体，政策融通可以推动企业创新高质量发展。当地的政府应该创造涵盖不同发展阶段企业的经济发展政策，并将现有的政策进行整合与优化，使其成为新型驱动策略中的重要组成部分。龙头企业和中小企业应该相互支持、相互保护，并且建立企业技术创新对话磋商机制，充分发挥企业和企业家在创新决策中的重要作用，激发企业自主创新活力，使企业成为创新主体。坚持以市场为导向的技术创新，内部化为企业的一种本能。

优势叠加，人才为本。在落实“一带一路”倡议的过程中，应该将长三角经

济带及“一带一路”经济带加以融合，让国家的经济示范区能够相互叠加，并展现出整体优势。在这个过程中，当地政府应该将国内资源及国外资源加以整合，并对人才发展环境进行优化与改善，让高质量人才能够在经营管理体系及高端创新体系中展现出自身作用，从而带动制造业企业的整体发展。发挥人才在创新高质量发展中的作用，扩大人才管理改革试验区影响力，在国家试点中应该对现有的人才管理体系进行改革，让地区人才支持政策互相结合，让地区间的工作体系相互嵌套，让各个地区间的人才资源高效流通，这样才能优化人才引进政策、真正吸引高水准人才、打破人才流动障碍。同时，政府应该让学校与企业进行对接，并促成人才的双边流动，真正实现人尽其才、物尽其用。除此之外，政府还应该为这些高水平人才打造安居工程，让这些人才居住在高质量服务区中，并为其配备健康档案及专属医生。政府应该与司法部门合作，对现有的立法体系进行创新，切实维护高水准人才及用人单位的利益。依托我国新型智库持续开展第三方政策评估，完善人才发展的政策法规，优化资源共享机制。

两化融合，智能支撑。在进行制造业产业发展的过程中，应该意识到网络化转型的重要意义，只有将传统转型与新兴产业转型进行科学合理的结合才能让双重发展模式带动整体经济效益。加大资源整合力度，提高区域市场与国内、国际市场的对接度，构建高效率、开放式的高端制造业创新发展平台。

统筹资源、着重发展。凝聚各方共识，整合优质制造创新资源，形成整体合力，依托国家自主创新示范区，以高起点、有序稳步推进、创新企业和园区的发展模式为根本，实施重大工程，在重点领域率先建立创新中心。政策融通聚力园区，充分发挥国家自主创新示范区建设工作领导小组的作用，加强区域内部合作意愿，构建一体化、现代化及具有较强灵活性的区域创新体系。加强政策沟通协调，扎实推进各区域互利合作，拓宽融资渠道，大力排除合作障碍，除了释放政策信号外，还要采取一系列务实举措，打消企业顾虑，坚定企业扩大规模。

灵活对接，融入市场。通过制定合理的市场机制及科学的利益引导机制，切实促进政府不断优化资源配置。对现有的市场机制进行引导，通过培育新型市场主体、设计更加与有吸引力的利益体系带动经济的发展及市场的运转。政府在发展的过程中必须将市场当作主要服务对象，并使用具有辅助性质的政策提升中国企业的市场竞争力。我国需要形成完善的创新资源市场服务的政策法规体系，建立有效的激励、补偿、监督、考核和评估机制，推动创新资源市场服务体系的持续发展。

全民提升宣传力度，并在这个过程中团结群众。一是加强政策宣传。成立政策宣传组，大力宣传落实我国关于推动大众创业、万众创新的政策措施，积极探索大众创业驱动发展的“中国模式”。跟踪创新创业过程中出现的新业态、新模式、新经济增长点，积极组织和参与创业创新之星评选活动，加强典型创新创业人才和企业的宣传。二是大力拓展众创空间。充分发挥我国高校和科研机构创客联盟的作用，以打造大众创客空间联盟为重点，开展支持创新项目、路演、创新竞赛等活动，实现共同发展。成立创客协会，主要由创客个人、创客组织、加速器、孵化器、媒体等组成，打造创客创新生态圈，充分调动创客社区的积极性，整合各种资源，培养和发展一批创新人才和创新团队，搭建创新团队创业平台。国际创客中心正在努力建设，国际创客月将设立在每年 6 月，以吸引全球创客。成立青年创新计划，为小微企业、国内外创客、青年学子提供创新创业新空间。三是应该在现有的教育体系中加入创业教育。科学家、企业家、风险资本家和其他各行各业的人才被雇用来教授和指导创新和创业。建立创新创业教育专任教师临时培训制度，选拔和加强合格教师队伍，建设创新创业教育优秀人才库，构建全民创新创业教育体系。

8.3.3　完善政策体系，助力高质量发展

1. 完善政策融通体系，推动创新高质量发展

深入贯彻落实国家有关政策措施，加大对国家科技成果转化引导基金的投入力度，向社会开放科研基础设施，鼓励企业建立专业化、市场化的技术转移平台，引导企业加大技术创新投入、互联网+创业网络体系的关注度，深入落实普惠性政策，打好政策组合拳。加大大数据、云计算等新技术新产品政府采购力度。我们将探索建立新的创新要素供需匹配机制，研究和完善税收优惠政策以支持小型和微型企业发展。加强与扩大宣传创新和创业的力度与规模，认真落实一系列人才政策和措施，及时掌握新的业务形式，加大对典型创新人才和企业的宣传力度。

2. 强化政策导向，优化创新高质量发展环境

需要对政府的授信机制加以优化，通过创建科学且全面的考核制度来提升政务能力，并在这个过程中提升自身的招商能力，为全面的经济发展奠定基础。政策在具有普惠性的同时还要突出特惠性；制定政策时要上下结合，使政策切实满足各方需求，更接地气，加强政策的事前、事中和事后评估。

应该对现有的激励机制及鼓励机制进行创新与优化。政府应该让企业明白在进行科技创新的过程中必须将人才放在最重要的位置，高质量的人才能够帮助企业不断前进，因此可以为其准备投资补贴及股权激励，以此促使他们在没有后顾之忧的前提下帮助企业发展、带动产业进步，并展现出战略的作用及行业的发展潜力。不仅如此，应该意识到创新活动本身是具有动态特征的，应该对现有的政策效果进行动态评估，这样便能够保证其在落实的过程中可以根据实时情况展现出自己的帮扶

作用。当地政府应该根据相关的法律法规，放宽公共事业、交通事业、电器事业、天然气事业的准入门槛，并打破现有的城市建设体系垄断状况。在进行项目审批及土地审批的过程中应该一视同仁，给所有企业发展的机会。强化负面清单管理制度，深化“一步到位、并行审批改革”，不断简化企业准入手续。

3. 发挥政策效能，激发主体创新活力

经济体系在发展的过程中，必须通过多方合作来展现出整体力量，政府应该意识到相关政策的落实并不是一时的，政府应该科学地创建市场调节体系，打造社会服务框架，并展现出自身的引导作用，这样才能够在对市场资源进行配置的过程中提升资源利用效率、发挥政府的中介作用，充分利用中国科学技术协会等社团组织的力量，将政策措施的第三方评估常态化，使政府推进大众创新创业的政策措施得以更好地贯彻落实。在这个过程中应该展现出部门协同推进机制的效果，让各个部门能够相互协调并共同发展，让各部门将整体发展当作目标，而不是为了追求自身利益，损害整体利益。与此同时，相关政府部门在执行政策的过程中应该对实际状况进行动态监督，并以此为基础制定动态调整办法，充分发挥政府政策的诱导能力。政府还应该对企业培训办法进行优化，并将优化后的具体措施加以落实，从而打造出能够在国际市场中名列前茅的高端企业，让这些品牌在世界中崭露头角，为中国带来更多的效益。制定“独角兽”企业发展规划，培育高端装备制造、物联网、生物医药、新材料、节能环保等优势突出的“独角兽”企业，打造更多“隐形独角兽”和“小巨人”。在这个过程中，应该全面深化高校科研体系及创新体系的改革政策，让众多的企业和学校意识到技术创新的作用，并积极鼓励这些学校与企业合作制定具有针对性的科研计划，全面提升政府对学校的政策支持力度及资金扶持力度，提升学校创新能力，增加创业机会。加强激励和引导，支持有条件的科研院所专业技术人员开展在职创业和离岗创业创新活动。

第9章　我国聚力创新驱动高质量发展的案例研究

9.1　聚合人才资源推动上海船舶产业高质量发展的案例研究

9.1.1　案例背景

作为中国船舶产业的发源地之一，上海拥有多家船舶产业，其中造修船企业约有20家，造船能力已经达到300吨，占全国的4成以上。随着经济的不断发展，科技的不断进步，船舶产业国内外市场需求日益增长，船舶市场向标准化、国际化转变，世界造船中心开始转移。面对产业新形势，上海船舶产业不断提升产业能力，以长兴岛8公里规划岸线为发展契机，加快规划和建设世界上最大的船舶制造基地。在政府的支持下，上海船舶产业发展迅速，其中江南造船（集团）（简称江南造船）、上海外高桥造船有限公司（简称上海外高桥造船厂）闻名海外。

历史久远的江南造船是我国规模最大的军船生产基地。江南造船充分发挥军工技术、设施、人才优势，不断加强军工核心能力建设，着力增强自主创新能力，成为我国海军防务装备的主要研制和供应商。在民船业务方面，江南造船已实现自主设计与建造A、B、C型舱，以及MarkⅢ薄膜舱等多种围护系统液化气船，成为中国唯一具备全系列液化气船研发、设计、建造能力的船企。江南造船对于B型液货舱技术的研发已取得相应成果，其所有建造材料均基于国内产业链，避免了外国原料的限制，达到了完全的自主生产。并且基于国内产业链的B型液货舱建设技术领先日本和韩国。在先进的技术基础上，集团承接了99 000平方米超大型乙烷运输船项目，进入了新的技术市场。

上海外高桥造船厂从整个行业内来说，它的现代化、规模化、专业化对其他船舶企业有一定的借鉴意义。其持续聚焦管理创新，以优化组织架构、加强软硬件投入和提升信息化建设水平为抓手，坚持“邮轮引领、一体两翼”的企业战略，统筹资源配置、完善设计研发，多维度地保障邮轮项目有序推进。上海外高桥造船厂凭借长期以来在激烈市场竞争中磨砺出的敏锐洞察力，围绕“做精主流船舶，提升高技术船舶水平”的目标提前布局，升级优化重点船型，拓展新船型技术研发，从而为突破高端技术奠定了基础，加快突破了包括液化天然气运输船型开发、绿色燃料应用等在内的一批关键核心技术。

人才在我国社会各项发展中的作用越发凸显，影响深度越加深远。党的十八大以来，习近平总书记高度重视人才工作，将人才作为经济发展的第一资源。船舶产业基础高级化、产业链现代化离不开相匹配的人才资源，特别是具备多岗位技能、多专业知识的现代产业人才。

9.1.2　案例分析

人才资源推动上海船舶产业高质量发展的具体路径如图 9-1 所示。

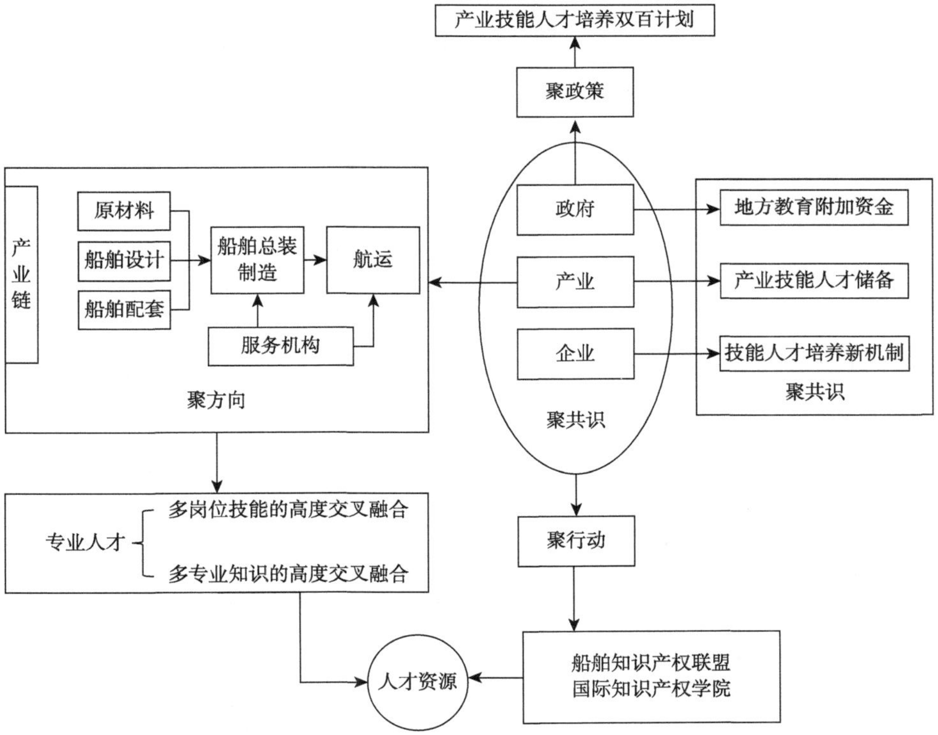

图 9-1　人才资源推动上海船舶产业高质量发展的具体路径

1. 聚政策

上海市积极响应中央关于“努力开创新时代产业技能人才队伍建设新局面”的决策部署，深入实施人才强区战略。坚持“双百计划”工作，推进产业技能人才的培养。“双百计划”是指到2020年，全区累计资助100个优秀技能团队、培育100位优秀首席产业技能人才。为建设高质量人才队伍，上海政府大力引进人才，积极培养人才，做到精准引才、育才、用才，完善人才激励机制。21世纪以来，上海市政府结合上海发展战略出台了多种政策措施，为人才的引进、培养、评价、激励、保障保驾护航，具体如表9-1所示。

表 9-1 上海市人才政策措施

编号	政策名称
1	《上海市加强高科技产业人才队伍建设的若干规定的通知》
2	《上海市鼓励专业技术人员和管理人员从事高新技术成果转化实施办法》
3	《关于进一步做好本市高新技术成果转化中人才工作的实施意见》
4	《上海市吸引国内优秀人才来沪工作实施办法》
5	《白玉兰科技人才基金管理办法》
6	《上海市自然科学研究系列高级专业技术职务任职资格评审标准》
7	《上海市青年科技启明星计划管理办法》（包括B计划）
8	《上海市优秀学科带头人计划管理办法》（含B类管理办法）
9	《上海市大学生科技创业基金管理办法（试行）》
10	《关于加强上海领军人才队伍建设的指导意见》
11	《上海市博士后科研资助计划管理办法》
12	《上海领军人才队伍建设实施办法》
13	《上海领军人才队伍建设专项资金资助暂行办法》
14	《关于实施〈上海中长期科学和技术发展规划纲要（2006—2020）〉若干人才配套政策的操作办法》
15	《上海市博士后管理工作实施办法》
16	《上海市软件和集成电路企业设计人员专项奖励办法》
17	《上海市科学技术奖励规定》
18	《上海市科学技术奖励规定实施细则》
19	《上海市人才发展资金管理办法》
20	《关于服务具有全球影响力的科技创新中心建设实施更加开放的海外人才引进政策的实施办法（试行）》
21	《关于完善本市科研人员双向流动的实施意见》
22	《上海市浦江人才计划管理办法》
23	《上海市促进人才发展专项资金管理办法（试行）》
24	《关于改革和完善本市高等院校、科研院所职务科技成果管理制度的若干意见》
25	《上海市软科学研究计划管理办法》

续表

编号	政策名称
26	《关于服务具有全球影响力的科技创新中心建设实施更加开放的国内人才引进政策的实施办法》
27	《关于深化人才工作体制机制改革促进人才创新创业的实施意见》
28	《关于完善本市科技创新领域专业技术职称评聘工作的实施细则》
29	《鼓励留学人员来上海工作和创业的若干规定》
30	《张江国家自主创新示范区企业股权和分红激励办法》
31	《上海市自然科学基金管理办法》
32	《上海市优秀科技创新人才培育计划管理办法》
33	《关于进一步深化人才发展体制机制改革加快推进具有全球影响力的科技创新中心建设的实施意见》

2. 聚共识

习近平总书记曾指出："环境好，则人才聚、事业兴；环境不好，则人才散、事业衰"。[①]人才生态是决定人才发展的稳定性和发展前景的基础。形成一个好的人才生态，需要政府、产业、企业达成共识，与高校、科研院所等人才培养机构共同构建高质量人才发展体系。推进人才生态建设研究，分析上海船舶人才循环的内涵和特征规律，推动人才新发展格局的形成。坚持高质量人才的引进与培育，推动供给侧结构性改革，使人才在船舶行业产业链中的生产、流通和使用等节点之间形成衔接和循环。

上海外高桥造船厂一直重视多方合作，搭建高校人才与企业直接沟通的桥梁，深化校企合作、产教融合，推动高质量船舶人才的培育。2020 年，上海外高桥造船厂联合上海海事大学船舶与海洋工程专业开展校企联合培养计划。上海外高桥造船厂与学校商定，设立了校企合作人才培养基地，选派实践经验丰富的工程技术专家，并实施师徒带教制，对学生进行有关船舶制造流程、工艺和管理等方面系统的专题培训。

长期以来，在推进企业高质量发展的过程中，上海外高桥造船厂一直重视产学研合作，加强与国内相关高校、院所和企业的密切合作，共同推进人才队伍培养建设。包括上海海事大学在内，公司目前已与清华大学、上海交通大学、华中科技大学、哈尔滨工程大学、江苏科技大学，以及中国船舶七〇八所、上海船舶工艺研究所、上海船舶研究设计院等国内知名高校、科研机构组成了强大的战略联盟，共同进行船舶前沿技术的攻克，共同进行人才队伍联合培养、科技成果转化、产业链共同开发，形成利益共同体，推动企业不断发展。

① http://theory.people.com.cn/n1/2019/1231/c40531-31529483.html[2021-12-31]。

3. 聚资源

一是以企业为主体的产业技能人才培养模式。首先，通过政策降低行业的准入门槛。上海宝山区实施的“双百计划”在人才的选拔方面，不拘泥于传统的选拔方式，不限企业规模与类型，具有国家职业资格认证的人员，以及没有国家职业资格或不在职称序列但技能水平突出的人员，都有担任首席产业技能人才的机会。其次，坚持以企业为主体。让企业自行负责人员结构、工作形式、奖惩措施的制定，根据企业发展的实际变化情况及时进行调整变更，使入选团队保留独特的企业文化，促进不同企业相互交流，取长补短、共同进步。同时，提升团队力量。“双百计划”一个批次分为三个阶段，需两年时间，分别为选拔确立期、跟踪培育期和成果评估期。每个团队在一个周期内都要在横向维度和纵向维度上进行比较。在横向维度上，要与其他的团队进行工作成果比较；在纵向维度上，要与自己立项前进行对比，比较产品质量、专利数量、获得奖项等有形成果，以及企业制度发展、企业经济发展、企业竞争力等无形成果。总的来说，“双百计划”在推动企业发展的基础上，又促进企业自行摸索融合自身特色的高质量发展路径，从而推动企业产业技能人才队伍的建设。

二是增加地方教育附加资金使用途径。上海政府在 2014 年首次提出产业技能人才培养计划，推出“双百计划”政策。在政策出台后，上海便贯彻落实，开始第一批次的申报。上海市敢为人先，勇于探索，积极引进与培养产业技能人才，为其他城市做出了表率。在“双百计划”经费方面，政府在地方教育附加资金中为其单独设立了一项支出项目，在前两期申报中，从地方教育附加资金拨款上千万元。同时，“双百计划”实行阶段性支付。第一个阶段：在选拔的期间划拨 50 000 元，用于项目启动。第二个阶段：在成果进行评估后，划拨 100 000 元继续资助项目发展。在经费的运用方面，入选的企业可以开展产业技能人才引进与培养方案，如人员培训、人才交流会、产业技能比赛等。政府划拨的经费需经过人社、教育、工会、财政四部门会审和社会公示，在财政核查通过后，及时打到对应企业账户，提高了企业和团队的积极性。

三是明晰建立产业技能人才储备库新思路。根据“双百计划”，首席产业技能人员必须具有较高的产业技能水平，需满足下列两个条件之一：①具有高级及以上国家职业资格等级或中级及以上职称。②从事行业特殊且技能水平突出的人员。在项目选出的首席产业技能人才中，既包括高级工程师、教授级高级工程师、高级农艺师等，还包括技师、高级技师、上海市技能大师、上海市首席技师，同时还有来自重点大学的硕博士。例如，上海四惠新能源汽车，其 11 人的工作团队中高级技师、技师达到 9 人。根据统计数据，“双百计划”在前两个周期中已产生 523 名高产业技能人才，并且获得技能提升的人数达到 200 人。通过“双百计划”产生的高产业技能人才成为上海技能人才队伍中的重要组成部分，推动了高质量产业技能人才队伍的不断扩展。

4. 聚方向

主要基于产业链的复合型人才培养，具体培养路径如图 9-2 所示。

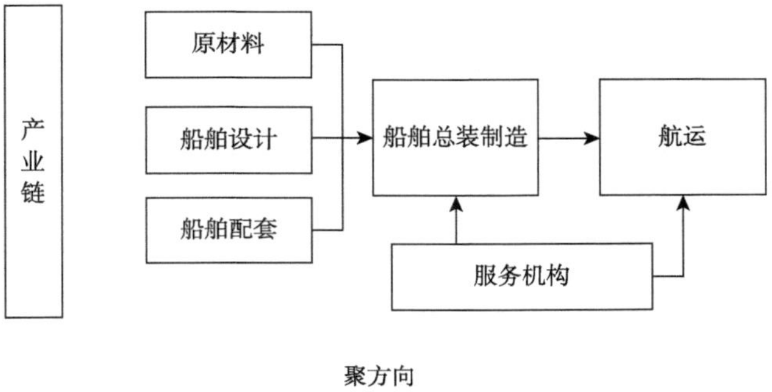

图 9-2　基于产业链的复合型人才培养路径

1）多岗位技能的高度交叉融合

为保证船舶的正常行驶，传统船舶工作人员按工作内容设置多种岗位，包括掌握航海驾驶技能的驾驶员岗位，掌握船舶主机、辅机等操作与维护相关技能的轮机员岗位，完成船舶自动化装备的维护和修理等工作的船舶电子电气员岗位，各岗位人员分工明确，相互协作保证船舶正常运行。但是，随着当今社会科技不断发展进步，智能化操作逐渐代替传统人工操作。新型船舶的行驶仅需船舶控制中心的一名工作人员便可完成，可对船舶驾驶、轮机管理等多岗位工作进行远程操控，工作内容扩展，实现一个岗位完成多岗位工作，达到“一专多能”，提高船舶工作人员使用效率。

2）多专业知识的高度交叉融合

高技术船舶产业链船员需同时掌握航海、船舶电子电气、轮机工程等多种航海类专业知识，还需具备高技术船舶产业链原理、远程操控系统操作、物联网、人工智能等其他专业的新知识，来完成对高技术船舶产业链进行远程监控和正确操控，以及对船舶的运行状态进行监控、对船舶航行完成进行判断和航线调整等任务。基于船舶产业链的新型高产业技能船员需要满足多岗位技能和多专业知识的高度交叉，传统船舶人才的培养方案已经无法达到高技术船舶产业链船员的要求。对于新时代船舶人才的培育，整个人才生态体系正在发生深刻的变革。

5. 聚行动

加强知识产权保护，促进知识产权合作，是上海船舶工业构建更强创新力、更高附加值、更安全可靠的产业链、供应链的重要工作。上海船舶产业高质量发展需要推动船舶工业科技资源共享、技术供需对接和产业互动发展，促进行业企业的高质量专利挖掘、高价值专利培育和高水平专利布局；积极开展国际交流与合作，引导国外机构和企业客观认识中国知识产权保护制度，为行业对外合作营造更为公平和有利的环境。

一是搭建知识产权联盟，推动技术创新与产业发展。中国船舶与海洋工程产业知识产权联盟（以下简称中船联）是由江南造船与多家船舶单位联合高校共同建立的，目标是提升船舶行业知识产权的创造、保护、运用及管理能力。中船联在高价值专利、专利技术转移、核心技术专利布局等方面为联盟成员提供服务。联盟建立知识产权协同服务平台，面向整个船舶行业的知识产权运营，提升我国船舶行业核心竞争力。

二是加强国际知识产权布局，培养知识产权复合型人才。全面分析我国船舶行业出口产品的国际知识产权环境，运用专利情报了解竞争对手的技术布局。提供国际知识产权综合运营服务，推动船舶产业知识产权的国际布局，从而促进出口产品国际竞争力的提高，提升企业的知识产权优势。同时，积极培养知识产权复合型人才，建设上海国际知识产权学院，通过复合型学科的建设推动新时代产业人才的培养，为上海船舶产业知识产权人才队伍建设添砖加瓦。

9.1.3　案例小结

本案例分析了创新驱动高质量发展的“五聚”模型对上海船舶产业发展的适用性，重点阐释凝聚人才资源对产业高质量发展的推动作用。研究表明，上海船舶产业在“双百计划”政策的支持下，凝聚政府、产业、企业三方的创新共识，汇聚各方资源，健全上海船舶人才引进与培养制度，培养多岗位技能、多专业知识高度交叉融合的现代产业人才，推进船舶产业高质量自主创新。

9.2　聚焦国家重大科技创新方向高质量建设南京市新型研发机构的案例研究

9.2.1　案例背景

2021 年 5 月，习近平总书记在两院院士大会、中国科协第十次全国代表大会中强调，“立足新发展阶段、贯彻新发展理念、构建新发展格局、推动高质量发展”，“深入实施科教兴国战略、人才强国战略、创新驱动发展战略”，“完善国家创新体系，加快建设科技强国，实现高水平科技自立自强”[①]。要实现“高水平科技自立自强”，必须进一步破除科技研发和成果转化运用过程中面临的障碍和壁垒。国家“十四五”规划提出强化国家战略科技力量、提升企业技术创新能力、激发人才创新活力、完善科技创新体制机制四大发展目标，旨在坚持创新驱动发展，全面塑造发展新优势。

2021 年 11 月 24 日，江苏省委书记吴政隆在江苏省第十四次党代会中将加快科技自立自强列为奋力开创江苏现代化建设新局面的九个方面重点工作之首，提出“加快构建创新联合体，推进科技成果转化和产业化”。江苏作为科技综合实力雄厚的创新大省，贯彻落实习近平总书记“争当表率、争做示范、走在前列”[②]的新使命新要求，将创新深入融合在“强富美高”新江苏建设全过程中，大力实施创新驱动发展战略，促进苏南国家自主创新示范区创新引领能力的不断提升，持续推进产业科技创新中心和创新型省份建设。为打通科技成果转化的“最后一公里”，江苏以新型研发机构为发展对象，推动科技机制创新“软实力”的提升，大力培育体制新颖、机制灵活的新型研发机构，推进传统产业结构变革、提高科技成果转化能力，促进江苏省的科技竞争力不断提升。

2021 年 10 月 27 日，南京市委书记韩立明在南京市第十五次党代会上提出今后五年南京发展的具体目标，要“在创新驱动、产业转型上做示范”，抓好“全力开动创新引擎，建设国家区域科技创新中心”。南京市委市政府 2017 年 9 月启动新型研发机构建设推进工作，并自 2018 年起在每年一号文件中均对新型研发机构提出新的发展目标和任务，先后出台多种配套办法，促进新型研发机构的发展，提升南京产业的科技创新能力。2021 年 3 月，南京市委创新委员会办公室、南京市科学技术局联合印发《南京市关于推动新型研发机构高质量发展的管理服务办法》，力争到 2025 年打造一批国际一流的新型研发机构。经过多年建设，南京新型研发机构发展水平明显提升，在江苏创新型省份建设过程中有效发挥引领示范作用。

9.2.2　案例分析

南京市新型研发机构高质量发展路径如图 9-3 所示。

---

① https://cpc.people.com.cn/n1/2021/0528/c64094-32116542.html[2021-12-31]。

② http://cpc.people.com.cn/n1/2021/0113/c64036-31997689.html[2021-12-31]。

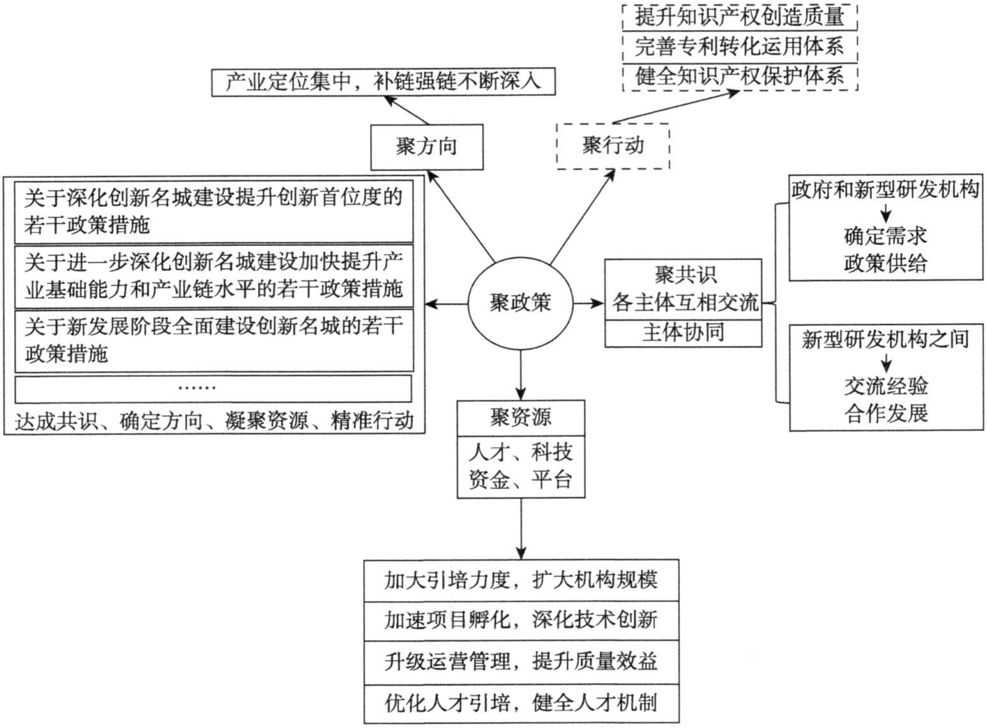

图 9-3　南京市新型研发机构高质量发展路径

1. 聚政策

政府制定多项政策与制度推进南京新研发机构发展，具体政策如表 9-2 所示，促进主体协同，达成共识、确定创新方向、凝聚创新资源、完善和健全融通创新机制。

表 9-2　南京新型研发机构相关政策

序号	名称	年份	主要内容
1	《关于建设具有全球影响力创新名城的若干政策措施》（宁委发〔2018〕1 号）	2018	推新型研发机构落地：①鼓励建立人才（团队）“持大股”的股权结构；②每年按绩效择优奖励
2	《关于深化创新名城建设提升创新首位度的若干政策措施》（宁委发〔2019〕1 号）	2019	高质量发展新型研发机构：①支持新型研发机构聘用职业经理人；②支持新型研发机构建立子基金；③支持龙头企业牵头建设新型研发机构；④支持新型研发机构集群发展；⑤支持新型研发机构与专业技术交易平台结合；⑥支持新型研发机构与依托单位优势学科建立紧密的科技研发、人才培训、成功转化合作关系；⑦引导高新园区集聚产业链企业和各类资源；⑧优化新型研发机构绩效评价机制

续表

序号	名称	年份	主要内容
3	《关于进一步深化创新名城建设加快提升产业基础能力和产业链水平的若干政策措施》（宁委发〔2020〕1 号）	2020	促进科技型中小企业持续涌现：①优化新型研发机构评价标准，强化第三方论证评估，突出分档培育、分类考核；②每成功孵化一家瞪羚企业或独角兽企业，都给予相应奖励；③鼓励行业龙头企业平台化发展，支持其面向新兴产业成立新型研发机构
4	《关于新发展阶段全面建设创新名城的若干政策措施》（宁委发〔2021〕1 号）	2021	推动新型研发机构打造特色产业创新集群：①到 2025 年培育打造 40 家国际一流的新型研发机构；②建立新型研发机构备案动态调整机制；③优先支持新型研发机构建设公共技术服务和实验验证平台；④完善年度绩效考核机制，择优给予奖励；⑤对新型研发机构及孵化企业以国有基金投资方式持续支持；⑥鼓励新型研发机构股权融资，探索特殊股权结构，提高天使子基金国有出资比例，政府股权投资收益奖励高校院所和新型研发机构；⑦将新型研发机构培育特色产业创新集群纳入高新园区绩效考核
5	《南京市关于新型研发机构的备案管理办法（试行）》（宁委发〔2018〕1 号文细则）	2018	①界定新型研发机构内涵和主要功能；②新型研发机构认定条件和程序；③政策支持（股权结构、人才引进奖补、土地租让、配套服务设施、人才安居政策、绩效评估奖励；④年度绩效评估和动态管理
6	《南京市关于新型研发机构的建设管理办法》（宁委发〔2019〕1 号文细则）	2019	①实施常年分批备案，备案条件在宁委发〔2018〕1 号细则认定条件的基础上进一步设置最低要求（注册资金、持股人数、持股比例、孵化引进企业数等），明确“一平台一机构”等；②根据宁委发〔2019〕1 号文增加对应政策支持；③调整年度绩效评估内容，新增特色工作开展情况评估；④进一步加强统计和监管工作
7	《南京市关于推动新型研发机构高质量发展的管理服务办法》（宁创委办〔2021〕5 号）	2021	①实施市、区两级新型研发机构培育体系；②增加区级新型研发机构认定，强调区级新型研发机构“研发型孵化器”定位；③进一步提高依托平台、人才持股人数和比例要求，取消孵化引进企业数等硬性要求；④要求各区（园区）加强跟踪监测，鼓励其制定扶持政策；⑤增加职务发明权益分配试点、细化政府股权投资收益奖补等方面的政策支持；⑥增加各级新型研发机构清退条款

2. 聚共识

南京市先后举办了新型研发机构创新联盟业务交流会、中小企业和新型研发机构座谈会等多项活动，有效加强了政府和新型研发机构、新型研发机构彼此间的沟通交流，帮助新型研发机构获取更多、更及时的信息。各园区也就提升机构间的互动交流开展活动。秦淮区组织落地新型研发机构负责人进行管理经验交流分享，政府部门也充分利用这个交流平台听取新型研发机构的诉求，截至 2021 年 10 月，政府帮助新型研发机构解决发展问题 125 件次。玄武区每年安排集中培训、座谈交流活动不低于 20 场次，已先后配合有关部门针对新型研发机构的需求，组织开展融资对接、人才项目辅导等专场活动 30 余次，并于 2021 年“创新周”期间承办了“苏南五市自创区高峰论坛”，为 3 家医药新型研发机构举办发布会，促成业务广泛交流。栖霞区在 2021 年结合新型研发机构备案考察和绩效考评最新标准，从备案申报、成果转化等方面组织举办专场培训 10 余场。

3. 聚资源

（1）加大引培力度，扩大机构规模。截至 2020 年底，共有 400 家以上新型研发机构纳入市级指标，较 2019 年增长 47.12%，共有 113 家新型研发机构在 2020 年当年通过市级备案，完成年度目标任务的 113%。从时间维度看，截至 2020 年底，南京市累计通过市级备案的新型研发机构共计 323 家，比 2018 年增长 3 倍，三年来年均增长 72.94%。从区域分布看，江北新区、江宁区和栖霞区分别累计认定市级新型研发机构 71 家、92 家、48 家，合计占到全市备案总数的 65.3%，是新型研发机构建设的密集区、样板区。从平台来源看，在备案新型研发机构技术依托的高水平科研平台中，南京高校所占比重最大，其余的科研平台分别为中国科学院、外地高校、龙头企业和境外高校等。

（2）加速项目孵化，深化技术创新。新型研发机构坚持加强技术研发，持续孵化科技企业，提高企业技术创新能力。2020 年全年，南京在研在孵化项目 2485 个，累计孵化和引进科技型企业 8914 家，初步形成“技术开发—产业化应用—孵化企业—技术创新”的创新链条。经过多年努力，全市已有 99 家由新型研发机构孵化和引进的企业成长为规模以上企业，299 家培育成为高新技术企业。2020 年全市新型研发机构累计申请专利 9751 件，较 2019 年增长 6596 件，其中江宁区专利申请 2909 件，显示新型研发机构创新能力逐渐爆发，技术创新成效显著。截至 2021 年 10 月，玄武区新型研发机构在孵在研项目 98 项，累计专利申请 388 件，其中发明专利申请量 292 件，占申请总量比重超过 3/4。鼓楼高新区新型研发机构孵化引进企业 521 家，累计完成专利申请 492 件。浦口区累计专利申请 439 件，其中发明专利所占比重也超过了 50%。其他园区在技术创新领域也取得了突出的成绩。

（3）升级运营管理，提升质量效益。截至 2020 年底，在全市新型研发机构中，已有 341 家聘请职业经理人，占比 83.37%，市场运营能力不断加强。全市新型研发机构共组建投资基金 50 只，设立天使基金规模 80 亿元，吸引各类基金 80.7 亿元，引进社会资本超过 20 亿元，新型研发机构市场价值进一步提升，累计建设资金投入 57.9 亿元，完成计划的 143.0%，建有研发服务平台 310 个，发展投入持续升温。2020 年全市新型研发机构及其孵化引进企业实现营收 116.3 亿元，成长后劲日渐增强；拥有科研及管理人员 14 693 人，其中硕士研究生学历以上 7110 人，还包括诺贝尔获奖者、图灵奖获奖者、中外院士、“长江学者”等高端领军人才，人才吸引力不断加大。

（4）优化人才引培，健全人才机制。2020 年 8 月，“南京江北新区新型研发机构‘双聘制’试点基地”揭牌，标志着江北新区率先在南京信息工程大学开展

"双聘制"试点工作。"双聘制"的核心是鼓励和允许新型研发机构中优秀的科技型企业家分别与高校院所和新研企业签订聘用协议，以两个不同身份分别在企业和高校院所同时从事科技创新实践和科研教学工作。江北新区在国内率先明确提出在新型研发机构科研人员中推出"双聘制"，以解决高层次人才"后顾之忧"，增强新型研发机构对高端人才吸引力，在人才机制上推动新型研发机构市场化与高校科研的无缝连接。为了进一步完善高层次人才服务保障体系，江北新区发布了《南京江北新区科技创新平台引进培育支持办法（修订版）》。围绕新型研发机构"双聘制"科研人员制定《南京江北新区新型研发机构"双聘制"科研人员支持资金实施细则》，支持新型研发机构人才团队核心成员参加江北新区与战略合作高校开展的科研人员"双聘制"试点。对经认定的"双聘制"科研人员，给予其所在新型研发机构每人每年 10 万元的支持资金，连续支持 3 年。

4. 聚方向

产业定位集中，补链强链不断深入。从产业分布看，新型研发机构建设紧扣"4+4+1"主导产业和八大产业链布局，主要集中在电子信息、高端装备制造、生物医药、节能环保、新材料等领域。在新型研发机构所属领域中，新医药与生命健康占比 19%，智能装备制造占比 15%，软件和信息服务、节能和生态环保占比 13%，新材料占比 11%，集成电路和新型电子信息占比 10%，人工智能占比 8%。此外，智能电网、轨道交通、新能源汽车等产业领域也有少量新型研发机构引进。在产业领域多维发展的同时，南京市各区充分发挥自身优势，围绕主导产业布局。江北新区依托其发展良好的生命健康产业和集成电路产业吸引新型研发机构的入驻。建邺区依靠产业优势落地建设涉及人工智能、新材料等新兴产业的新型研发机构。栖霞区在新能源汽车、新医药和新健康等领域打造产业地标。

5. 聚行动

一是提升知识产权创造质量。部分新型研发机构存在知识产权创造"重数量、轻质量"的问题，侧重于基础理论研究，发明创造问题导向不够，核心技术的权利要求对专利技术的保护水平不高，部分阶段性专利技术成果在二次开发的时期缺乏稳定性，具有转化风险。二是完善专利转化运用体系。部分新型研发机构知识产权权属复杂，加上缺乏行之有效的转化激励机制，成果转化效益与个人利益不挂钩，导致知识产权转化意愿不强烈。此外，新型研发机构缺少专职技术经纪人，知识产权转化运用信息不对称、路径不通畅。三是健全知识产权保护体系。部分新型研发机构知识产权治理体系不完善，知识产权保护意识不强，无法快速应对知识产权纠纷，特别是对互联网、大数据、人工智能、区块链等新一代信息技术的利用不够，部分领域和产品知识产权智能侵权监测水平有待提升。

9.2.3 案例小结

本书以南京市新型研发机构为缩影，分析了创新驱动高质量发展的“五聚”模型在科技创新体制机制改革中的适用性。在各级政府的政策扶持下，新型研发机构聚焦国家重大科技创新方向，凝聚多方共识，以更加灵活的市场机制协同多方创新主体，汇聚各类创新资源，高效开展各类创新活动，为江苏科技自立自强提供重要支撑。

9.3 南京白下高新技术产业开发区聚力创新推动车联网产业高质量发展的案例研究

9.3.1 案例背景

综合全球汽车产业发展现状，智能网联汽车（又称智能汽车、自动驾驶汽车等）已成为行业发展趋势。自动驾驶/车联网作为战略性新兴产业深度融合了汽车、电子、信息通信、道路交通运输等行业领域。自动驾驶/车联网产业的技术非常复杂，技术网络庞大且多种技术深度交叉，整体表现为“三横两纵”的构造。“三横”是指三个领域：基础支撑关键技术、车辆关键技术及信息交互关键技术。“两纵”指支撑自动驾驶/车联网发展的车载平台及基础设施条件。从自动驾驶/车联网产业链角度来看，其上游产业包括感知系统、决策系统、执行系统、通信系统等，中游产业包括智能驾驶舱、自动驾驶/车联网解决方案、车联网整车等，下游产业包括出行服务、物流服务、数据增值等。

为顺应新一轮科技革命和产业变革趋势，抓住产业智能化发展机遇，国家发布了多系列文件，全力突破技术集群壁垒，建立健康车联网生态，加快推进自动驾驶/车联网产业创新发展。2021 年 2 月，中共中央、国务院印发《国家综合立体交通网规划纲要》，提出加强智能化载运工具和关键专用装备研发，推进智能网联汽车（智能汽车、自动驾驶、车路协同）统筹布局与应用，提升自主可控能力。自动驾驶/车联网是汽车、电子、信息通信、道路交通运输等行业深度融合的新型产业形态，是 5G 和人工智能等新一代信息通信技术在汽车、交通等行业应用的重要体现，是汽车智能化、网联化发展的核心应用和服务。其中，自动驾驶实现无人操作，智能化行驶汽车，并保证行车安全，主要依靠多种技术系统协同合作，包括人工智能、视觉计算、雷达、监控装置和全球定位系统协同。

推动自动驾驶/车联网产业发展，需要重点项目的理论和数据支撑，形成完善的产业链条。在创建的过程中，如何了解全球发展态势、定位企业研发方向、聚焦关键核心技术、关注竞争对手动向、研判产业发展路径，这些都需要基于专利大数据精准的情报导向和支撑。面对自动驾驶/车联网产业迫切的专利情报需求，南京白下高新技术产业开发区建立了自动驾驶/车联网产业专利导航与预警项目。在中央政策的推动下，南京白下高新技术产业开发区结合高校、企业达成合作共识，凝聚资源，在形成完善的产业链条的基础上，为自动驾驶/车联网产业提供专利服务。

9.3.2　案例分析

南京白下高新技术产业开发区自动驾驶/车联网产业高质量发展的路径如图 9-4 所示。

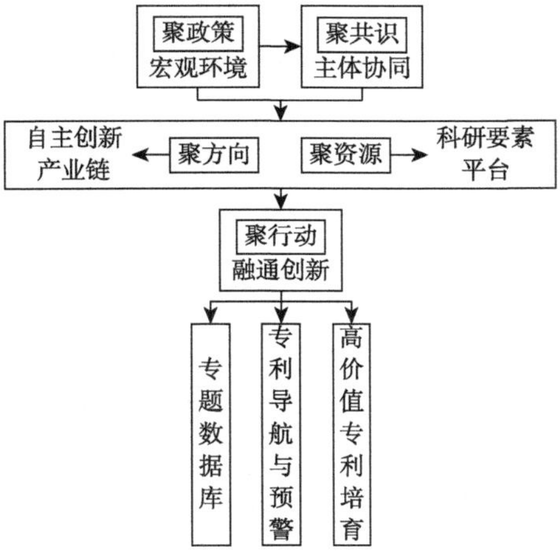

图 9-4　南京白下高新技术产业开发区自动驾驶/车联网产业高质量发展的路径

1. 聚政策

近年来我国高度重视自动驾驶/车联网产业的发展，发布多项政策，具体如表 9-3 所示，《中国制造 2025》中将车联网列入十大重点发展领域之一；工业和信息化部、国家发展和改革委员会、科技部联合印发的《汽车产业中长期发展规划》提出车联网到 2020 年实现与国际同步发展、到 2025 年进入世界先进行列的发展目标；工业和信息化部印发的《车联网（智能网联汽车）产业发展行动计划》指出，要在 2020 年实现自动驾驶/车联网产业跨行业融合取得突破，创新发展的产业生态基本形成，2020 年后全面建成技术创新、标准体系、基础设施、应用服务和安全保障体系。当前，自动驾驶/车联网产业在政府政策的推动下，迫切需要改革创新。

表 9-3　自动驾驶/车联网产业相关政策

年份	政策
2016	《推进“互联网+”便捷交通，促进智能交通发展的实施方案》
2017	《国家车联网产业标准体系建设指南（智能网联汽车）》
2018	《车联网（智能网联汽车）产业发展行动计划》
2020	《汽车驾驶自动化分级》 《智能网联汽车技术路线图 2.0》 《新能源汽车产业发展规划（2021—2035 年）》

2. 聚共识

南京理工大学联合南京白下高新技术产业开发区管理委员会、江苏省交通科学研究院股份有限公司、华设设计集团股份有限公司、江苏智能交通及智能驾驶研究院、清华大学苏州汽车研究院、江苏智能网联汽车创新中心有限公司 6 家单位于 2020 年达成合作共识，通过合作《车联网产业专利导航与预警项目》，以车联网产业链和创新链为研究对象，对自动驾驶/车联网产业发展规划和产业创新布局提出了不同角度的意见建议。

通过对江苏自动驾驶/车联网产业的专利申请人数据进行共现网络分析，对网络中心度和节点频率参数进行调整和筛选，最终得到江苏自动驾驶/车联网产业的专利合作网络，如图 9-5 所示。

图中节点颜色越深，说明专利数量越多，连接线越粗，说明两专利权人合作的次数越多。由图 9-5 可知，江苏自动驾驶/车联网产业领域主要有以下几个重点合作研发团队：由东南大学与国家电网有限公司、江苏省电力有限公司、江苏东印智慧工程技术研究院组成的研发团队；由江苏大学与淮阴工学院、清华大学、奇瑞重工股份有限公司组成的研发团队；由南京邮电大学与江苏南亿迪纳数字科技发展有限公司、边缘智能研究院南京有限公司、南京三宝科技股份有限公司组成的研发团队；由南京航空航天大学与上海联适导航技术股份有限公司、国家电网有限公司、江苏省电力有限公司电力科学研究院、南京九竹科技有限公司组成的研发团队；由清华大学苏州汽车研究院与苏州优达斯汽车科技有限公司、苏州清研微视电子科技有限公司、贵州警官职业学院组成的研发团队。此外，还有河海大学和宁波市规划设计研究院的合作研发团队、南京理工大学和华盛顿大学王印海教授的合作研发团队等。

与中国整体的技术创新合作网络相比，江苏高校开展校企合作的数量较多，展开范围较大，协同创新网络特征明显。经过将合作频次和节点频次进一步筛选后，如图 9-6 所示。技术创新合作主体主要有江苏大学、东南大学、南京航空航天大学、南京邮电大学、清华大学苏州汽车研究院、国家电网有限公司、南京智启软件开发有限公司等。

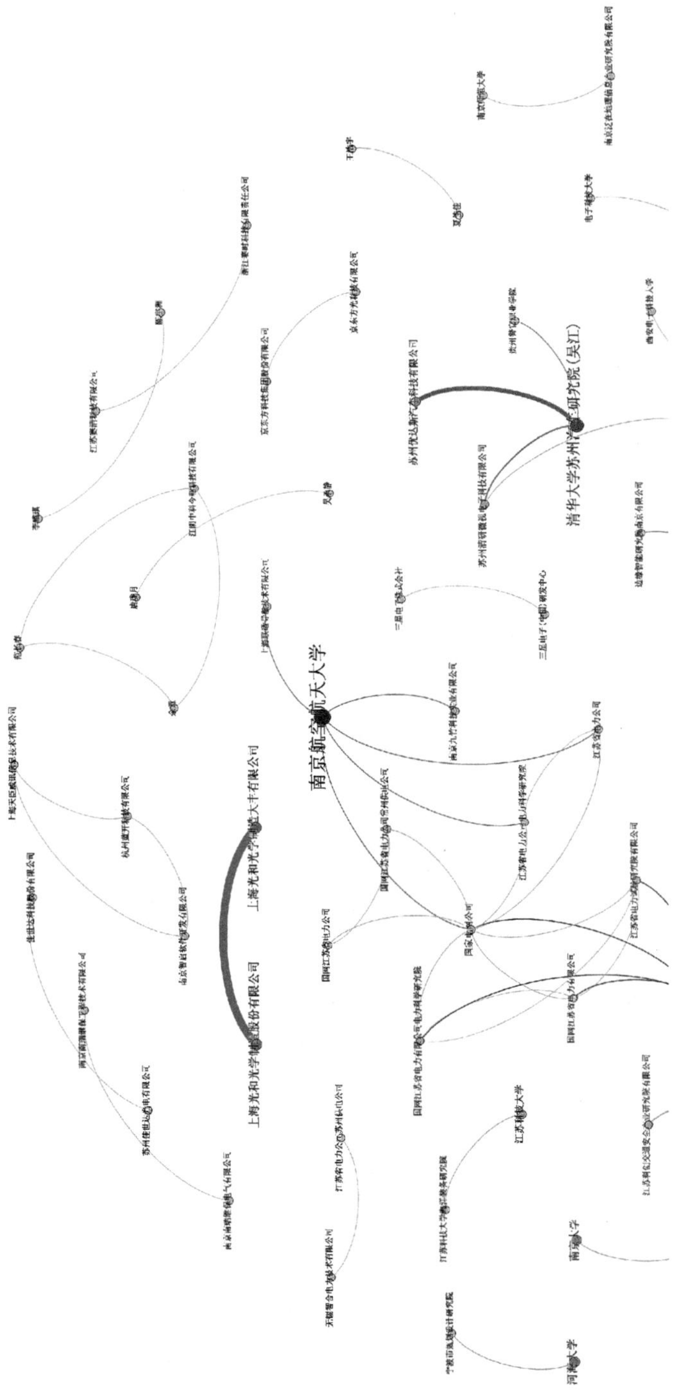

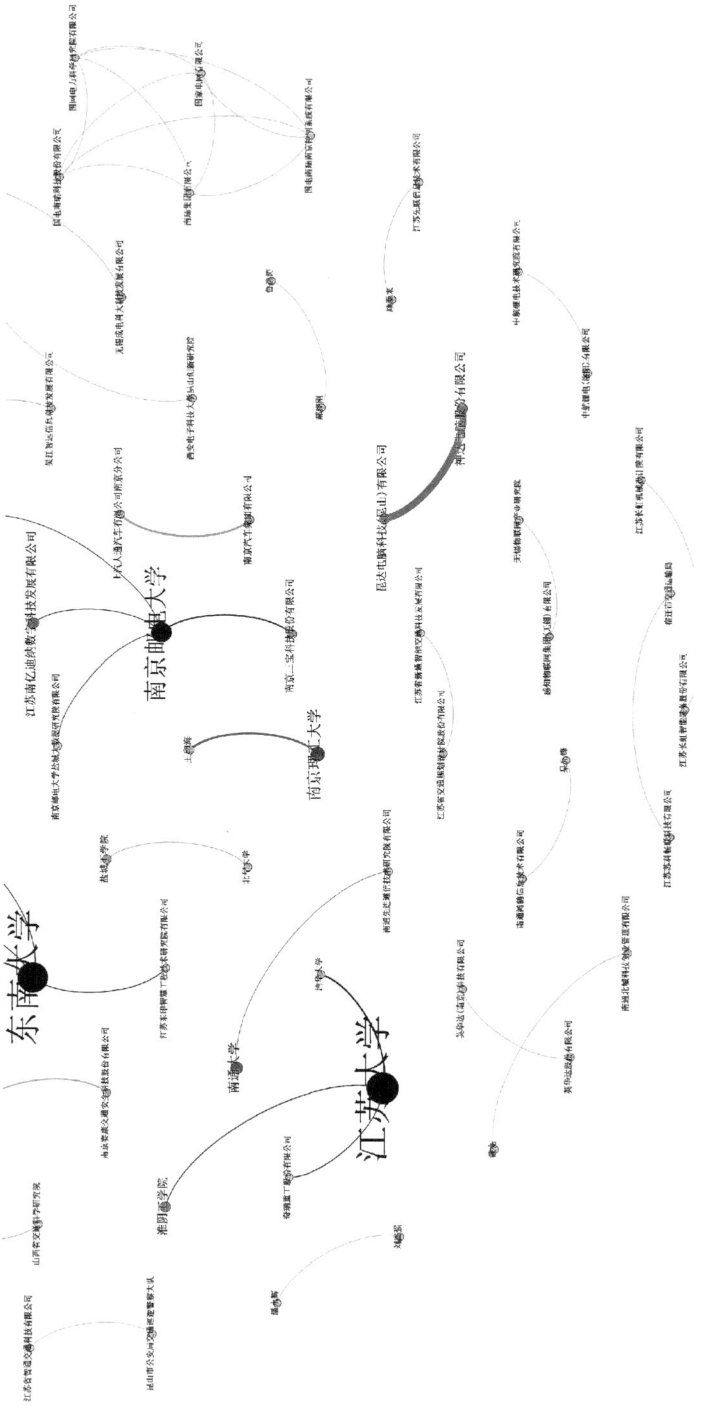

图 9-5　江苏自动驾驶/车联网产业的专利合作网络

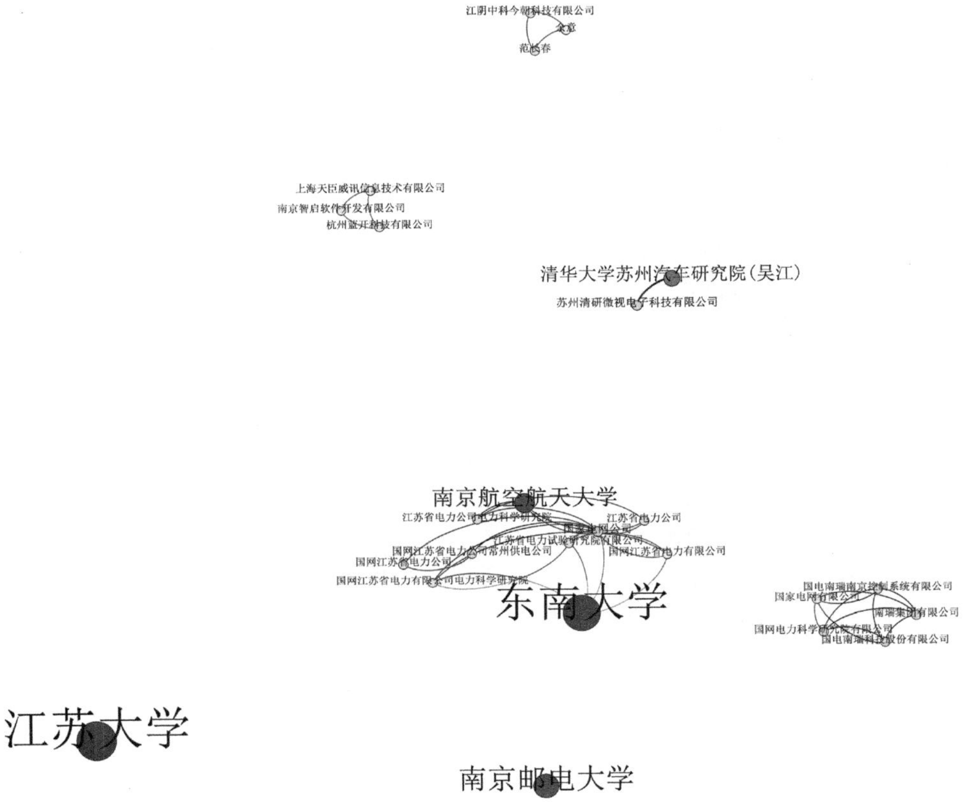

图 9-6　筛选后江苏自动驾驶/车联网产业领域专利合作网络

3. 聚资源

目前国内部分地区已逐渐积聚优势技术，应建立与之配套的产业园区，完善上下游产业链，形成自主可控、具有区域特色的自动驾驶/车联网产业链。筹建区域协调发展联盟，以联盟为平台，各单位共享资源，分工协作，从研发、专利布局、技术支持等多方面共同促进区域内自动驾驶/车联网产业发展。

南京理工大学作为《车联网产业专利导航与预警项目》的发起人之一，聚焦科研成果，成立了南京理工大学江苏省智能交通信息感知与数据分析工程实验室。实验室现有跨学科核心团队成员 66 人，其中包括教授 19 人、副教授 24 人、讲师 13 人，专职科研岗教师 10 人，他们毕业于国内外著名高校，专业方向涉及自动化、交通运输工程、通信、计算机、网络、信息安全、系统工程等专业领域，80%的成员具有海外留学经历。实验室牵头成立了江苏省人工智能学会智能交通专业委员会、江苏省系统工程学会智能交通系统工程专业委员会和江苏省互联网协会车联网工作委员会。

实验室以交通信息智能感知与组网通信、交通大数据分析与智能应用、交通系统主动控制与安全为三大主要研究方向，重点建设“交通信息智能感知与组网通信”“智能网联技术”“交通大数据智能分析”“区块链智能交通应用”“交通主动控制与仿真”“驾驶人因与主动交通安全”等六个研究平台，有力地推动了我国车联网产业发展。

实验室发表学术论文 100 余篇，其中 SCI（Sciences Citation Index，科学引文索引）收录 50 余篇；申请国家发明专利 100 多项，授权国际专利和中国发明专利 40 余项；登记软件著作权 10 余项，主持制定技术标准 20 余项，科技成果荣获省部级奖励 6 项。实验室重视科技成果转化，近年来服务企业 30 余家，人工智能、物联网、大数据、云计算、区块链与图像识别等科技成果在智能交通和车联网领域得到成功转化应用。研究成果涉及智能交通信息感知与组网通信、交通大数据分析与智能应用、交通系统主动控制与安全、智能网联车路协同、车联网安全和交通视频理解等多个方面，实验室以技术研发为重点，以政产学研协同创新为抓手，为自动驾驶/车联网产业系统建设提供全方位支撑。

同时，实验室基于自动驾驶/车联网技术架构和检索结果，构建了南京理工大学知识产权大数据综合应用门户平台自动驾驶/车联网专题数据库，网址为http://yuyang.patsev.com/njust/access/hostingplatform/nav/route/showNav?industryFlag=1①。

数据库截图如图 9-7 所示。

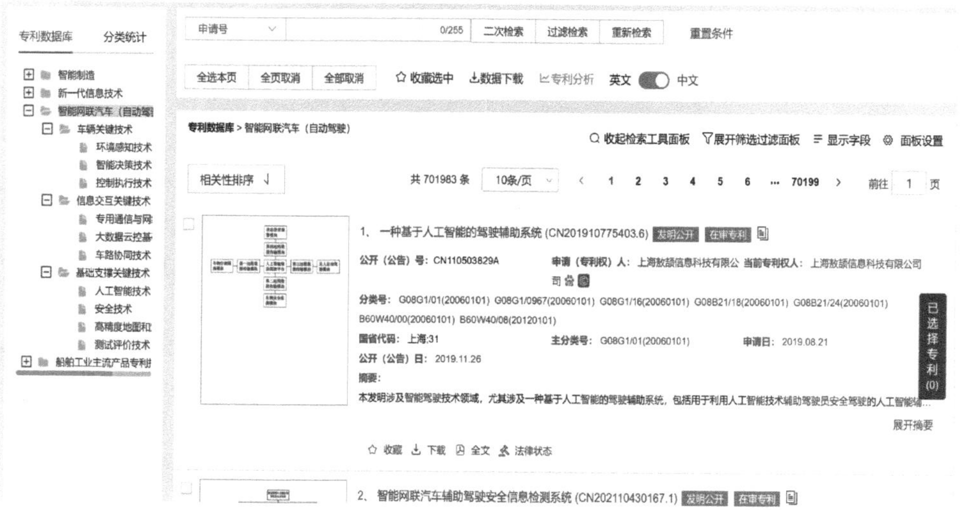

图 9-7　自动驾驶/车联网专题数据库页面

① 此网站由南京理工大学开发，需注册账号才能进入自动驾驶/互联网专题数据库。

4. 聚方向

推动自动驾驶/车联网产业的快速发展，形成完善的产业链条，必须推进智能网联汽车相关企业的引培，利用专利分析结果，探寻车联网产业发展方向。

一是健全区域产业链。通过政策驱动自动驾驶/车联网核心技术不断发展，重视涉及智能化和便利性的技术研发，整合自动驾驶/车联网创新资源，健全区域特色的自动驾驶/车联网产业链，推进自动驾驶/车联网成果共享转化，制定自动驾驶/车联网海外专利布局战略，搭建自动驾驶/车联网产业技术平台。

二是确定重点技术领域。自动驾驶/车联网企业应当具备政策敏锐性，准确把握国家和地方政府政策导向，在各级政府的引导下确定企业发展的方向，加强对重点项目的资金投入和研发力度，重点发展国家政策扶植的方向，聚焦关键，突破瓶颈，加快从中低端向高端的转型。创新主体应把握政策方向，确定重点技术领域，提高专利质量，进行全面的专利预警，并借助外力，积极引进人才，完善自动驾驶/车联网产业链。政府、高校、企业应达成共识，构建合作联盟，共同推进车联网行业高质量创新发展。

三是提高专利质量。国家发展和改革委员会、工业和信息化部、科技部等联合推进自动驾驶/车联网技术，培育市场需求，鼓励本土自主创新的成果和产品的推广，积极开拓市场空间。政府职能部门应在专利成果共享、专利成果转化等方面提供必要的政策指导和支持，以完善国内产业的专利布局，组建具有我国自主知识产权的专利池，为国内企业的未来发展保驾护航。高校已经形成了自动驾驶/车联网“三横两纵”的技术研究架构，但专利的运用和价值实现还是需靠企业来实现。尤其江苏的高价值专利和合作创新网络主要牵头申请人都是高校，可通过重大专项、高价值专利培育中心建设等方式，与企业开展产学研合作，共同布局高质量、高价值专利，加快专利的转化运用。

5. 聚行动

针对开发区自动驾驶/车联网产业的发展，企业需要定位自身的研发方向，聚焦关键核心技术，关注竞争对手动向，研判产业发展路径，这些都需要基于专利大数据精准的情报导向和支撑。

（1）建立专题数据库。利用车联网技术领域相关的专利及非专利文献，建立专利导航分析数据库及数据库检索工具，向合作单位和相关技术领域企业提供至少三年的数据更新升级服务。

（2）专利导航与预警。针对相关企业的相关研究内容和成果，开展专利导航与预警工作，给出侵权风险、规避设计和应对措施等建议，并制定相应的专利布局战略规划。

（3）高价值专利培育。针对相关企业的相关技术成果，提供高价值专利挖掘与分析服务，推动企业培育高价值专利，为专利转移转化提供量化的分析和参考。

9.3.3 案例小结

本书以南京白下高新技术产业开发区自动驾驶/车联网产业发展为缩影，分析了创新驱动高质量发展的“五聚”模型对产业发展的适用性。研究表明，在自动驾驶/车联网产业发展过程中，创新政策推动了主体协同，各主体达成了合作共识，确定了创新方向；在创新方向确定后，各方资源凝聚，企业、政府、高校共同行动，为车联网行业提供知识产权服务，促进知识产权市场保护化和知识产权价值转化。

第 10 章　聚力创新驱动高质量发展的对策建议

10.1　指导思想及基本原则

10.1.1　指导思想

站在全局和战略的高度，紧扣全国高质量发展两个关键，应该全面提升中国经济发展实力，并通过打造高质量经济发展样板区等方式，积极探索科学的、现代化的、高效的经济发展办法，并让其成为改革开放后的新时代经济发展指向标。立足聚力各地区的高质量创新发展，推动优势互补、融合共通、互促共进，面向新的战略机遇，找准定位，优化路径，积极作为，在聚力创新中实现高质量发展。

10.1.2　基本原则

1. 注重政府引领与市场主导相结合

政府对自己与市场的关系应该有正确的认知，应该意识到在发展经济的过程中必须要将政府导向与市场自由发展相结合，进而充分发挥市场的创新能力，并展现出政府的导向作用，让中国的经济体系能够在中国共产党及中国政府的带领下向好向上发展。在进行税制改革、贸易体制变革、负面清单设置的过程中，政府应该展现出自身的行政作用让市场在政府管控下最大限度地带动经济发展，同时促进知识产权价值转化，实现企业内部市场竞争优势最大化，外部行业领军及知识产权效益最大化。

2. 注重对标国际与错位布局相结合

以开放创新、产业发展、生态环境保护、吸引人才为重点，树立先进标杆，坚持问题导向，提高发展的主动性，注重系统整合、评价提升，根据各个国家之间的实际差异情况，制定符合自身实际情况的、国际性的保障框架。坚持与先进标杆进行对标，结合我国的实际情况，吸取他国的先进经验，注重制度创新；坚持用国际先进规则对标，扩大对外开放范围，并以此为基础提升措施落实过程中的透明度，让中国的发展办法能够对标国际发展办法。在这个过程中应该凸显出“谦虚谨慎”的态度，寻找自身的薄弱环节，进而缩短生产周期、降低生产成本、提升优化效率、提升市场竞争能力、优化投资环境；深度学习国内外先进做法，总结相关经验，在考虑自身需求条件的基础上进行特色改良，并复制推广，着力开拓创新，满足中国特色的国际化探索，实现创新要素的引进、保留、使用和推广。

3. 注重制度创新与产业培育相结合

在完善创新体制机制时，要重视制度创新和产业培育的联动性。结合自身实际情况，最大限度地拓展、延伸制度创新链条，对创新过程中的碎片化问题进行重点治理，保障创新成果。坚决巩固市场在资源配置中的决定性地位，保护外商投资的合法权益，提高外商投资的质量和效率，促进投资贸易自由化、便利化，促进资本自由流动，推动营商环境更加国际化、法制化，驱使市场环境更加公平化、有序化，确保各类生产要素能在市场环境中合理流动 ，激发市场主体的创造潜力。

4. 注重系统集成与重点突破引领相结合

当前国际社会环境日趋严峻复杂，新时期的发展任务更加艰巨，要积极应对挑战，注重系统集成和重点突破引领相结合，综合考虑，加强协调，支持进步。坚持系统推进，建立中心城市、园区平台等重大项目的综合配套改革试点，提高改革体制的整合水平。重点把握各项政策的内在联系，坚持重点突破与整体推进相结合，以分析问题为导向，以解决问题为目标，及时制定和实施相应的配套措施，助力改革过程中难点问题、痛点问题的顺利解决。注重顶层设计与基层探索的有机结合，既注重改革创新的整体性，又注重基层和群众的主动性，通过丰富典型经验，推动全面深化改革，更加扎实地开展工作，宣传思想。

5. 注重服务国家战略与促进区域协同相结合

要将增强经济力量、基础建设等国家“硬实力”作为发展基础，看清经济转型升级态势，深刻理解国家战略地位，建设具有中国特色的战略体系，着力整合创新要素，扩展创新空间，弥补资源、区域发展协调性不高的不足并乘势而上。把握“一带一路”倡议所带来的发展机遇，深化自贸试验区改革开放方案和经验复制推广工作，不断提升国际竞争力、影响力，在这个过程中，应该更加积极、更加高效地展现出中国中部地区及西部地区在与西方国家进行沟通的过程中的纽带作用，让“一带一路”倡议正式带动中国中西部地区的经济发展，促进中西部城市与其他国家进行高频的商品贸易，从而促进产业带的形成。在发展的过程中，可以依托长江三角洲一体化发展策略对现有的商业布局进行优化，并从合理分工角度、比较优势角度及高效合作角度打造更科学的经济贸易格局。

10.2　主 要 任 务

新时代下，为实现创新驱动高质量发展的目标，积极建设高水平开放型经济新体制，要建设内外联动的创新体系，打造开放创新融合的发展格局，营造不断发展的创新生态环境。

10.2.1　构建高水平开放型经济新体制

为实现构建高水平开放型经济新体制的目标，当地政府应该保证多元结构的平衡，并在安全高效的前提下进行深化改革开放的活动。当地政府应该从质量角度、技术角度、服务角度及品牌角度培养具有外贸竞争优势的中国企业，将引进与出口结合，打造新型的国际贸易局面。多元平衡的新型经济体系是形成高水平开放体系的必要前提，是发展开放型经济的力量支撑。

知识产权作为现代企业的核心竞争要素，是连接创新与市场的纽带。保障信息交流渠道的畅通，鼓励企业专注于开放式创新，增加创新绩效，实现不同企业间知识产权资源共享与创新。在权利归属、知识外溢、合作效率等方面，鼓励企业之间、个人之间开展广泛深入的合作，将保障机制和奖励激励作为科研人员进行知识产权价值转化的直接动力，营造良好的知识产权氛围。

10.2.2　服务国家战略走在前列

在发展经济体系的过程中，应该将提升国家整体经济实力当作第一要义，重视中国企业在国际市场竞争过程中的服务能力。政府应该根据国际经济规则及发展要求制定符合中国国民需求及中国发展需求的经济模式。应该将改革开放政策深入落实，并将其与“一带一路”倡议相结合，从而高质量推进“一带一路”倡议，让长三角地区、长江经济带、粤港澳大湾区、京津冀协同发展示范区、各省自由贸易试验区及“一带一路”沿线国家成为新的经济战略重点。在这个过程中，各级政府必须要为“一带一路”倡议提供基础保证，让相关的基础设施建设能够为经济的发展提供硬件帮助。

不仅如此，在这个过程中，地方政府应该重视国际产能合作，将人文交流当作纽带、将新型基础设施建设当作载体，通过提高连接性及聚集程度的方式提升整体协同效率，展现开放新姿态，进而提升国家经济实力及企业发展速度。

10.2.3 建设内外联动的创新体系

在第十三届全国人民代表大会第一次会议上，习近平总书记明确指出“中国将继续积极推进‘一带一路’建设，加强同世界各国的交流合作，让中国改革发展造福人类”①。中国在今后的发展过程中必然会重视“一带一路”倡议，并将走出去战略当作重要发展战略，所有的企业都会在这个过程中通过展现自身的创新能力及合作能力在国际市场上获得更多的利益。近年来，对外合作的新型经济格局成为世界经济的主要发展方向，在这个过程中，最重要的就是制定国内与国外之间高效的联系方式，并根据现阶段的创新基础及各个企业的优势打造符合中国实际情况及世界经济规则的共享原则，将中国市场及国际市场相结合，并让二者的资源相互流通，从而打造新型的开放型创新体系，为中国企业的发展营造有利环境。除此之外，还应该重视各个省份之间的联系，统筹各省之间经济的协同发展，打造互帮互助型经济，在产业布局体系、管理体制体系及发展设计体系上充分展现各省的合力。

10.2.4 建立开放创新融合的发展格局

在中国共产党第十九次全国代表大会上，习近平总书记强调“创新是引领发展的第一动力，是建设现代化经济体系的战略支撑。要瞄准世界科技前沿，强化基础研究，实现前瞻性基础研究、引领性原创成果重大突破。”②在新型创新体系中，各级政府都应该根据自己的实际情况制定不同的开放创新办法，用更高的开放水平招商引资，促进地区的发展。以江苏省为例，其在建立开放创新融合格局方面成效显著，在该理念的引导下针对现有的经济体系制定深化改革的具体办法，

---

① http://www.gov.cn/xinwen/2020-05/15/content_5511909.htm[2021-12-31]。

② http://www.81.cn/jmywyl/2020-07/08/content_9849363.htm[2021-12-31]。

并在实践中不断摸索、不断创新，从而以思路为引导、以方法为动力带动当地经济的全面发展，为当地的企业及百姓带来更多的成果，从而使江苏省成为经济优势省及招商引资特色省，这也为其他省份制定开放创新方针带来了经验和启示。如果从宏观的角度去进行分析，会发现坚定不移地落实改革开放政策及互惠共赢的合作战略能够让当地的企业积极走出国门，并在国际市场中快速发展，这种多元平衡体系能够让经济框架更加健全，能够让中国的企业在技术方面、质量方面、服务方面及品牌方面在世界市场上展现出自己的竞争能力。中国已经将走出去战略当作经济战略中的重要组成部分，如果从宏观的角度对其进行分析，就会发现协同创新能力至关重要，只有在国际市场上分化制造平台才能够最大限度地降低成本、提高利润。这要求企业必须适应新型企业生存生态系统。如果从微观的层面对其进行分析，就会发现在调整结构的过程中全链条的创新合作及产能合作将成为各个企业之间合作关系的基础，全球化的贸易体系、生产体系及网络体系能够为企业的扩大化发展提供源源不断的动力。

10.2.5　构筑营商环境持续改善的创新生态

对市场投资环境进行全方位的优化与改良，并在此基础上提升贸易自由程度及贸易便利程度，让企业在市场中的经营成本不断降低，进而保证企业的发展活力。在这个过程中，政府应该意识到只有改革服务体制才能够让中国的投资规则与世界的投资规则接轨，进而全面提升中国经济环境的软实力，在最短的时间内打造法治化、国际化、制度化及市场化的环境氛围。在这个过程中，应该通过一体化来提升中国国际贸易能力。依托数字化治理推进政府建设现代化、“放管服”改革全面化，并全面提升政府的服务能力及监管部门的监督能力，通过降低成本的方式来保障企业的活力。中国政府应该保证现有的市场运行标准尽量向国际市场标准靠拢。在打造稳定透明的市场环境的过程中，应该全面提升政府服务水平及投资环境质量。不仅如此，政府还应该通过政策扶持及资金帮助的方式大力吸收他国人才，让海外人才能源源不断地涌入中国，这样能够提升中国企业的高端制造能力，让中国在今后的发展过程中能不断注入新鲜血液。

10.2.6　加快培育参与高水平国际竞争的新优势

促进产品和市场结构进一步升级，实现外贸体系“稳中提质”，以此来为市场注入新的动力，让中国在国际竞争的过程中能够全面提升自己的技能优势，从而在市场竞争中拔得头筹。我国作为制造大国，制造业开放程度较高、体系健全，创业的分工合作能力强等，在促进产品和市场结构进一步升级的过程中应当充分发挥我国制造业现有优势，提升产业协作水平，形成“做大产业，细化分工，强调合作”的分工协作模式，与此同时，政府应该以更加高效的方式创建示范区，让自身的科技产业能够在世界竞争舞台上体现自己的核心竞争能力，突破“卡脖子”技术，持续提升产业链、供应链的竞争力，让核心技术不只掌握在外国人的手中。

10.3 对策建议

10.3.1 加强平台建设，促进区域一体化共建共享

1. 共建共享知识产权基础研究创新平台

共建共享知识产权基础研究创新平台面向国家重大战略需求，重点瞄准战略性新兴产业、重点科技项目，通过与各大研究机构相互合作的方式，组建大批量的重点实验室和工程技术研究中心，加快传统企业转型升级，加大科技企业的培育力度，切实提升区域科技企业的技术创新能力。发挥创新平台的集聚作用，推动人才、资金的高效融合，加强企业间知识产权成果的合作交流，发挥科技资源的最大效益，真正实现特色发展。此外，还可以通过组织开展大规模科学仪器设备共享建设活动，共同为满足一体化共享网络建设需求做好充分准备。

2. 共建共享科技成果转化平台

依靠数字化技术创新科技转化机制，营造技术成果转化氛围，鼓励企业和高校、科研院所、政府等机构共建科技成果转移平台，以不同区域主导及优势产业为核心，开展资源整合活动，致力于培养大批量知名度较高的品牌，并提高对企业技术中心、行政技术服务中心等的建设力度，这样才能为预期发展目标实现提供大力保障。充分发挥民营技术中介服务机构在科技成果转化过程中的重要作用，从创业指导、融资服务、经营管理、税务减免、风险评估等多个方面帮助中小型科技企业渡过生存难关，助推科技成果落地转化。

3. 共建共享科学数据与服务平台

“以整合为主线，以共享为核心”，在全国区域范围内开展创新技术平台建设工作。这样不仅能将全国的科技数据资源有序地整合在一起，还能方便各部门和地方政府间开展数据交流、数据共享工作，以此建设一个完整的资源系统及服务体系。在现代化信息技术的支撑作用下，开展公共网络基础设施建设活动，在满

足网络协作发展要求基础上，积极进行资源共享，以此有效改善科研模式及科研方法等。

4. 共建共享具有国际影响力的高水平研究大学

开展较高水平的高校建设活动，确保创新源泉作用可以完整体现出来。同时探索基础学科和应用学科协调发展的新路程，使我国拥有更多的世界顶尖学科。针对高等院所的办学制度开展创新实验，复制并推广相关教学经验与方法，将高校建设成一流的创新平台，同时培养先进带头人与工作团队，加强人才吸引力，并修建高科技实验室，尤其是组织开展世界领先的科学研究，培养先进的科研能力，提升我国“双一流”高校在世界范围内的影响力，助力世界高水平研究大学成功建设。

10.3.2　健全顶层设计，推进全国一体化系统布局

1. 依托国家战略，打造强劲活跃增长极

将关注重点集中在“空间相对集聚+功能深度耦合”中，提高集成电路、生物医药等产业集群发展速率，更多应用现代化信息技术，最终使我国能满足“世界级产业集群”发展建设要求。

2. 强化协同发展，提升全国科技整体综合实力

加快落实区域发展战略，充分发挥各省区域优势，全力挖掘和释放地区增长潜力，不断加快产业转型升级，多途径扩大投资和消费，发挥东部地区科技力量雄厚的优势，帮助带动中西部地区加快科技进步，促进区域协调发展。依托互联网产业和软件产业的发展基础，加快物联网建设。以计算机和互联网技术为基础，逐步开展影响力强大的发展平台建设工作。在信息技术和产业发展方面，加强区域互动、碰撞与合作，进一步提升自主创新示范区的创新地位。

3. 增强区域联动，做好高质量发展系统谋划

推进区域市场体系互动发展战略，发挥制造业发展优势，建立统一的市场竞争规则，消除资金、高新技术人才、技术、资产重组、产品流动等跨区域壁垒，引导创新要素聚集流动，构建跨区域创新网络，最终实现从行政区经济到城市群经济的转变。立足区域产业协同创新体系建设和错位发展布局，积极推进地区产业转移，丰富产业对接方式，建立合作促进机制和合作平台，有序推进跨区域产业转移。构建一体化创新风险分担机制，建立健全规范的利益共享机制，积极推

进跨区域产业园区建设，探索推广股份合作模式、援建模式、托管模式，产业招商模式和“远程生产、统一经营模式”。

10.3.3 完善评价机制，提高科技资源市场配置绩效

1. 提高科技资源市场配置绩效

打造完善的创新评价制度机制。通过有效分类评估操作，在评价指标体系内，将相关因素对社会经济发展所产生的影响效果整体表现出来，这也为后续财政科技经费分配比例制定提供了有效参考依据。对国家科技奖励政策进行调整，保持良好结构优化状态，改善整体发展质量，同时将对人的激励作用完整体现出来。充分发挥科协独立第三方在科技评价中的作用，推动建立健全科技评价体系。对现有的高校、科研院所的职称评价体系进行改良，将科技成果转移转化绩效作为职称评定的重要依据之一。

2. 改进人才评价考核机制

推动人才市场的健康发展，保证人才市场的稳定运行，政府充分发挥宏观调控作用，该部分因素将有助于人才资源分配朝着市场化方向发展。优化传统的高层次人才评价机制，引进先进的晋升、淘汰机制，充分调动人才活力，提高高技能人才的劳动积极性和工作热情。完善第三方专业机构及企业等市场主体机构实施的人才评估方案，同时保证人才评估体系的建设。对参与基础研究工作的相关人员，逐步将其考核重点调整至中长期目标范围内，这将有利于维持资金支持机制的稳定，提供更加客观、更具有说服力的人才市场评价。

3. 下放高校和科研院所科技成果的管理、使用和处置权

无论是高等院校还是科学研究机构，均应当积极参与到科研成果转化活动中，但自主转化一般不需要在财政及主管单位处进行备案，应当在具体贯彻《中华人民共和国促进科技成果转化法》相关规定的同时，使科研成果转化、管理、收益等流程变得不再复杂，最大程度保障科研工作人员的经济利益，如在科研成果转化中引入股权奖励办法、免除个人所得税征收。综合考虑定价方式、定价过程等因素，制定合理的科技成果转化定价方案，确保收入分配有倾向，即给予科研人员特殊照顾，这样科研人员的工作态度也会得到有效激励。持续进行高校科技成果转让活动，在满足科技成果转化发展要求的基础上，避免激励政策作用发挥受到严重阻碍，同时真正做到“名利双收”。充分利用互联网技术，实现众创空间开展跨区域合作、交流、共享，推动众创空间逐步凸显专业性、国际性特征。

努力建设国际创客中心，每年 6 月设立为国际创客月，吸引全球创客。打造合理的青年创新转移计划方案，通过不同方式，为实现预期目标打下坚实基础。

4. 提高创新科技资源配置

持续开展管理创新工作，同时避免科技资源机制创新受到极大不良影响。针对科技资源管理问题实施相应的协调办法，提高创新科技资源的配置能力，加强科技规划、资金投入等重要事项的综合平衡和战略谈判，通过联席会议等形式立项。建立第三方科技资源绩效评估体系，丰富绩效评估类型，推动评估工作分类别、分时期进行，保证绩效评估的科学性和独立性。建立科技资源配置的公共机制，使科技资源配置过程变得透明化，收集各方意见，确保资源配置工作的可持续开展。建立健全科技资源分配效果的管理体系，为管理决策目标制定提供有效参考条件。制定相应的科技资源配置激励机制，推动科技资源达到“合理配置，开放共享”的程度，最终实现科技资源效益最大化。

10.3.4　完善金融体系，优化多层次资金市场结构

1. 优化多层次资金市场结构

参照实际发展状态，在社会科技投入领域内，全面展现“杠杆”及“放大效应”作用，并利用财政补贴等方式，积极开展研发工作，最终目的是确保社会资源分配需求得到相应满足。此外，企业作为投资主体，需要利用多元化方式，合理化解金融风险，同时利用金融技术，弥补管理体系的不足之处。在确保全国科研创新基础投入的基础上，建立地方投资联动机制，实现科技、金融的良性循环。支持银行、保险等金融机构与创新型企业开展合作，并将关注重点集中在技术创新项目领域内，同时为中小企业提供信用服务，包括不断完善信用担保机制、集中精力发展创业投资基金及创业投资公司，同时也为创业投资企业发展创造良好的环境条件，在充分发挥引导作用的基础上，帮助中小企业及高新技术企业快速开展有效投资活动。

2. 强化科技经费的监管

以科学发展特征为核心，参照科技工作要求，对科技经费管理模式进行有效调整。保证科研经费披露的公开性，并按照国家预算管理的规定，透明、公正地管理国家科技计划，提高财政资金使用规范性，避免其安全方面存在严重问题。同时参照实际状态，确保打造的监督及评估机制满足健全化发展要求。设计完善的政府性项目监督管理机制，包括加快培育中介组织，通过建立第三方监督体系

来保证监管的有效性。对工程招标体系进行优化调整，通过采取有效措施，使政府资金分配能够满足公平性及高效性发展要求。

3. 提高资源整合层次

充分发挥高校和科研院所的创新源泉作用，围绕高校和科研院所开展创新研究活动，坚持以需求为导向，立足国际技术发展潮流，继续推进前瞻性、系统性、应用性基础研究开发。打造产学研协同创新网络机制。组织实施高校协同创新计划，确保创新资源有效整合，优化重点实验室布局，建设一批国际化、高水平的原创创新基地。有效实施科学行动方案，不断对新模式进行深入探究，这样才能为创新基地建设做好充分准备。开展协同经济共同体建设活动，鼓励更多地实施网络对接工作计划。鼓励通过民办办公室帮扶、公司联合经营、会员制、产业技术联盟等方式，建立一批新型产业技术研发机构，加快重大基础研究成果产业化。

10.3.5　打造创新生态，创优科技资源市场配置环境

1. 优化市场配置能力

加快政府职能和服务模式转变，让政府主要承担起创新服务的职责，保证企业的创新活动不受政府的行政干预，让政府机构成为“市场的服务者”，为所有参与者提供服务，而不是成为“市场的管制者”，约束参与者开展创新活动。推动政府及公共机构数据面向社会进行公开发布，这样有助于一站式开放服务需求得到相应满足。同时，打造科学的决策、评估及执行体系，确保各个主体能够相互影响、相互监督。完善科技项目管理平台，探索建立第三方组织管理科技计划及项目资助制度，依靠完善的管理体系，重视科技计划项目信息公开及信用管理工作。

2. 构建知识产权保护运用高地

提高知识产权培育计划的价值水平，最终目的是确保其所形成的知识产权不仅应用价值很高，而且市场也有较强的稳定性。采取有效措施，实现专利数量及专利质量“双提升”。此外，针对核心领域，打造高价值专利，这样形成的品牌不仅知名度较高，而且市场影响力相对较大。对企业职务发明奖励及报酬机制进行优化调整，确保其能够对研发工作人员的工作热情进行有效调动。加大知识产权保护力度，并从法律角度入手，积极开展信用调查工作。建立健全多元化的知识产权纠纷问题解决途径，尤其要设计境外知识产权服务网络，充分发挥保护机制的积极效用。深入推进知识产权保护示范区建设，制定配套的知识产权保障政策，优化公共服务体系。

3. 改善市场创新环境

营造积极的市场氛围，鼓励企业开展创新活动，充分发挥市场对创新资源要素配置、科技成果转化定价、科研方向的引导作用，改善科技成果交易管理制度。对国际发展进行准确全面研究，在条件允许的情况下，鼓励政府制定自主创新采购制度，并强化企业创新的主导地位，建立覆盖创业、成长、发展不同阶段的支撑体系，培育和形成带有强大市场竞争力的企业集群，最终实现企业的培养目标。加强以高新技术企业为核心的创新型企业集群。在全面体现创新源泉作用的条件下，避免创新协同体系效用发挥受到影响，持续加强创新人才和创新企业的培育力度。培育有实力的创新型龙头企业，从现有的创新型企业中筛选出实力雄厚的企业，发挥其“领头羊”作用，支持开展核心技术研究工作，提高行业核心竞争力。遵循市场规律和创新规律，充分依托产学研合作机制，推动创新要素集聚，提高创新载体质量，促进创新可持续发展。

4. 坚持市场主导和政府引导协调统筹

市场应当在资源配置阶段发挥关键作用，尤其在供需系统存在矛盾的情况下，必须采用市场机制对资源配置进行有效调整，进而脱离不匹配和要素配置扭曲，推动商品和要素的“无障碍”流动，保证市场的高效运作，建设现代化市场体系，优化市场价格，提高创新资源配置效率。在推进供给侧结构性改革的过程中，也要避免依靠行政手段，正确处理政府与市场关系，简化具体发展流程，在充分放权的基础上，支持政府发挥自身作用。此种状态下，社会创造力及市场发展活力也会得到全面调动。

10.3.6　健全服务体系，激发科技资源市场配置活力

1. 建立健全科技创业投资机制

正确认识到科技型中小企业在整个技术创新过程中的重要地位和作用，为科技型中小企业提供融资优惠等服务，建立覆盖科技型中小企业成长全过程的资金供应链。对于尚处于“萌芽”阶段的科技企业，要在资金方面给予一定的奖励和补贴，引导社会资金设立天使投资基金等措施，让投资机制在股权投资阶段充分发挥自身作用。支持银行开展金融产品创新活动，利用资本市场多层次创新等方式，使风险投资规模得到相应扩大，同时开展有序的金融支持创新工作。如果科技型企业目前正处于成长阶段，可利用风险补偿方式，在财政资金体系内发挥风险补偿作用。相反，对于进入成熟发展阶段的科技企业，可鼓励其通过多层次资本市场进行融资。

2. 强化科技金融紧密结合机制

大力发展金融科技在保险业务、信贷业务中的应用。允许并鼓励科技创新企业开展债券发行活动，满足资金筹集需求。此外，鼓励银行为中小科技创新企业发行债券提供担保或贴息支持。设立国家级非营利信用担保基金，通过融资性担保与现有政府性融资担保机构、商业性担保公司开展合作，通过担保和股权投资为科技型中小企业提供信用增级服务。加大战略性新兴产业的金融支持力度，助力产业链全方位升级，加快形成以创新为主导、技术密集型、高价值的经济结构。引进全球知名度较高的风险投资管理团队，希望能够在最短的时间内打造一批综合能力较强的风险投资机构。通过加大与银行的合作力度，加强对政策性贷款的支持，以达到延伸科技金融服务链的目的。

3. 完善经济技术开发区和高新技术产业园区建设

一是在具有资源优势、市场需求和集聚效应的地方，经过充分论证和一定的审批流程，完成产业集聚园区建设任务，并引入更多类型企业，保持支持国内外资金和项目入驻，科技人才参与园区建设，实现互利共赢。二是落实国家自主创新扶持政策，如充分利用并善用高新技术企业认定、研发费用税前扣除、技术转让不需要缴纳税费等。此外，对资本利用及股权转让等制度的试点范围进行有效调整，并适时将试点扩大到符合条件的高新技术园区。

4. 健全创新创业服务体系

打造完善的创新创业服务系统，使其能为产业发展提供重要保障，如政策咨询服务、创业导师服务、技术转移服务、检验检测服务、知识产权服务、科技金融服务等。推动科技服务机构成立科技研发服务联盟，为科技型企业的创新需求提供高效的服务。建立创新创业服务中心，为企业创新活动的顺利进行提供各项支持。集聚多方力量，建立创新创业服务网络，推动创业成功者和初创者的经验交流，实现创新资源的高效流动。有序地对市场准入条件进行控制，同时充分发挥市场机制的效用，激励更多社会资本参与其中，包括组织建设合伙制及有限合伙制技术服务公司等。给予技术服务企业相应的财税优惠，提高服务企业的积极性，特别是对高新技术服务企业所得税予以减免。

5. 利用好科技服务中介机构的支撑作用

鼓励科技服务中介机构继续扮演好“黏合剂”角色，为技术创新提供支撑保障，促进技术创新和产业发展。加大多样性投资基金建设力度，将天使资金、风险投资资金等引入科技型企业内，避免其增值服务需求无法得到相应满足。建立融资风险应对机制，及时开展融资风险识别、融资风险评估和融资风险治理，同时鼓励银行加大专业科技金融机构建设力度，包括设立专业银行分支机构、技术融资担保公司、科技小额贷款公司，拓宽资本市场融资渠道，积极推动优质技术服务企业上市和在产权交易市场上市。

10.3.7　重视协同创新，拓展科技资源整合共享合作层次

1. 加强创新资源统筹能力

设立创新资源统筹管理部门，通过合理决策制定，为实现体制改革发展目标创造良好基础条件。应采取自上而下的改革，建立科技创新资源统筹管理的大数据监管平台和决策机构。各部门必须保持工作格局完全一致，这样才能够从宏观发展方面入手，为提高科技水平打下坚实基础，提高中观层面科技资源配置主体地位。为有效解决科技资源配置分散、重复、效率低下的问题，必须优先处理科技资源分配问题，减少具体化、直接化的项目管理，真正提高科研院所、高校、企业的中层管理水平。科技资源分配，组织始终发挥主导作用。采取有效措施，确保中层管理单位长期保持较高参与热情，提升中层管理单位的执行力，充分发挥中层管理单位在科技资源分配中的重要作用。

2. 完善产业技术研发网络

做到创新型重点企业和创新型中小微企业“两手抓”，从而使龙头企业达到“顶天立地”，中小微企业达到“乘风破浪”的发展新格局。发挥龙头企业的带头作用，逐步推动各类创新企业融入全球技术创新网络。实施创新型龙头企业培育计划和科技型企业培育“千万”工程，打造一批世界知名的创新型龙头企业。深入打造不同计划方案，短期内培养多个中小企业创业基地，发展一批“专业化、精细化、特色化”的新技术“小巨人”企业及以高新技术企业为核心的企业集聚地。充分强调创新商业模式的重要性，推进跨行业融合创新，实施互联网企业创新培育和规模发展规划，支持互联网领军企业和骨干企业做大做强。将研发及技术辐射力作为企业转型规划制定的重要参考依据，将不同力量全面整合在一起，成立多个重点的国家级研究工作室以及实验室，不断提升我国整体技术创新水平。

参考文献

艾岚，阎秀萍. 2014. 基于 SCP 范式的中国传媒产业组织分析[J]. 河北经贸大学学报，35（5）：111-117.

白惠仁. 2015. 创新应驱动何种发展？[J]. 科学学研究，33（9）：1281-1288，1440.

白晶. 2010. 全球化背景下政府中介配合的城市科技创新模式探索——基于德国慕尼黑城市科技创新建设经验[J]. 城市观察，（5）：90-97

白俊红，王林东. 2016. 创新驱动对中国地区经济差距的影响：收敛还是发散？[J]. 经济科学，（2）：18-27.

白雪飞，杜娟. 2019. 自主创新与高质量发展的互动机理与实证研究[J]. 技术经济与管理研究，（9）：39-44.

鲍新中，王道平. 2013. 产学研合作创新成本分摊和收益分配的博弈分析[J]. 研究与发展管理，（5）：75-81.

蔡文娟，陈莉平. 2007. 社会资本视角下产学研协同创新网络的联接机制及效应[J]. 科技管理研究，27（1）：172-175.

曹聪，李宁，李侠，等. 2015. 中国科技体制改革新论[J]. 自然辩证法通讯，37（1）：12-23.

曹东，赵学涛，杨威杉. 2012. 中国绿色经济发展和机制政策创新研究[J]. 中国人口·资源与环境，（5）：48-54.

曹贤忠，曾刚. 2021. 基于长三角高质量一体化发展的创新飞地建设模式[J]. 科技与金融，（4）：36-41.

曹勇，苏凤娇. 2012. 高技术产业技术创新投入对创新绩效影响的实证研究——基于全产业及其下属五大行业面板数据的比较分析[J]. 科研管理，33（9）：22-31.

曹再兴，罗能生，黄艳艳. 2009. 我国区域创新同构的实证分析[J]. 科技进步与对策，（20）：32-38.

钞小静，薛志欣. 2018. 新时代中国经济高质量发展的理论逻辑与实践机制[J]. 西北大学学报（哲学会科学版），48（6）：12-22.

陈昌兵. 2018. 新时代我国经济高质量发展动力转换研究[J]. 上海经济研究，（5）：16-24，41.

陈佳. 2019. 金融支持经济高质量发展路径实证研究[J]. 江苏商论，（8）：130-133.

陈劲，阳银娟. 2012. 协同创新的理论基础与内涵[J]. 科学学研究，30（2）：161-164.

陈劲，阳银娟，刘畅. 2020. 融通创新的理论内涵与实践探索[J]. 创新科技，20（2）：1-9.

陈劲，阳镇. 2021. 融通创新视角下关键核心技术的突破：理论框架与实现路径[J]. 社会科学，（5）：58-69.

陈劲，朱子钦. 2020. “十四五”时期“卡脖子”技术的破解：识别框架、战略转向与突破路径[J]. 创新科技，(12)：5-15.
陈珂珂. 2012. 科技基础条件平台共享机制演化博弈分析[J]. 中国科技资源导刊，(2)：55-60.
陈鹏飞，朱玉洁，申丹娜. 2018. 关于科技创新驱动气象现代化发展的思考[J]. 科技与创新，(20)：48-51.
陈强，霍丹. 2013. 德国创新驱动发展的路径及特征分析[J]. 德国研究，28(4)：86-100，127-128.
陈强，余伟. 2013. 英国创新驱动发展的路径与特征分析[J]. 中国科技论坛，(12)：7.
陈庆. 2018. 转型期政府与市场的制度博弈——一个委托代理模型的中国案例分析[J]. 南方经济，(9)：20-22.
陈喜强，邓丽. 2019. 政府主导区域一体化战略带动了经济高质量发展吗？——基于产业结构优化视角的考察[J]. 江西财经大学学报，(1)：43-54.
陈永伟. 2018. 用区块链破解开放式创新中的知识产权难题[J]. 知识产权，(3)：72-79.
陈昀，贺远琼，周振红. 2013. 研究型大学主导的区域创新生态系统构建研究[J]. 科技进步与对策，(14)：46-49.
陈再齐，李震，杨志云. 2019. 国际视角下经济高质量发展的实现路径及制度选择[J]. 学术研究，(2)：79-86.
陈志宗. 2016. 基于超效率背景依赖 DEA 的区域创新系统评价[J]. 科研管理，(S1)：362-370.
程虹，李丹丹. 2014. 一个关于宏观经济增长质量的一般理论——基于微观产品质量的解释[J]. 武汉大学学报（哲学社会科学版），67（3）：79-86.
程俊杰. 2019. 高质量发展背景下破解“创新困境”的双重机制[J]. 现代经济探讨，(3)：5-10.
池仁勇. 2007. 区域中小企业创新网络的结点联结及其效率评价研究[J]. 管理世界，(1)：105-112.
池仁勇，汤临佳. 2011. 企业集群的进化规则与适应度模拟[J]. 研究与发展管理，(3)：33-40.
池仁勇，张宓之. 2013. 集聚模式、变迁诱因与行业成长性—基于浙江制造业的实证分析[J]. 经济理论与经济管理，(12)：56-67.
代瑞红，田敏. 2009. 跨国研发对中关村区域创新系统的影响分析[J]. 河北大学学报（哲学社会科学版），(6)：102-105.
邓宏图，康伟. 2006. “地方政府、制度、技术外溢与企业集群的默示性知识”[J]. 管理世界，(2)：63-70.
邓剑雄. 2011. 论区域创新活力与区域创新系统优化[J]. 社会科学家，(4)：67-88.
丁涛，顾金亮. 2018. 科技创新驱动江苏地区经济高质量发展的路径研究[J]. 南通大学学报（社会科学版），34（4）：41-46.
丁异. 2010. 科技资源共享之政府职责研究[J]. 才智，(9)：202.
董明涛，孙研，王斌. 2014. 科技资源及其分类体系研究[J]. 合作经济与科技，(19)：28-30.
董志强，魏下海，汤灿晴. 2012. 制度软环境与经济发展——基于 30 个大城市营商环境的经验研究[J]. 管理世界，(4)：9-20.
窦超，李晓轩，代涛. 2019. DARPA 治理有效性研究[J]. 科学学研究. 37（8）：1435-1441.
杜宝贵. 2012. 论转型时期我国“科技创新举国体制”重构中的几个重要关系[J]. 科技进步与对策，(9)：1-4.

杜兰英，陈鑫. 2012. 政产学研用协同创新机理与模式研究——以中小企业为例[J]. 科技进步与对策，29（22）：103-107.

段琪，麦晴峰，汪波. 2015. 基于扎根理论的高校科技创业生态系统研究[J]. 科学学与科学技术管理，36（11）：159-168.

樊纲. 1996. 渐进改革的政治经济学分析[M]. 上海：上海远东出版社.

范斯义，刘伟. 2021. 科技创新促进城乡融合高质量发展作用机理及实践路径[J]. 科技管理研究，41（13）：40-47.

范云芳. 2019. 要素集聚、国际分工与中国的比较优势研究[D]. 西北大学博士学位论文.

方爱平，李虹. 2013. 基于 DEA 模型的西部区域科技投入产出效率分析——以西部大开发 12 个省、市、自治区为例[J]. 科技进步与对策，30（15）：52-56.

方军雄. 2006. 市场化进程与资本配置效率的改善[J]. 经济研究，（5）：55-61.

方莹莹，刘戒骄. 2020. 开放式创新与产业生态系统的构建——基于多数据库的 Cite Space 文献计量分析[J]. 经济学家，（9）：53-63.

方永恒，梁倩. 2011. 基于产业集群的区域创新系统研究[J]. 科技进步与对策，（15）：33-45.

方远平，谢蔓. 2012. 创新要素的空间分布及其对区域创新产出的影响[J]. 经济地理，（9）：8-14.

封铁英. 2007. 科技人才评价现状与评价方法的选择和创新[J]. 科研管理，（S1）：30-34.

符正平. 2002. 论企业集群的产生条件与形成机制[J]. 中国工业经济，（10）：20-26.

符正平，曾素英. 2008. 集群产业转移中的转移模式与行动特征——基于企业社会网络视角的分析[J]. 管理世界，（12）：83-92.

付晨玉，杨艳琳. 2020. 中国工业化进程中的产业发展质量测度与评价[J]. 数量经济技术经济研究，37（3）：3-25.

付小勇，朱庆华. 2012. 政府管制下处理商选择拆解方式的演化博弈研究[J]. 中国人口资源与环境，（1）：70-76.

高宏伟. 2011. 产学研合作利益分配的博弈分析——基于创新过程的视角[J]. 技术经济管理，（3）：30-34.

高华. 2011. 基于复杂性理论的软件产业集群形成与演化研究[J]. 中国软科学，（1）：193-200.

高丽娜，蒋伏心. 2011 创新要素集聚与扩散的经济增长效应分析——以江苏宁镇扬地区为例[J]. 南京社会科学，（10）：3036.

高伟，高建，李纪珍. 2018. 创业政策对城市创业的影响路径——基于模糊集定性比较分析[J]. 技术经济，（4）：71-78.

高远东，花拥军. 2018 . 人力资本空间效应与区域经济增长[J]. 地理研究，（4）：711-719.

高月姣. 2020. 创新主体及其交互作用产出效应研究——基于市场化程度的变系数分析[J]. 南京邮电大学学报（社会科学版），22（3）：44-55.

葛新权，王国成. 2008. 博弈实验进展[M]. 北京：社会科学文献出版社.

龚六堂，谢丹阳. 2004. 我国省份之间的要素流动和边际生产率的差异分析[J]. 经济研究，（1）：53.

谷建全，彭俊杰. 2020. 高质量发展背景下国家自主创新示范区体制机制创新问题研究[J]. 中州学刊，（10）：26-31.

顾佰和，石彪，孔令斯. 2021. 基于 DIIS 理论方法的我国经济高质量内循环发展建议[J]. 科技促进发展，(17)：1052-1059.
顾新. 2002. 区域创新系统论[D]. 四川大学博士学位论文.
管燕，吴和成，黄舜. 2011. 基于改进 DEA 的江苏省科技资源配置效率研究[J]. 科研管理，(2)：45-150.
贯君，苏蕾. 2021. 双重环境规制下政府经济竞争对绿色高质量发展的影响[J]. 中国环境科学，41：5416-5426.
郭楚月，曾福生. 2021. 农村基础设施影响农业高质量发展的机理与效应分析[J]. 农业现代化研究，42：1017-1025.
郭春丽，王蕴. 2018. 正确认识和有效推动高质量发展[J]. 宏观经济管理，(4)：18-25.
郭晗，任保平，廉玉妍. 2019. 高质量发展背景下我国财富指数的测度与分析[J]. 经济纵横，(2)：56-67.
郭洪. 2013. 基于空间效应视角的中国区域创新收敛性分析[J]. 管理工程学报，(1)：67-78.
郭丽娟，刘佳. 2020. 美国产业集群创新生态系统运行机制及其启示——以硅谷为例[J]. 科技管理研究，40(19)：36-41.
郭仁康. 2014. 基于 DEA 的科技成果转化效率评价研究[J]. 新经济，(2)：34-35.
国家科学技术委员会. 国家科委关于科学技术研究成果的管理办法[EB/OL]. http://www.110.com/fagui/law_178586.html[2022-06-30].
哈肯，郭治安. 1990. 协同学的基本思想[J]. 科学，(1)：3-5，79.
韩晶. 2010. 中国高技术产业创新效率研究——基于 SFA 方法的实证分析[J]. 科学学研究，28(3)：467-472.
韩依洲. 2015. 产学研协同创新的组织模式和动力机制研究[D]. 合肥工业大学硕士学位论文.
韩元建，陈强. 2015. 美国政府支持共性技术研发的政策演进及启示——理论、制度和实践的不同视角[J]. 中国软科学，(5)：160-172.
何彬，范硕. 2013. 中国大学科技成果转化效率演变与影响因素——基于 Bootstrap-DEA 方法和面板 Tobit 模型的分析[J]. 科学学与科学技术管理，(10)：93-94.
何枫. 2004. 经济开放度对我国技术效率影响的实证分析[J]. 中国软科学，(1)：48-52.
何立峰. 2018. 深入贯彻新发展理念推动中国经济迈向高质量发展[J]. 宏观经济管理，(4)：4-5，14.
何新. 1995. 何新政治经济论集[M]. 哈尔滨：黑龙江教育出版社.
侯建，陈恒. 2017. 外部知识源化、非研发创新与专利产出——以高技术产业为例[J]. 科学学研究，35(3)：447-458.
侯军岐，侯丽媛. 2016. 地方高校科技成果评价因素及排序[J]. 科研管理，(4)：476-481.
胡爱平，张春艳，周莎. 2021. 财务共享对企业财务绩效的影响研究——以华为公司为例[J]. 会计之友，(19)：14-19.
胡恩华. 2015. 社会转型背景下的中国非国有企业与工会关系的研究[M]. 北京：经济科学出版社.
胡明晖，楚明超，康艳，等. 2019. 科技创新推动河南经济高质量发展研究[J]. 河南科学，37(3)：470-476.
胡求光，李洪英. 2011. R&D 对技术效率的影响机制及其区域差异研究——基于长三角、珠三角和环渤海三大经济区的 SFA 经验分析[J]. 经济地理，31（1）：26-31.
胡瑞卿. 2006. 科技人才合理流动综合指数评价法及其指标权数的确定[J]. 中国软科学，（7）：151-158.
胡小君，陈劲. 2014. 基于专利结构化数据的专利价值评估指标研究[J]. 科学学研究，（3）：343-351.
胡志坚，苏楠，陈志，等. 2018. 数字驱动下制造业价值链三大变革与我国应对策略[J]. 科技中国，（7）：1-2.
华坚，胡金昕. 2019. 中国区域科技创新与经济高质量发展耦合关系评价[J]. 科技进步与对策，36（8）：19-27.
黄萃，苏竣，施丽萍，等. 2011. 政策工具视角的中国风能政策文本量化研究[J]. 科学学研究，29（6）：876-882.
黄德春，陈文婷，符磊. 2019. 金融资本深化对区域经济高质量发展的影响[J]. 水利经济，37（3）：1-7，85.
黄科星，莎薇，罗军，等. 2021. 企业自主创新与转型升级——基于多案例的对比分析[J]. 科技管理研究，41（16）：145-151.
黄鲁成，张家欣，苗红. 2020. 区域创新质量：概念维度与实证研究[J]. 创新科技，20（5）：7-20.
黄涛，张瑞. 2012. 论科技管理体制改革的理论基础[J]. 科技管理研究，（23）：21-25.
惠青，邹艳. 2010. 产学研合作创新网络，知识整合和技术创新的关系研究[J]. 软科学，24（3）：6.
贾生华，郑海东. 2007. 企业社会责任：从单一视角到协同视角[J]. 浙江大学学报（人文社会科学版），（2）：79-87.
蒋键. 2015. 我国产业共性技术研发与产业化的政府资助模式与管理研究[J]. 科技管理研究，35（17）：19-24.
蒋天颖，刘程军. 2015. 长江三角洲区域创新与经济增长的耦合协调研究[J]. 地域研究与开发，（6）：67-87.
金水英，周晓琳，田泽. 2019. 中国高铁“走出去”可持续发展研究[J]. 西亚非洲，（4）：123-142.
康健，胡祖光. 2014. 基于区域产业互动的三螺旋协同创新能力评价研究[J]. 科研管理，35（5）：19-26.
康凯，张鲁，蒋石梅. 2015. 加拿大工程技术人才培养的质量规制分析[J]. 高等工程教育研究，（6）：83-89.
康兴涛，李扬. 2020. 跨区域多层次合作的政府治理模式创新研究——基于政府、企业和社会关系视角[J]. 商业经济研究，（9）：189-192.
康志勇. 2013. 技术选择、投入强度与企业创新绩效研究[J]. 科研管理，（6）：42-49.
柯亨 M. 2013. 亚当·斯密与国富论[M]. 王华丹，徐敏译. 大连：大连理工大学出版社.
蓝乐琴，黄让. 2019. 创新驱动经济高质量发展的机理与实现路径[J]. 科学管理研究，37（6）：10-17.
黎常. 2014. 社会文化特征对区域创业活动影响差异研究[J]. 科学学研究，32（12）：1888-1896.
黎文靖，郑曼妮. 2016. 实质性创新还是策略性创新？——宏观产业政策对微观企业创新的影响[J]. 经济研究，51（4）：60-73.
李炳炎. 1990. 中国经济大辞典[M]. 海口：南方出版社.

李昌峰，刘筱天. 2018. 基于产业协同演进的高新技术产业和科技服务业发展研究——以江苏省为例[J]. 江苏科技信息，035（25）：1-5，10.

李春华，朱亚洲. 2017. 论中国特色社会主义举国体制的优势[J]. 沈阳师范大学学报（社会科学版），41（3）：74-78.

李大庆，李庆满，单丽娟. 2013. 产业集群中科技型小微企业协同创新模式选择研究[J]. 科技进步与对策，30（24）：117-122.

李华军. 2020a. 区域创新驱动与经济高质量发展的关系及协同效应——以广东省为例[J]. 科技管理研究，40（15）：104-111.

李华军. 2020b. 经济增长、双轮驱动与创新型国家建设：理论演进与中国实践[J]. 科学学与科学技术管理，41（6）：70-90.

李惠娟，赵静敏，马元三. 2010. 基于省际面板数据模型的地方财政科技投入与经济增长的关系研究[J]. 科技进步与对策，27（13）：44-48.

李健，高杨，李祥飞. 2013. 政策工具视域下中国低碳政策分析框架研究[J]. 科技进步与对策，30（1）：112-117.

李金根. 2010. 安徽省科技基础条件资源现状及共享利用的思考[J]. 安徽科技，（2）：42-44.

李廉水，1997. 我国产学研合作创新的途径[J]. 科学学研究，（3）：41-44.

李林，傅庆. 2014. 产学研主体创新效率对区域创新的影响研究[J]. 科技进步与对策，（5）：23-34.

李林红，王娟，徐彦峰. 2019. 低碳试点城市政策对企业技术创新的影响——基于 DID 双重差分模型的实证研究[J]. 生态经济，35（11）：48-54.

李梦欣，任保平. 2019. 新时代中国高质量发展的综合评价及其路径选择[J]. 财经科学，（5）：26-40.

李培楠，赵兰香，万劲波. 2014. 创新要素对产业创新绩效的影响——基于中国制造业和高技术产业数据的实证分析[J]. 科学学研究，（4）：604-612.

李培园，成长春，严翔. 2019. 科技人才流动与经济高质量发展互动关系研究——以长江经济带为例[J]. 科技进步与对策，36（19）：131-136.

李清海，刘洋，吴泗宗. 2007. 专利价值评价指标概述及层次分析[J]. 科学学研究，（2）：281-286.

李士梅，高维龙. 2019. 要素集聚下我国粮食生产经营制约因素分析[J]. 农业技术经济，（6）：38-45.

李晓钟，王莹. 2015. 我国物联网产业协同发展机制及系统协同度评价研究[J]. 软科学，29（1）：6.

李雪松，齐洪华. 2015. 产业共性技术研发模式的比较研究[J]. 沈阳干部学刊，17（3）：30-32.

李宇. 2013. 嵌入大学科技园的紧密型产学研结合机制及区域创新驱动模式研究 [J]. 科技进步与对策，（1）：23-45.

李韵，贾亚杰. 2020. 华为员工持股制度的中国特色及其对企业创新的作用机理[J]. 教学与研究，（4）：25-38.

李桢. 2021. 高技术产业创新链生态建构及运行机制研究[D]. 武汉科技大学硕士学位论文.

李正风. 2000. 关于深化我国科技体制改革的若干思考[J]. 清华大学学报（哲学社会科学版），（6）：39-44.

李政，任妍. 2015. 中国高铁产业赶超型自主创新模式与成功因素[J]. 社会科学辑刊，（2）：85-91.

李子彪. 2016. 区域创新极识别方法与实证研究[J]. 技术经济与管理研究，（4）：53-66.

廖林，刘朝明，李亮，等. 2007. 区域金融生态环境测量指标体系研究[J]. 投资研究，(8)：19-22.
列宁. 1958. 列宁全集：第十卷[M]. 中共中央马克思恩格斯列宁斯大林著作编译局译. 北京：人民出版社.
林青宁，孙立新，毛世平. 2018. 协同创新对中国农业科研院所创新产出影响研究——基于研发禀赋结构的双门槛效应[J]. 农业技术经济，(7)：71-79.
林善泉，刘嘉丽，刘沛. 2019. 区域创新能力与潜力评价——以珠三角国家自主创新示范区为例[J]. 现代城市研究，(4)：60-68.
林亚萍. 2015. 浅谈我国科技管理体制改革[J]. 科技视界，(11)：288.
林致远，黄安杰. 2020. 如何实现创新驱动的经济高质量发展[J]. 国家治理，(43)：11-15.
刘朝明，廖林，涂瑞. 2008. 区域金融生态系统基本性状模型研究[J]. 金融研究，(5)：194-202.
刘凤朝，姜滨滨，马艳艳，等. 2012. 区域研发合作开放模式及其创新产出效应——以北京、上海、广东为例[J]. 科学学研究，30(11)：1741-1748，1760.
刘凤朝，刘靓，马荣康. 2015. 区域间技术交易网络、吸收能力与区域创新产出——基于电子信息和生物医学领域的实证分析[J]. 科学学研究，(5)：78-99.
刘宏，乔晓. 2019. 创新模式“换角”驱动高质量经济发展[J]. 经济问题探索，(6)：32-41.
刘洪民. 2013. 产业技术创新战略联盟：新时期我国产业共性技术研发的组织模式创新[J]. 科技与管理，15(6)：43-46.
刘建华，王姝琪，姜照华. 2016. 区域创新体系模拟与预测：多主体 DSGE 建模分析[J]. 科技进步与对策，(33) 14：33-40.
刘金全，张龙. 2019. 基于总量调控和结构优化视角的我国经济高质量发展财政政策[J]. 软科学，33(2)：1-5.
刘金涛. 2019. 创新网络结构特征对创新产出的典型相关分析[J]. 统计与决策，35(2)：118-120.
刘玲利. 2008. 关于科技资源配置的国外研究综述[J]. 生产力研究，(6)：147-150.
刘玲利. 2009. 科技资源配置机制研究——基于微观行为主体视角[J]. 科技进步与对策，26(15)：1-3.
刘润达. 2014. 科技资源共享及其关键问题分析——基于利益驱动的视角[J]. 情报杂志，33(1)：173-177.
刘新艳，陈圻，张新婷. 2011. 创新要素对新兴产业的牵引分析[J]. 科技进步与对策，(24)：50-54.
刘晔，徐楦钫，马海涛. 2021. 中国城市人力资本水平与人口集聚对创新产出的影响[J]. 地理科学，41(6)：923-932.
刘晔，曾经元，王若宇，等. 2019. 科研人才集聚对中国区域创新产出的影响[J]. 经济地理，39(7)：139-147.
刘迎秋. 2018-05-30. 由高速到高质发展的挑战与对策[N]. 经济参考报，(005).
刘媛媛. 孙慧. 2014. 新疆科技投入对区域经济增长的贡献度分析——基于扩展 C-D 生产函数和 DEA 分析法[J]. 科研管理，35(10)：26-32.
龙小宁，万威. 2017. 环境规制、企业利润率与合规成本规模异质性[J]. 中国工业经济，(6)：155-174.
卢涛，周寄中. 2011. 我国物联网产业的创新系统多要素联动研究[J]. 中国软科学，(3)：33-45.
陆国庆，王舟，张春宇. 2014. 中国战略性新兴产业政府创新补贴的绩效研究[J]. 经济研究，

49（7）：44-55.

逯东，朱丽. 2018. 市场化程度、战略性新兴产业政策与企业创新[J]. 产业经济研究，（2）：65-77.

罗利，鲁若愚. 2000. 产学研合作对策模型研究[J]. 管理工程学报，（2）：1-5.

罗晓辉，胡珑瑛，万丛颖. 2018. 企业研发决策与政府补贴模式——“承诺与背叛”情景下的演化博弈分析[J]. 产业组织评论，12（3）：20-35.

罗璇. 2009. 对中国产业集聚发展模式的探讨[J]. 国际经济合作，（5）：18-22.

吕静，卜庆军，汪少华. 2011. 中小企业协同创新及模型分析[J]. 科技进步与对策，（3）：81-85.

吕薇. 2018. 探索体现高质量发展的评价指标体系[J]. 中国人大，（11）：23-24.

吕先志，王瑞丹. 2013. 科技基础条件资源丰度指数研究[J]. 中国科技论坛，（8）：15-19.

马鹤丹，邬娟. 2012. 区域创新集聚下的企业知识创新系统研究[J]. 科技进步与对策，（24）：162-164.

马克思. 2004. 资本论：第一卷 [M]. 中共中央马克思恩格斯列宁斯大林著作编译局译. 北京：人民出版社.

马克思，恩格斯. 1995. 马克思恩格斯选集（第一卷）[M]. 中共中央马克思恩格斯列宁斯大林著作编译局译. 北京：人民出版社.

马丽，李林，黄冕. 2014. 发达国家产业协同创新对中部区域产业创新的启示[J]. 科技进步与对策，31（23）：5.

马宁. 2006. 企业主导型产学研合作中科技资源配置模式研究[J]. 研究与发展管理，18（5）：89-93.

马艳艳，卢朝阳. 2020. 产学研合作创新网络的创新产出效应研究——以东北三省为例[J]. 大连理工大学学报（社会科学版），41（2）：9-15.

马莹. 2017. 中国高铁技术创新中的合作与竞争——一个新制度主义视角[D]. 上海大学博士学位论文.

蒙永月. 2015. 广西协同创新模式研究[D]. 广西大学硕士学位论文.

孟庆松，韩文秀. 1998. 科技—经济系统协调模型研究[J]. 天津师范大学学报（自然版）（4）：8-12.

牛天勇，刘怡佳，谭检清. 2017. 建筑企业创新驱动发展的路径、障碍及风险分析[J]. 建筑经济，38（1）：5-7.

潘菁，张家榕. 2012. 跨国公司在华 R&D 投资对我国高技术产业创新能力影响的实证分析[J]. 中国科技论坛，（1）：30-36.

潘晓琳，田盈. 2009. 基于加权主成分分析的区域创新系统绩效评价模型研究[J]. 科技进步与对策，（23）：167-170.

潘雄锋，张维维. 2013. 基于空间效应视角的中国区域创新收敛性分析[J]. 管理工程学报，（1）：66-78.

彭华涛，马龙，吴莹. 2013. 推动协同创新应不断强化政府的主导作用[J]. 经济纵横，（8）：5.

彭纪生. 2000. 中国技术协同创新论[M]. 北京：中国经济出版社.

彭正霞，陆根书，康卉. 2012. 个体和社会环境因素对大学生创业意向的影响[J]. 高等工程教育研究.（4）：75-82.

皮天雷，刘垚森，吴鸿燕. 2018. 金融科技：内涵、逻辑与风险监管[J]. 财经科学，（9）：16-25.

钱国靖. 1997. 比较经济学[M]. 上海：复旦大学出版社.

青木昌彦，奥野正宽. 1999. 经济体制的比较制度分析[M]. 魏加宁，等译. 北京：中国发展出版社.
曲婉，冯海红. 2018. 创新创业政策对早期创业行为的作用机制研究[J]. 科研管理，39（10）：15-24.
任保平. 2018. 新时代中国经济从高速增长转向高质量发展：理论阐释与实践取向[J]. 学术月刊，50（3）：66-74，86.
任保平，刘鸣杰. 2018. 我国高质量发展中有效供给形成的战略选择与实现路径[J]. 学术界，（4）：52-65.
任俊宇. 2018. 创新城区的机制、模式与空间组织研究[D]. 清华大学博士学位论文.
芮雪琴，李亚男，牛冲槐. 2015. 科技人才聚集的区域演化对区域创新效率的影响[J]. 中国科技论坛，（12）：84-89.
单德朋，郑长德. 2018. 中国少数民族地区经济活动的空间集聚特征与影响因素[J]. 西南民族大学学报（人文社会科学版），39（6）：115-123.
尚勇敏. 2021. 科技创新与区域经济发展模式转型关系综述[J]. 国外社会科学前沿，（3）：91-99.
邵博. 2020. 基于互联网的制造业绿色创新系统开放式创新模式研究[D]. 哈尔滨理工大学硕士学位论文.
邵长斌. 2016. 知识与智力资源配置的市场化与规制研究[J]. 学术论坛，39（4）：51-55.
邵同尧，潘彦. 2011. 风险投资、研发投入与区域创新——基于商标的省级面板研究[J]. 科学学研究，（5）：33-54.
史琳琰，胡怀国. 2021. 高质量发展与居民共享发展成果研究[J]. 经济与管理，（5）：1-9.
舒辉. 2013. 基于标准形成机制的技术创新模式分析[J]. 当代财经，（9）：72-79.
宋河发，眭纪纲. 2012. NIS 框架下科技体制改革问题、思路与任务措施研究[J]. 科学学研究，（8）：1157-1164.
宋姝婷，吴绍棠. 2013. 日本官产学合作促进人才开发机制及启示[J]. 科技进步与对策，（9）：143-147.
宋映铉，李顺成. 2016. 区域创新力量对区域知识产出的影响[J]. 科技进步与对策，（11）：74-99.
苏敬勤，高昕. 2019. 情境视角下“中国式创新”的进路研究[J]. 管理学报，16（1）：9-16.
苏屹，李柏洲. 2010. 大型企业原始创新支持体系的系统动力学研究[J]. 科学学研究，28（1）：141-150.
孙虎山. 2014. 政产学研用合作模式的主体与主导[J]. 当代教育科学，（21）：30-32，42.
孙萍，张经纬. 2014. 市场导向的政产学研用协同创新模型及保障机制研究[J]. 科技进步与对策，31（16）：17-22.
孙祁祥，周新发. 2020. 科技创新与经济高质量发展[J]. 北京大学学报（哲学社会科学版），57（3）：140-149.
孙锐，王通讯，任文硕. 2018. 我国区域人才强国战略实施评价实证研究[J]. 科研管理，（4）：113-119.
孙玉坤. 2012. 中国经济发展转型与高层次应用型人才培养[J]. 高等工程教育研究，（2）：110-112，137.
孙玉伟. 2010. 基于委托代理理论的科技中介机构激励机制研究[J]. 情报探索，2：47-48.
孙忠娟，刘晨蕊，周江华，等. 2020. 科技资助影响企业创新的资源门槛[J]. 科学学与科学技术管理，41（1）：16-32.
锁箭，杨梅，李先军. 2021. 大变局下的小微企业高质量发展：路径选择和政策建议[J]. 当代经济管理，43（10）：9-16.
谭春辉，李思佳，程凡. 2016. 武汉市创新科技成果评价指标研究[J]. 科研管理，（S1）：607-613.
唐未兵，傅元海. 2014 . 科技投资、技术引进对经济增长集约化的动态效应——基于状态空间模型的变参数估计[J]. 中国软科学，（9）：172-181.
万小丽，朱雪忠. 2008. 专利价值的评估指标体系及模糊综合评价[J]. 科研管理，（29）：185-191.
汪良兵，洪进，赵定涛. 2014. 中国技术转移体系的演化状态及协同机制研究[J]. 科研管理，（5）：1-2.
汪涛，赵国栋，王婧. 2016. 战略性新兴产业创新政策研究：以 NEVI 为例[J]. 科研管理，37（6）：1-9.
汪同三，郭美晨. 2018. 加强品牌建设是推动经济高质量发展的题中应有之义[J]. 中国中小企业，（8）：15.
汪秀婷. 2012. 战略性新兴产业协同创新网络模型及能力动态演化研究[J]. 中国科技论坛，（11）：51-57.
王成福，赵玉，过广华. 2020. 地热能产业现状与可持续发展对策[J]. 宏观经济管理，（6）：61-67，77.
王成军，余晓芳，陈忠卫. 2016. 三重螺旋视域下中国区域创新水平差异性研究[J]. 科技进步与对策，（7）：36-41.
王春枝，赵国杰. 2015. 基于非径向 SE-C2R 模型与谱系聚类的中国区域创新效率分析[J]. 中国软科学，（11）：88-97.
王丹宇. 2014. 甘肃省区域创新体系建设实证分析[J]. 经济管理，（5）：34-65.
王登新，王小宁. 2018. 数字经济：全球化新经济范式的形成[J]. 有线电视技术，25（3）：4.
王宏原，马启华. 2014. 论人才的非规范流动及其规制[J]. 北京劳动保障职业学院学报，12（2）：23-25.
王晖. 2014. 科技人才聚集效应与科技创新产出的关系研究[J]. 湘潭大学学报（哲学社会科学版），38（4）：28-32.
王金干，李玉萍，施小丽. 2015. 人力资源管理中人才甄选的灰色多层次评价[J]. 工业工程，8（1）：87-89.
王凯，邹晓东. 2014. 美国大学技术商业化组织模式创新的经验与启示——以“概念证明中心”为例[J]. 科学学研究，32（11）：1754-1755.
王立成，牛勇平. 2019. 科技投入与经济增长：基于我国沿海三大经济区域的实证分析[J]. 中国软科学，（8）：169-177.
王敏，唐开秀，李彦. 2018. 科技成果转化概述[J]. 中国高新技术企业，（26）：10.
王鹏，王灿华. 2014. 创新生产技术效率、技术基础设施对区域创新的影响研究——基于省域面板数据的门槛回归分析[J]. 研究与发展管理，（5）：23-34.
王鹏，张剑波. 2015. 研发的内外溢出效应与区域创新增长——基于 2001~2012 年我国省际面板数据的实证分析[J]. 科技与经济，（4）：25-28.
王勤，李灿江. 2019. 基于 A-U 模型的金融支持传统产业创新驱动发展研究[J]. 上海金融，（11）：

73-79.
王圣慧，张玉臣，易明. 2017. 企业内部创业路径研究：以精益创业走出“战争迷雾”[J]. 科研管理，38（3）：144-152.
王小鲁，张立文，朱恒. 2003. 中国各地区市场化相对进程报告[J]. 经济研究，（3）：9-18.
王欣，杜宝贵. 2021. 全面创新改革试验政策对专利产出的影响[J]. 科学学研究，39（8）：1418-1427.
王秀芳. 2006. 金融生态环境评价问题研究[J]. 金融理论与实践，（9）：29-32.
王毅. 2007. 探索中国科技管理体制的新变化[J]. 华东经济管理，（3）：93-95.
王媛，马小燕. 2006. 基于模糊理论与神经网络的人才评价方法[J]. 科学管理研究，（3）：79-81.
魏敏，李书昊. 2018. 新时代中国经济高质量发展水平的测度研究[J]. 数量经济技术经济研究，35（11）：3-20.
魏下海，董志强，张永璟. 2015. 营商制度环境为何如此重要？——自民营企业家“内治外攘”的经验证据[J]. 经济科学，37（2）：105-116.
巫强，刘蓓. 2014. 政府研发补贴方式对战略性新兴产业创新的影响机制研究[J]. 产业经济研究，（6）：41-49.
吴纪攀. 江苏常熟“科技镇长团”给力经济转型升级[EB/OL]. http://kxjst.jiangsu.gov.cn/art/2014/5/4/art_83499_10014949.html[2020-07-28].
吴建南，卢攀辉. 2006. 地方政府对科技资源整合模式的选择与应用分析[J]. 科学学与科学技术管理，（9）：132-136.
吴金希，李宪振. 2012. 台湾工研院科技成果转化经验对发展新兴产业的启示[J]. 中国科技论坛，（7）：89-90.
吴腾华，胡耀元. 2021. “十四五”时期金融市场结构优化的路径研究——基于区域经济高质量发展的视角[J]. 管理现代化，（5）：12-14.
吴欣桐，梅亮，陈劲. 2020. 建构“整合式创新”：来自中国高铁的启示[J]. 科学学与科学技术管理，41（1）：66-82.
吴友群，赵京波，王立勇. 2014. 产学研合作的经济绩效研究及其解释[J]. 科研管理，（7）：146-147.
吴玉鸣，何建坤. 2008. 研发溢出区域创新集群的科技计量经济分析[J]. 管理科学学报，（8）：44-56.
夏春阳，戚湧，戴力新，等. 2015. 科技创业服务链建设探究——以江苏为例[M]. 北京：科学出版社.
夏春玉. 2018-11-01. 发挥高等教育支撑引领作用　助力辽宁振兴发展[N]. 辽宁日报，（005）.
肖仁桥，陈忠卫，钱丽. 2018. 异质性技术视角下中国高技术制造业创新效率研究[J]. 管理科学，31（1）：48-68.
肖潇，汪涛. 2015. 国家自主创新示范区大学生创业政策评价研究[J]. 科学学研究，（10）：73-81.
谢呈阳，周海波，胡汉辉. 2015. “园区升级”中区域创新集群的体系重构及创新效率评价：基于苏州工业园区的分析[J]. 科技进步与对策，（8）：13-21.
解学梅. 2011. 都市圈协同创新机理研究：基于协同学的区域创新观[J]. 科学技术哲学研究，28（1）：95-99.

辛建生，鲁艳威. 2021. 经济高质量发展背景下我国经济结构优化策略研究[J]. 时代经贸，18（6）：10-12.
辛士波，陈妍，张宸. 2014. 结构方程模型理论的应用研究成果综述[J]. 工业技术经济，33（5）：61-71.
熊彼特 Y. 2020. 经济发展理论[M]. 郭武军，译. 北京：中国华侨出版社.
熊嘉阳，沈志云. 2021. 中国高速铁路的崛起和今后的发展[J]. 交通运输工程学报，（5）：6-29.
徐诺金. 2007. 怎样看待当前的经济金融形势[J]. 南方金融，（9）：14-17.
徐盈之，童皓月. 2019. 金融包容性、资本效率与经济高质量发展[J]. 宏观质量研究，7（2）：114-130.
许端阳. 2014. 世界主要国家科技成果转化的新举措及其启示[J]. 全球科技经济瞭望，（4）：46-48.
薛捷，张振刚. 2011. 基于知识基础、创新网络与交互式学习的区域创新研究综述[J]. 中国科技论坛，（1）：67-87.
闫俊周，齐念念. 2019. 基于 ISM 的我国战略性新兴产业创新绩效影响因素分析[J]. 科技管理研究，39（12）：159-166.
杨爱平，林振群. 2020. 世界三大湾区的跨域治理机构：模式分类与比较分析[J]. 公共行政评论，13（2）：40-57，194-195.
杨剑，杨锋，王树恩. 2010. 基于系统动力学的区域创新系统运行机制研究[J]. 科技管理研究，（4）：1-6.
杨恺钧，闵崇智. 2019. 技术创新对经济增长质量的驱动作用研究——以粤港澳大湾区为例[J]. 当代经济管理，41（12）：29-37.
杨世忠，胡洋洋，赵腾. 2019. 质量控制 VS 质量创新：论质量成本管理的新模式[J]. 经济与管理研究，40（2）：123-134.
杨思莹. 2020. 政府推动关键核心技术创新：理论基础与实践方案[J]. 经济学家，（9）：85-94.
杨思莹，李政. 2019. 高铁开通与城市创新[J]. 财经科学，（1）：87-99.
杨伟民. 2018. 贯彻中央经济工作会议精神推动高质量发展[J]. 宏观经济管理，（2）：13-17.
杨振寅，邓广，刘新立. 2013. 反思当今的中国科技体制改革[J]. 战略与管理，（3）：101-107.
杨子江. 2017. 科技资源内涵与外延探讨[J]. 科技管理研究，（2）：213-216.
叶圣，查笑梅，唐志强. 2021. 安徽省制造业高质量发展水平测度与提升路径[J]. 现代管理科学，（6）：19-27.
易伟义，余博. 2011. 以资源节约为导向的区域创新系统重构研究[J]. 科技进步与对策，（14）：35-38.
于良. 2020. 进一步完善产学研深度融合组织机制[J]. 中国科技论坛，（7）：8-9.
余东华. 2020. 制造业高质量发展的内涵、路径与动力机制[J]. 产业经济评论，（1）：13-32.
袁富华，张平. 2019. 经济现代化的制度供给及其对高质量发展的适应性[J]. 中国特色社会主义研究，（1）：39-47.
袁晓东，张军荣，杨健安. 2014. 中国高校专利利用的影响因素研究[J]. 科研管理，（4）：76-77.
岳贤平. 2010. 基于产品产出水平的技术许可转让定价机制研究[J]. 审计与经济研究，（6）：83-90.

曾白凌，张金来. 2007. 科技创新体制与法治关系研究[J]. 中国科技论坛，（8）：23-27.
曾春媛，刘青青，王锦. 2013. 科技投入与区域经济发展水平协调性研究[J]. 科研管理，（S1）：203-210.
曾丽雅. 2012. 科技创新的体制障碍与改革方向[J]. 公共管理，（11）：150-153.
曾宇，潘陈辰. 2011 基于云平台的战略新兴发展研究[J]. 经济学动态（12）：2.
张白云，薛莉. 2021. 产学研协同创新模式比较——基于绩效影响因素[J]. 企业管理，（7）：116-120.
张保仓，任浩. 2018. 虚拟组织持续创新能力提升机理的实证研究[J]. 经济管理，40（10）：122-139.
张超，唐杰. 2021. 中国经济高质量发展机制：制度动因、要素保障与实现途径——兼论深圳经济高质量发展的实现路径[J]. 湖南社会科学，（3）：63-71.
张春海，孙健，刘长花. 2012. 我国科技人才开发水平的测度研究[J]. 科技进步与对策，（12）：137-140.
张古鹏，陈向东. 2013. 专利价值评估指标体系与专利技术质量评价实证研究[J]. 管理工程学报，（4）：142-148.
张慧颖，戴万亮. 2011. 基于创新价值链的区域创新价值链概念模型[J]. 科技进步与对策，（1）：54-66.
张慧颖，史紫薇. 2013. 科技成果转化影响因素的模糊认知研究——基于创新扩散视角[J]. 科学学与科学技术管理，34（5）：28-29.
张杰，吉振霖，高德步. 2017. 中国创新链"国进民进"新格局的形成、障碍与突破路径[J]. 经济理论与经济管理，（6）：5-18.
张军扩，侯永志，刘培林，等. 2019. 高质量发展的目标要求和战略路径[J]. 管理世界，35（7）：1-7.
张俊山. 2019. 对经济高质量发展的马克思主义政治经济学解析[J]. 经济纵横，（1）：36-44，2.
张克群，魏晓辉，郝娟，等. 2019. 基于社会网络分析方法的专利价值影响因素研究[J]. 科学学与科学技术管理.（5）：67-74.
张美丽，李柏洲. 2021. 创新资金使用结构对创新产出的影响：基于中国区域工业企业的实证研究[J]. 科技进步与对策，38（20）：37-46.
张梦瑶. 2021. 中国特色新型城镇化高质量发展的实践路径探析——基于新发展理念视角[J]. 当代经济管理，43（9）：75-80.
张其仔. 2020. "十四五"时期我国区域创新体系建设的重点任务和政策思路[J]. 经济管理，42（8）：5-16.
张清江，李慧. 2020. 区域视角下协调发展创新体系构建研究[J]. 科技管理研究，40（12）：26-31.
张秋燕，齐亚伟. 2016. 地区规模、集聚外部性与区域创新能力——对中国工业行业的门槛效应检验[J]. 科技进步与对策，33（8）：35-40.
张权. 2014. 中国科技成果转化效率比较及对策研究[J]. 科技管理研究，（13）：141-142.
张韶辉. 2007. 政府行为与金融生态环境问题分析[J]. 经济纵横，（12）：29-31.
张淑莲. 2011. 基于产业协同的京津冀经济圈协调发展研究[D]. 河北工业大学硕士学位论文.
张烁，程家瑜. 2011. 我国战略性新兴产业发展阶段研究[J]. 中国科技论坛，（6）：15-18.

张婷婷，张新民，陈德球. 2019. 产业政策、人才密度与企业创新效率——基于地区产业政策的视角[J]. 中山大学学报（社会科学版），59（4）：173-183.

张向荣. 2020. 粤港澳大湾区制造业要素集聚与创新效率联动研究[J]. 工业技术经济，39（4）：8.

张鑫，王一鸣. 2014. 经济全球化视角下的国外区域经济发展研究综述：基于全球价值链、全产网络和创新网络的比较分析[J]. 南京理工大学学报（社会科学版），（4）：19-25.

张秀萍，黄晓颖. 2013. 三螺旋理论：传统“产学研”理论的创新范式[J]. 大连理工大学学报（社会科学版），34（4）：1-6.

张杨勋. 2020. 产业政策、技术比较优势与创新产出——基于战略性新兴产业政策实施的分析[J]. 广东财经大学学报，35（2）：46-54.

张永安，周怡园. 2017. 新能源汽车补贴政策工具挖掘及量化评价[J]. 中国人口·资源与环境，27（10）：188-197.

张有文. 2017. “互联网+”时代教学方式的变革[D]. 山东师范大学硕士学位论文.

张幼文，梁军. 2007. 要素集聚与中国在世界经济中的地位[J]. 学术月刊，（3）：74-82.

张志元. 2020. 我国制造业高质量发展的基本逻辑与现实路径[J]. 理论探索，（2）：87-92.

张治河，冯陈澄，李斌，等. 2014. 科技投入对国家创新能力的提升机制研究[J]. 科研管理，35（4）：149-160.

张治河，郭星，易兰. 2019. 经济高质量发展的创新驱动机制[J]. 西安交通大学学报（社会科学版），39（6）：39-46.

张忠迪. 2010. 高校科技创新体制和机制存在的问题及对策研究[J]. 科技管理研究，（11）：124-126.

张忠迪. 2020. 省级协同创新中心投入产出效率研究[J]. 中国高校科技，（10）：25-28.

赵昌文. 2017-12-25. 推动我国经济实现高质量发展[N]. 学习时报，（001）.

赵捷. 2014. 地区科技投入强度与经济发展对比分析[J]. 中国科技论坛，（3）：49-53.

赵儒煜，许军. 2020. 东北地区要素空间集聚与不平衡发展研究[J]. 地理科学，40（7）：1104-1113.

赵婷婷. 2020. 中国产业集群对区域创新能力的影响研究[D]. 吉林大学博士学位论文.

赵喜仓，安荣花. 2013. 江苏省科技成果转化效率及其影响因素分析——基于熵值和随机前沿的实证分析[J]. 科技管理研究，（9）：81-82.

赵玉龙. 2019. 金融发展、资本配置效率与经济高质量发展——基于我国城市数据的实证研究[J]. 金融理论与实践，（9）：17-25.

赵昱，杜德斌. 2015. 国际创新资源流动对区域创新的影响[J]. 中国科技论坛，（2）：45-54.

赵志耘，杜红亮. 2011. 我国科技成果转化过程监测指标体系探讨[J]. 中国软科学，（11）：8-9.

赵志耘，杨朝峰. 2013. 转型时期中国高技术产业创新能力实证研究[J]. 中国软科学，（1）：6-7.

郑长江，谢富纪. 2010. 科技资源共享的效益提升路径设计[J]. 科技进步与对策，（15）：7-10.

郑月龙，刘思漫，白春光. 2021. 考虑多主体参与的产业共性技术研发模式比较研究[J]. 中国管理科学，29（8）：44-56.

郑宗希，陈劲. 2014. 中国的反向创新：基于南车四方的案例[J]. 科学与管理，34（4）：3-8.

中国技术交易所. 2015. 专利价值分析与评估体系规范研究[M]. 北京：知识产权出版社.

钟灿涛. 2013. 开放与保密：科技信息传播控制及其对创新的影响——以美国科技信息传播控制机制为例[J]. 科学学研究，31（3）：335-343.

钟荣丙. 2019. 科技创新引领高质量发展：逻辑、进路与基点[J]. 创新，13（2）：9-19.
仲伟俊，梅姝娥，谢园园. 2009. 产学研合作技术创新模式分析[J]. 中国软科学，（8）：174-181.
周洪文，宋丽萍. 2015. 区域创新系统能力动态变迁的测度与评价[J]. 管理学报，（12）：1343-1350.
周寄中. 1999. 科研要素论[M]. 西安：陕西人民教育出版社.
周洁，郭丕斌. 2016. 基于熵权 TOPSIS 法的我国产煤大省区域创新能力评价[J]. 中国矿业，（4）：40-46.
周茜. 2019. 中国经济增长对环境质量的互动效应研究[J]. 统计与决策，35（1）：150-154.
周小川. 2004-12-07. 完善法律制度 改进金融生态[N]. 金融时报.
周小亮，吴洋宏. 2019. 经济高质量发展的历史逻辑及其实现路径——以总量生产函数分析为视角[J]. 东南学术，（6）：137-46.
周晓梅. 2020. 高校新型研发机构运营模式与机制创新——以苏州高新区三所高校新型研发机构为例[J]. 中国高校科技，（3）：85-88.
周雪亮，张纪海，韩志弘. 2021. 创新链驱动的科技园区军民科技协同创新发展模式研究[J]. 科技进步与对策，38（6）：105-112.
周艳. 2018. 高等教育投入对经济增长的动态影响实证研究——以湖南为例[J]. 金融经济，（22）：161-162.
周阳敏，楚应敬. 2021. 制度溢出、协同创新与创新产出[J]. 统计与决策，37（11）：121-124.
周一成，廖信林. 2019. 创新驱动促进了中国经济发展方式转变吗——基于空间溢出效应的研究[J]. 财会月刊，（18）：131-138.
周振华. 2006. 科技宏观管理体制及机制如何变革与创新[J]. 学术月刊，（1）：79-86.
朱春奎. 1997. 依托技术创新促进经济增长方式转变的政策取向[J]. 中国行政管理，（10）：2.
Agboola J I. 2014. Technological innovation and developmental strategies for sustainable management of aquatic resources in developing countries[J]. Environmental Management，54（6）：1237.
Anderson T R . 2007. Measuring the efficiency of university technology transfer[J]. Technovation，27（5）：306.
Andreea M P，Olivera E O S，Florina S. 2015. Innovation and economic growth：an empirical analysis for CEE countries[J]. Procedia Economics and Finance，26：461-467.
Asheim B T，Smith H L，Oughton，C. 2011. Regional innovation systems：theory empirics and policy[J]. Regional Studies，45（7）：875-891.
Battese G E，Corra G S. 2012. Estimation of a production frontier model：with application to the pastoral zone of eastern Australia[J]. Australian Journal of Agricultural Economics，21（3）：169-179.
Bodnar，Gabriella，Hornyanszky，et al. 2015. Talent development at the Budapest university of technology and economics[J]. Periodical Polytechnics，Social and Management Sciences，（1）：15-36.
Bosco M G. 2007. R&D and technology transfer：policies towards a regional innovation system：the case of lombardy[J]. European Planning Studies，（15）：1085-1111.
Brimble P，Doner R. 2007. University-industry linkages and economic development：the case of

Thailand[J]. World Development，35（6）：1021-1036.

Chaminade C，Vang J. 2008. Globalisation of knowledge production and regional innovation policy：supporting specialized Hubs in the bangalore software industry[J]. Research Policy，（37）10：1684-1696.

Cooke P. 2002. Regional innovation systems：general findings and some new evidence from biotechnology clusters[J]. Journal of Technology Transfer，27（1）：133-145.

Cooke P，Boekholt P，Todtling F. 2000. The Governance of Innovation in Europe[M]. London：Pinter.

Cooke P，Ukanga M G，Etxebarria G. 1998. Regional systems of innovation：an evolutionary perspective[J]. Environment Planning A，30（9）：1563-1584.

Corey G. 2011. Theory and Practice of Group Counseling[M]. Toyouto：Nelson Education.

Doloreux D，Dionne S. 2008. Is regional innovation system development possible in peripheral regions？Some evidence from the case of La Pastier，Canada[J]. Entrepreneurship and Regional Development，（20）：259-283.

Edward B R，Denis E. 1995. Malone policies and structures for spinning off new companies from research and development organizations [J]. Working Paper，（3）：1-31.

Engberg R，Altmann P. 2018. Regulation and technology innovation：a comparison of stated and formal regulatory barriers throughout the technology innovation process[J]. Journal of Technology Management & Innovation，10（3）：85-91.

Ete M. 2015. An approach for re-engineering organizational structure of real estate valuation system in turkey[C]. FIG Working Week 2015.

Felix S，Fabian W，Lorena S，et al. 2015. Valuation of landscape amenities：a hedonic pricing analysis of housing rents in urban，suburban and periurban Switzerland[J]. Landscape and Urban Planning，（141）：24-40.

Gale D，Shapley L S. 1962. College admissions and the stability of marriage[J]. American Mathematical Monthly，（69）：9-15.

Garry H T. 2003. An over view of content analysis[J]. The Marketing Review，3（4）：479-498.

Gilbert R，Shapiro C. 1988. Optimal patent length and breadth[J]. Rand Journal of Economics，（21）：106-112.

Grid T. 2014. Composite value index of patent indicators：factor analysis combining bibliographic and survey datasets[J]. World Patent Information，（38）：19-26.

Grimaldia M，Cricellia L，Giovannib M D，et al. 2019. The patent portfolio value analysis：a new framework to leverage patent information for strategic technology planning [J]. Technological Forecasting and Social Change，（94）：286-302.

Guan J C，Chen K H. 2011. Modeling the relative efficiency of national innovation systems[J]. Research Policy，（7）：1-14.

Helvoigt T L，Adams D M. 2009. A stochastic frontier analysis of technical progress，efficiency change and productivity growth in the Pacific Northwest sawmill industry[J]. Forest Policy and Economics，（11）：280-287.

Henry E. 1998. The norms of entrepreneurial science：cognitive effects of the new university -industry linkages[J]. Research Policy，(27)：823-833.

Hira R. 2004. U. S. immigration regulations and India's information technology industry[J]. Technological Forecasting & Social Change，71（8）：837-854.

Hong S J，Seo J W，Kim Y S，et al. 2010. Construction technology valuation for patent transaction[J]. KSCE Journal of Civil Engineering，(14)：111-122.

Hu X J，Rousseau R，Chen J. 2012. Citations，family size，opposition and the value of patent rights[J]. Journal of the American Society for Information Science and Technology，(63，9)：1834-1842.

James B. 2009. Estimates of patent rents from firm market value[J]. Research Policy，(38)：1604-1616.

John KA，Robert S. H. 2016. The price，quality and distribution of mortgage payment protection insurance：A hedonic pricing approach[J]. The British Accounting Review，(39)：145.

Jones C I. 1998. Growth：with or without scale effect[J]. American Economic Review，(89)：139-144.

Jorgenson D W，Nishimizu M. 1978. US and Japanese economic growth 1952~1974：an international comparison[J]. The economic journal，88（352）：707-726.

Kaneva M，Untura G. 2017. Innovation indicators and regional growth in Russia[J]. Economic Change and Restructuring，50（2）：133-159.

Kim E H. 2013. Deregulation and differentiation：incumbent investment in green technologies[J]. Strategic Management Journal，34（10）：1162-1185.

Klemperer P. 1990. How broad should the scope of patent protection be? [J]. Rand Journal of Economics，21（1）：113-130.

Kneller R，Stevens P A. 2006. Frontier technology and absorptive capacity：evidence from OECD manufacturing industries[J]. Oxford Bulletin of Economics and Statistics，68（1）：1-21.

Krysiak F C. 2010. Environmental regulation，technological diversity，and the dynamics of technological change[J]. Journal of Economic Dynamics & Control，35（4）：528-544.

Liu C H. 2011. The effects of innovation alliance on network structure and density of cluster[J]. Expert Systems with Applications，38（1）：299-305.

Liu W，Xu L. 2014. An empirical study on the different relationship between technological innovation and regional economic growth based on panel data[J]. Applied Mechanics and Materials，687-691：5018-5022.

Lu Y H，Shen C，Ting C T，et al. 2019. Research and development in productivity measurement：an empirical investigation of the high technology industry[J]. African Journal of Business Management，4（13）：2871-2884.

Maria K，Galina U. 2017. Innovation indicators and regional growth in Russia[J]. Economic Change and Restructuring，50（2）：133-159.

Markusen A. 1996. Sticky places in slippery space：a typology of industrial districts[J]. Economic Geography，10（4）：122-143.

Mikel B. Joost H，Baumertb T. 2010. The determinants of regional and innovation in Europe：a combined factorial and regression knowledge production function approach[J]. Research Policy，(39)：722-735.

Morrill R L. 1968. Waves of spatial diffusion[J]. Journal of Regional Science，8（1）：1-18.

Mytelka L K. 2020. Local systems of innovation in a globalized world economy[J]. Industry and innovation，7（1）：15-32.

Nadiri M I. 1993. Innovations and technological spillovers[R]. NBER Working Paper.

Nasierowski W，Arcelus F J. 2003. On the efficiency of national innovation systems[J]. Socio-economic Planning Sciences，（37）：215-234.

Nelson R R. 1993. National Innovation Systems：a Comparative Analysis[M]. New York ：Oxford University Press.

Nonaka，Takeuchi. 1995. Knowledge-creating Company[M]. New York ：Oxford University Press.

Nonaka I，Toyama R，Nagata A. 2000. A firm as a knowledge-creating entity：a new perspective on the theory of the firm [J]. Industrial and Corporate Change，9（1）：1-20.

Nooteboom B. 2014. Geomancer and competence：how can they be combined [J]. Cambridge Journal of Economics，28（4）：505-525.

Nooteboom B. 2017. Institutions and forms of coordination in innovation systems[J]. Organization Studies，21（5）：915-939.

Oliver C. 1991. Strategic responses to institutional processes[J]. Academy of Management Review，16（1）：145-179.

Ottaviano G. Thisse J F. 2002. Integration，agglomeration and the political economics of factor mobility[J]. Journal of Public Economics，83（3）：429-456.

Padmore T，Gibson H. 1998. Modeling systems of innovation：a framework for industrial cluster analysis in regions[J]. Research Policy，26（6）：625-641.

Parrilli M D，Sacchetti S. 2008. Linking learning with governance in networks and clusters：key issues for analysis and policy[J]. Entrepreneurship and Regional Development，20（4）：387-408.

Pece A M，Simona O E O，Salisteanu F. 2015. Innovation and economic growth：an empirical analysis for CEE countries[J]. Procedia Economics and Finance，26：461-467.

Pedersen. 2017. Innovation diffusion within and between national urban systems[J]. Geographical Analysis，（3）：203-254.

Pedro S S，Jorge R M，Manuel G V. Absorptive capacity from foreign direct investment in Spanish manufacturing firms[C]. Intonational Business Review 2013.

Pradhan R P，Arvin M B，Nair M，et al. 2020. The dynamics among entrepreneurship，innovation，and economic growth in the Eurozone countries[J]. Journal of Policy Modeling，159（15）：1106-1122.

Raab R A，Kotamraju P. 2010. The efficiency of the high-tech economy：conventional development indexes versus a performance index[J]. Journal of Regional Science，46（3）：545-562.

Reitzig M. 2003. What determines patent value—insights from the semiconductor industry[J]. Research Policy，（32）：13-26.

Reitzig M. 2004. Improving patent valuations for management purposes-validating new indicators by analyzing application rationales[J]. Research Policy，33（6-7）：939-957.

Ruiz E M，Yap S F，Nagaraj S. 2008. Beyond the ceteris paribus assumption：modeling demand and supply assuming omnia mobilis [J]. International Journal of Economics Research,（2）：185-194.

Saksen A，Kalsaas B T. 2009. Suppliers and symmetries for upraising in global production networks：the case of a supplier to the global automotive industry in a high-cost location[J]. European Planning Studies，17（4）：569-585.

Samantha S，Cristina M F. 2007. Measuring regional knowledge resources：what do knowledge occupations have to offer[J]. Innovation：Management，Policy &Practice，（3-4）：262-275.

Shapley L S. 1952. Quota solutions of n-person games[J]. Contributions to the theory of games，（2）：343-359.

Sherwin R. 1974. Hedonic prices and implicit markets：product differentiation in pure competition[J]. Journal of Political Economy，（82）：34-55.

Tsai C F，Lu Y H，Hung Y C，et al. 2016. Intangible assets evaluation：the machine learning perspective[J]. Neurocomputing，（175）：110-120.

Wang E C. 2007. R&D efficiency and economic performance：a cross-country analysis using the Stochastic frontier approach[J]. Journal of Policy Modeling，29（2）：345-360.

Wang P. 2001. System analysis applying to talent resource development research[J]. Journal of Systems Science and Systems Engineering，（3）：381-384.

Waugh F V. 1928. Quality factors influences vegetables prices[J]. Journal of Journal of Farm Economics，（10）：185-196.

Webster，Frederick E. 1988. The rediscovering the marketing concept[J]. Busines Horizons，（3）：29-39.

Yoon J，Han W P. 2017. Triple helix dynamics of South Korea's innovation system：a network analysis of inter-regional technological collaborations[J]. Quality & Quantity，51（3）：1-19.

Yusuf S. 2008. Intermediating knowledge exchange between universities and business[J]. Research Policy，37（8）：1167-1174.